电子商务研究方法

——从案例研究出发

覃 征 张惠迪 王国龙
于文辉 胡少晗 熊 昆
刘季青 李 旭 吴云峰
姜 流

Electronic Commerce

高等教育出版社·北京

内容提要

本书介绍了20个电子商务案例，涵盖了近年来电子商务发展的诸多方面，具体包括亚马逊案例、苹果支付案例、支付宝案例、微信支付案例、移动支付安全案例、顺丰物流案例、共享单车案例、滴滴出行案例、O2O租车案例、京东案例、微商案例、小米案例、短视频案例、百词斩案例、无人驾驶案例、无人机案例、虚拟现实案例、AlphaGo案例、人工智能辅助盲人读图案例和美团案例。为了方便读者理解，本书还配有编者对案例的评论，以引导读者更好地理解这些案例。

本书可作为高等学校电子商务、信息管理与信息系统、电子信息等专业的本科生和研究生教材，也可作为相关部门管理者，以及现代服务业和电子商务领域从业人员的参考读物。

图书在版编目（CIP）数据

电子商务研究方法：从案例研究出发／覃征等编著．--北京：高等教育出版社，2020.6

ISBN 978-7-04-053934-9

Ⅰ．①电…　Ⅱ．①覃…　Ⅲ．①电子商务-案例　Ⅳ．①F713.36

中国版本图书馆CIP数据核字（2020）第049399号

电子商务研究方法

DIANZI SHANGWU YANJIU FANGFA

策划编辑　刘　艳　　责任编辑　刘　艳　　封面设计　王　鹏　　版式设计　马　云
插图绘制　于　博　　责任校对　张慧玉　刁丽丽　　责任印制

出版发行	高等教育出版社	网　　址	http://www.hep.edu.cn
社　　址	北京市西城区德外大街4号		http://www.hep.com.cn
邮政编码	100120	网上订购	http://www.hepmall.com.cn
印　　刷	北京新华印刷有限公司		http://www.hepmall.com
开　　本	787mm×1092mm　1/16		http://www.hepmall.cn
印　　张	24.25		
字　　数	320千字	版　　次	2020年6月第1版
购书热线	010-58581118	印　　次	2020年6月第1次印刷
咨询电话	400-810-0598	定　　价	69.00元

物 料 号　53934-00

前言

电子商务涉及计算机网络技术、电子信息技术、经济、管理、法律等,是一门交叉性和综合性很强的学科。而对电子商务的案例进行分析,是研究电子商务的重要形式。电子商务案例的研究方法非常多,从商业的角度来看,可以对市场推广策略、资本运作、产品和服务、盈利模式等进行分析;从逻辑的角度来看,有归纳和演绎的方法、分析和综合的方法、从具体到抽象和从抽象到具体的方法以及逻辑和历史统一的方法;从技术的角度来看,有定量分析和定性分析的方法、横向和纵向比较的方法等。本书中的案例不局限于某种具体的方法,而是灵活运用各种方法综合分析,通过全面的调研和数据比较对案例进行分析,并最终探讨其对电子商务发展所产生的影响。

本书收录了20个案例,具体包括亚马逊案例、苹果支付案例、支付宝案例、微信支付案例、移动支付安全案例、顺丰物流案例、共享单车案例、滴滴出行案例、O2O租车案例、京东案例、微商案例、小米案例、短视频案例、百词斩案例、无人驾驶案例、无人机案例、虚拟现实案例、AlphaGo案例、人工智能辅助盲人读图案例和美团案例,涉及电子支付、电子商务平台、新兴电子商务产品以及与电子商务相关的服务产业等。案例分析主要按照如下步骤进行。

第一,在目标领域内选取一个有代表性的事物作为案例分析的主体。这些事物一般都是新兴的、对电子商务领域乃至人们生活产生很大影响的知名企业、产品和技术等。例如，人们说到电子支付就会想起支付宝、微信支付、苹果支付等。而提到电子商务平台，就不得不提阿里巴巴、亚马逊、京东等线上购物零售平台。这些电子商务平台对线下实体经济产生了巨大的冲击，使得诸多传统零售企业不得不转型以适应新形势。

第二，选定分析的案例主体后，将进一步分析其产生和发展所处的生态环境，如经济环境、政策环境和技术环境等。正所谓“时势造英雄”，这些企业、产品和技术的诞生看似偶然的背后，都有其历史的必然性。那些能够打破旧秩序、旧体系开创新纪元的企业，无不是拥有得天独厚的发展背景，或者是技术的成熟，或者是经济的高速发展，抑或是政策的鼓励和驱动。这些企业成熟后反过来又会对环境造成影响，如开创全新的经济模式，促进新技术发展，影响政府政策的制定等。在这一部分，本书进行了全面深入的调研，查找相关数据、政策以及技术背景，挖掘企业取得成功的背景因素。

第三，我们会对技术进行分析。技术是一种产品走向成功的基础，因为技术不成熟而导致失败的案例数不胜数，而因为一项技术的成功而改变世界的案例也不在少数。技术是产品赖以发展的基础，产品对技术的要求非常苛刻。一项技术不单单实现了预定的功能就可以推动一个新产品的产生，它还要运行稳定、安全性好，另外，成本也是非常关键的影响因素。因此，我们经常会看到这样一些例子：首次提出某项技术或概念的企业失败了，而很多后来的企业却成功了。这是因为首次提出这项技术的企业往往由于技术不成熟，成本非常高，而不能被普通消费者所接受。而后来的企业不断完善技术，降低了成本，提高了产品的稳定性，从而做出了可以投放市场的产品。另外，技术的应用还会受到运营模式的影响。本部分将全面介绍各个案例的技术基础，技术从产生、发展到最终成熟的历程，以及技术可以发挥的最大作用。

第四，分析产品和企业的文化内涵。当今的产品，不仅仅要质量过硬，还要能够吸引消费者的注意力。宣传其文化内涵是一个很好的做法。当然，文化内涵不仅能对产品宣传起到积极的作用，还能够促进企业的发展。企业的文化和理念潜移默化地影响着产品，并通过产品传递给用户。因此，要想保持产品的品质并在激烈的市场中获胜，塑造企业文化并进行大力宣传是一个非常好的办法。

最后，我们回扣主题，分析每个案例对电子商务的影响。本书中的案例都是曾经或者正在改变世界的企业、产品或技术，对电子商务的发展乃至人们的生活方式有着巨大的影响，而且这些影响会持续下去。

在本书编写过程中，参考和借鉴了大量的资料，引用了相关领域的最新研究成果，在此谨向资料的作者和提供者表示感谢。电子商务是一个发展十分迅速的领域，相关的企业和产品也在不断地发展和完善。由于资源、人力、时间等方面因素的制约，本书难免有错误和疏漏之处，在此竭诚希望广大读者对本书提出宝贵的意见，以期不断改进。

编　者

2019 年 12 月 30 日

目录

第1章　亚马逊案例

案例导读

亚马逊（Amazon）是世界上规模最大的互联网销售商之一，在2016年《财富》杂志评选出的世界500强中排名第44位。其创始人贝佐斯在设计公司名称时，一方面希望使用一个以字母A开头的名称，这样可以在按字母排序的列表中位于前列，更容易被人们发现；另一方面，Amazon河是世界上最大的河流，他借此寓意自己的公司会成为世界之最。如今看来，亚马逊的成长与现状很符合世界之最的称号。

作为世界上规模最大的互联网销售商之一，亚马逊的销售业务范围遍及世界各个地方。自1995年成立以来，亚马逊的发展与改变世界的互联网浪潮密不可分。2004年8月亚马逊全资收购我国的卓越网，将自己所具有全球领先的网上零售业务与卓越网所具有的丰富的中国市场经验结合起来，促进了我国电子商务的发展。2016年10月，亚马逊在2016年全球100个最有价值品牌中排名第8位。2017年2月，英国品牌金融咨询公司（Brand Finance）发布2017年度全球500强品牌榜单，亚马逊排名第3位。2017年6月，2017年《财富》美国500强排行榜发布，亚马逊位列第12名。2017年6月，在BrandZ发布的“2017最具价值全球品牌100强”排行榜中，亚马逊排名第4位。

互联网成就了亚马逊,而亚马逊也在这个过程中对人们的生活方式产生了深远的影响。它不仅是一家电子商务企业,更是电子商务的开创者和领先者。了解亚马逊的发展历程对于理解电子商务的历史具有重要意义。本案例将结合亚马逊的发展历史和发展环境,对亚马逊的电子商务战略和技术基础做初步分析,从而获得有价值的经验和可供借鉴之处,并通过与我国有代表性的电子商务平台淘宝网进行比较,归纳出电子商务平台获得成功的关键因素。

1.1 案例分析思路

本案例以世界上规模最大的互联网销售商——亚马逊为对象,初步分析其对电子商务发展所起的作用,并结合亚马逊的发展历史和发展环境,剖析其电子商务战略产生的背景及原因,以获得有价值的经验和可供借鉴之处,为我国电子商务的发展提供参考。

亚马逊是一家电子商务企业,也是一个互联网销售平台,它的成功与其所制定的战略有着密不可分的联系。本案例将从业务多样化、层次化战略、优化物流功能、加强信用机制以及重视创新能力这5个方面对亚马逊的电子商务战略进行阐述。另外,作为一个电子商务平台,亚马逊的高精度推荐系统,能够准确地捕捉用户的喜好,及时向用户推荐他们感兴趣的商品,这也是亚马逊能够制胜的关键因素。本案例在个性化推荐技术部分对推荐系统进行了介绍,以使读者对电子商务的相关技术有更深刻的理解。最后,本案例还将亚马逊与我国的电子商务平台淘宝网进行了比较,通过比较差异、归纳共性,进一步分析了电子商务平台获得成功的关键因素。本案例的分析思路如图1.1所示。

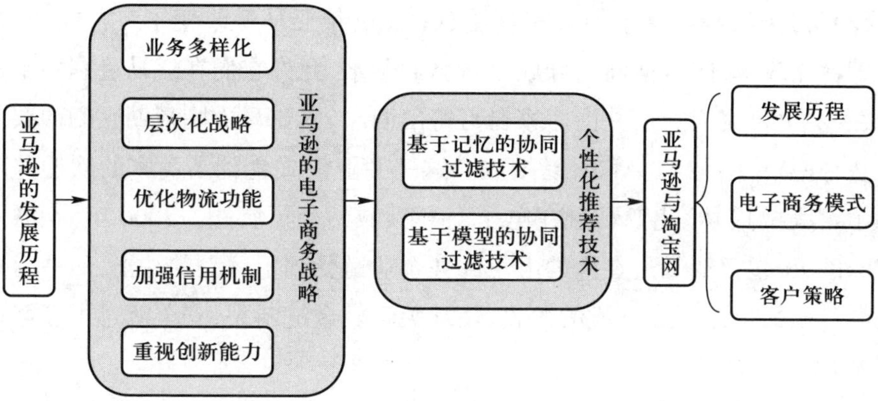

图 1.1 亚马逊案例的分析思路

1.2 亚马逊的发展历程

1994 年,贝佐斯在某投资银行工作时,偶然通过一个网站发现网络用户在一年中猛增了 2 300%,这使他在认识到互联网的强大及其所拥有的无限潜力的同时,决定抓住这次历史机遇。他在华盛顿州贝尔维尤市自家的车库中创立了亚马逊。亚马逊最初的业务是在网络上销售图书,而且主要以计算机相关的图书为主,用户通过发送邮件的方式下订单。亚马逊的尝试很快就获得了小范围的成功,随后亚马逊的业务逐渐扩展到其他领域。1995 年,亚马逊意识到,与烦琐的邮件下单方式相比,消费者更倾向于通过浏览网站并下单的方式购买商品,于是成立了自营电子商务网站。1998 年 10 月 5 日,在《福布斯》杂志评选出的全球 100 位科技富翁中,贝佐斯榜上有名,位列第 9 名。同年 11 月 17 日,亚马逊又推出视频产品商店和扩张后的礼品商店。在这个过程中,为了和商业上的对手竞争,亚马逊采取了大量的降价策略,这虽然使得销售额显著上升,但是其盈利状况并没有得到改善。为了能够实现盈利，1999 年亚马逊改变了自营模式，进行平台化改革，向其他商家开放了自己的网站，允许它们在亚马逊网站上进行在线销售，完成交易并由商家自行寄出商品，而亚马逊则帮助它们向买家收费，并从中收取月费和交易抽成。这一商业模式受到了商家的欢迎并获得了巨大的成功，让亚马逊在电子商务领域站稳了脚跟。2000 年，互联网泡沫破灭，包括亚马逊在内的电子商务企业遭受到了巨大的冲击，而平台化的商务模式保证了亚马逊的盈收，使其免于资金链断裂，安全渡过了互联网寒冬。

1.3 亚马逊的电子商务战略

亚马逊的业务组成与战略布局紧密相连，其电子商务战略中的重要环节（如图 1.2 所示）都与其运营与发展的核心要素密切相关。亚马逊运营与发展的核心要素是平台、物流和客户，以这三个要素为中心，亚马逊不仅为自己核心业务的运作留出了发展空间，还开拓出新的方向：从电子书到云计算，每一个方向都获得了成功。

亚马逊最初选择的是图书销售，它的竞争对手是成千上万的线下书店，但在网络平台上并没有劲敌。例如，当时最大的书店是邦诺书店，它销售的图书只有 10% 的市场占有率，而且其没有网上商城。虽然用户尚未养成在网络上购物的习惯，但是亚马逊采用了合理的电子商务战略，打开了网络图书销售市场，并且在图书销售行业一直占据优势地位。

下面本案例就从业务多样化、层次化战略、优化物流功能、加强信用机制和重视创新能力 5 个方面来介绍亚马逊的电子商务战略，如图 1.3 所示。

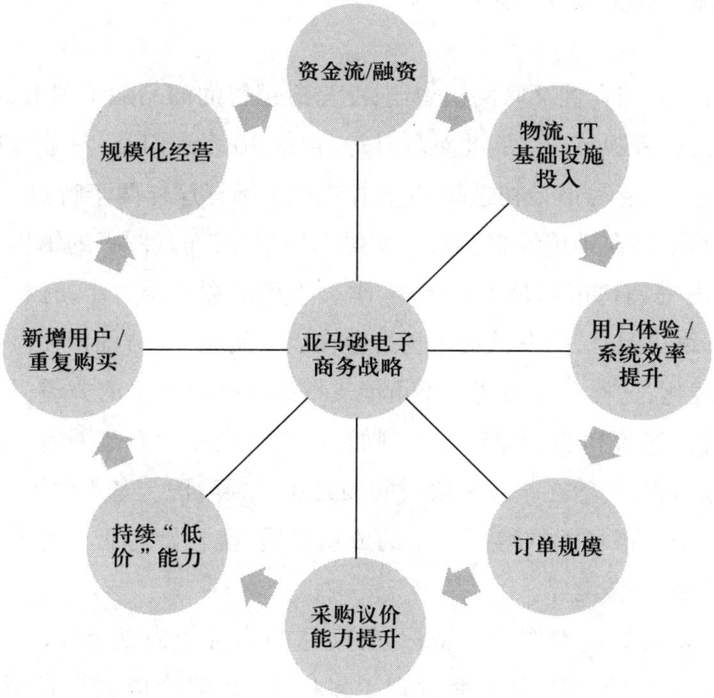

图 1.2 亚马逊电子商务战略中的重要环节

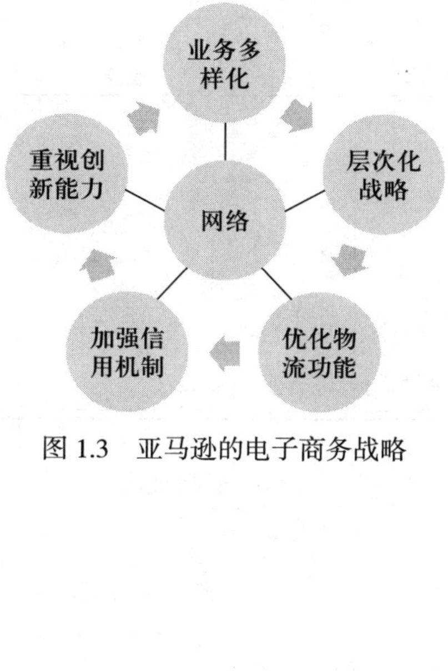

图 1.3 亚马逊的电子商务战略

1.3.1 业务多样化

作为一家综合性互联网销售商,亚马逊销售的商品除了图书、音乐和视频产品外,还有服装、礼品、儿童玩具等,包括20多个门类;其业务也具有多样化的特点。亚马逊最初选择的图书销售市场有这样两个特点:一是图书利润薄,其原因在于传统书店需要支付场地租金,而且图书的销售周期比较长;二是图书销售市场是垂直市场,垂直市场的竞争压力小,有利于初创公司站稳脚跟。但是,图书销售市场也存在以下问题:一方面即使做到全部电子化、在线化,这样一个市场也不可能支撑起一个世界级的公司;另一方面,图书销售市场盈利的难度较大。例如,一些已经在世界范围内获得广泛好评的实体书店,仍然在很长一段时间内处于亏损阶段。基于以上原因,贝佐斯在图书销售市场上取得了一定的成功之后,就开始为亚马逊寻找新的增长点,并最终享誉世界。

假设将商品种类作为横坐标,将商品的收益作为纵坐标,亚马逊所销售的商品在这两个维度上都做到了多样化,其理论依据为长尾理论(如图1.4所示)。长尾理论是指那些原来不受重视的收益少但种类多的商品或服务由于总量巨大,累积起来的总收益超过主体商品收益的现象。在互联

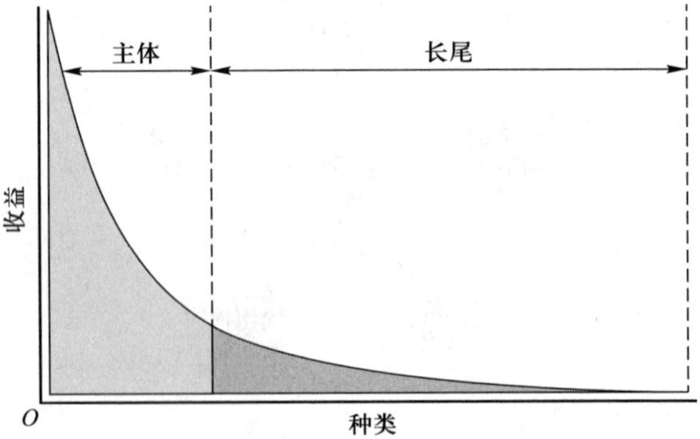

图1.4 长尾理论

网领域,由于客户数量庞大,不同客户的需求差异较大,因此长尾效应尤为显著。亚马逊十分重长尾效应可能给企业带来的利润,因此利用自身的规模和高效、低成本的运营模式,为客户提供种类繁多的商品,以满足不同客户的需求。截至2016年5月,亚马逊自营商品达12 231 203种,其中包括图书、媒体产品、酒类和服务等;加上第三方商家提供的商品,亚马逊平台商品达353 710 754种。这样的电子商务战略不仅不会对亚马逊平台造成过大的压力,还可以极大地提升客户忠诚度,满足客户的"一站式购物"需求。

亚马逊并没有止步于此,它的步伐紧随着时代的发展,持续的创新使亚马逊很少受到竞争对手的威胁。如今,亚马逊的业务已经涵盖了零售、电子产品、数字内容、出版业务、计算服务等领域,其早已经不仅仅是一个网上零售商,更成为互联网综合服务的提供者。

1.3.2 层次化战略

亚马逊采用了层次化的电子商务战略。亚马逊最初着重于企业与客户之间的关系建设以及企业之间的关系建设,后来注重构建客户社区,而不是将客户作为独立的个体,使自己成为客户与客户之间沟通的桥梁。这种做法,体现了商店与平台定位的差异。

层次化战略有两个方面的优势。首先是在传统的客户关系战略中,企业处于核心地位,客户得到的服务与体验主要取决于企业,企业能够控制自己所提供的服务的质量。不过,对于企业来说,这也是一个很大的负担,客户规模越大,企业就越不容易维持与众多客户的关系,如果优先保证大客户的利益,那么其他客户的利益会在一定程度上受损。在这样一个发展阶段,企业继续扮演"看家保姆"的角色并不明智,应该像亚马逊那样,为客户提供一个交流与关系建设的平台,而自己则退居幕后,主要负责维系平台运转。

在为客户提供更大的操作空间和自由度的同时,亚马逊已经不再仅仅是互联网销售平台，其本身更是一个市场，因为一些规模较大的电子商务销售商开始借助亚马逊这个平台来销售自己的商品，而个人客户则会通过亚马逊转让自己的二手物品。亚马逊在鼓励这种行为的同时也为客户留出了更大的空间。

今天来看，亚马逊的战略和定位具有远见。今天的互联网企业从搜索入口之争，到移动端浏览器之争，再到微信与支付宝之争，都在夺取流量和平台，有了流量，就意味着有了客户，也就意味着有了数据和信息；在普通客户与互联网之间的任何一个环节上确保优势地位，都可能获得巨大的利益。而亚马逊将自己定位为客户与客户之间沟通的桥梁，使得人们逐渐意识到网络购物是现代生活的发展方向，而且认识到亚马逊就是这个方向的入口。

1.3.3 优化物流功能

众所周知，电子商务企业用虚拟的网络商店代替了实体商店，虽然节约了店铺租金，但却增加了物流成本。对于电子商务企业来说，物流成本在总成本中占据很大的比例，发展自己的物流业务是降低物流成本必不可少的一环。作为大型电子商务企业，亚马逊深刻地认识到了这一点。亚马逊作为电子商务平台，发展自己的物流业务有多方面的优势。一方面是确保能够高效地寄运货物和商品。借助外包的物流业务确实可以节省大量的人力成本和场地成本，但物流外包常常会受到市场的制约和环境的影响，对于亚马逊这样以物流为核心业务的企业，不稳定、不可控的物流服务会极大地影响其进一步的发展。另一方面，亚马逊创始人贝佐斯创业的初衷即创建世界上最大的互联网销售平台，拥有独立的物流业务是实现这个目标的必要部分。物流是制约亚马逊发展的瓶颈，亚马逊发展属于自己的物流业务是第一步，而进一步的目标则是不断优化物流业务各个环节的功能，从而在整体上降低物流成本，并提升物流效率。2012年，亚马逊的物流费用率只有9%左右，远低于我国电子商务企业物流费用率13%左右的水平，这直接导致了两者盈利与亏损的差别。现在我国很多电子商务企业都在建设自己的物流体系，但是由于会在中短期内承担高额的费用压力和现金流压力，因此不少企业都难以坚持到最后。

在发展过程中，亚马逊不仅把物流当作核心业务，更是把物流打造成为企业的核心竞争力之一。更进一步，亚马逊与其他有物流需求的企业合作，将自己的物流业务作为一项服务向其他企业开放。

1.3.4 加强信用机制

亚马逊与其他电子商务企业的一个不同之处是，亚马逊的物流支持货到付款，这对于物流来说，存在着较大的风险。在前期尚未成熟的市场中，客户良好的习惯和监督机制还未形成，亚马逊冒着风险构建完善的信用机制，规范客户行为。亚马逊在西雅图甚至设立了一家无人便利店 Amazon Go，顾客不用排队结账，只需要在进门时刷手机确认身份，系统即可根据顾客取走的商品自动扣费。仅凭市场的力量不足以建立完整的、社会广泛认同的信用机制，但是亚马逊作为一个领导者，知难而上，为整个行业的长久发展奠定了信用基础。

结合我国电子商务的发展状况可以发现，电子商务的保障是信用机制。从阿里巴巴推出第三方担保平台到支付宝，再到信用积分，其所解决的问题就是在市场还处于一片“草莽”的时候整理出一条可以通往秩序的道路，并引领社会逐步接近它。

1.3.5 重视创新能力

亚马逊的创新能力是其企业精神的灵魂所在。在20余年的发展历程中，亚马逊不仅牢牢抓住了时代的契机，更在变革的浪潮中不断探寻企业未来的发展方向。

很多电子商务企业的发展策略就是“种类多”“价格低”。例如,图书销售,一些网络图书销售平台想到的仅仅是在销售图书的同时销售家电,而亚马逊则在销售图书时就进一步想到销售电子书。为了创新出版模式,亚马逊推出 Kindle 电子书阅读器,使人们的阅读载体从纸质图书转移到了电子书。目前,亚马逊也是美国电子书市场的领导者。此外,亚马逊又围绕着 Kindle 发展了 Kindle 出版(Kindle direct publishing,KDP)服务,对整个出版行业产生了很大的影响。从亚马逊的创新发展可以看到,亚马逊总是能够预测消费者阅读和购物习惯的转型趋势,并及时做出有效的调整。

亚马逊在技术上的一个典型创新就是云计算的使用。云计算的概念和商业模式如今已经家喻户晓,然而云计算的产生时间并不长。当 2006 年亚马逊第一次将存储作为服务售卖时,标志着云计算这种新的商业模式的诞生。云计算(本质上是服务器的虚拟化以及计算能力的出租),并不是亚马逊的主要业务,从电子商务到云计算的跨度很大。事实上,硬件行业的众多知名厂商,如戴尔、IBM 和惠普都是在多年之后才意识到云计算的潜力的。亚马逊作为一家电子商务企业能够抓住云计算这个机遇并不偶然,其中不乏外部的因素,但更多的是内部因素。亚马逊作为一个互联网企业,没有历史负担,可以大踏步向前创新,而不必担心新业务对已有业务的冲击。从内部因素来看,亚马逊的业务布局对云计算的产生起到了很好的协同作用。亚马逊电子商务业务的扩张促使亚马逊构建了巨大的服务器集群,以处理日益频繁的客户订单及浏览请求。然而对于电子商务业务来说,客户流量具有明显的周期性,亚马逊的硬件设施能够满足高峰时期的运营需求,确保客户的访问体验。而空闲时期的计算能力则会造成巨大的浪费,将空闲下来的计算能力整合出租,既可以满足其他初创公司的运营需求,也可以使空闲的资源得到很好的利用。

亚马逊的另一个重要创新是客户策略上的创新——将优惠促销作为长期客户策略。传统的销售策略比较保守,认为优惠促销应该是短期的,主要用于吸引新客户并调动既有客户的积极性与忠诚度。而亚马逊将促销作为长期的客户策略,是因为其具有支撑这种策略的企业功能和效率。众所周知，对于任何一个机构，在相同的条件下，内部运行的损耗和成本越低，其外在的整体效率也越高。亚马逊不断降低内部成本，使得其能够将促销优惠作为长期策略。

案例小结

本部分首先从整体上对亚马逊进行了介绍，之后介绍了本案例的设计思想，并简述了亚马逊的发展历程。亚马逊成立于1995年，是世界上规模最大的互联网销售商之一，也是最早使用互联网展开电子商务经营的企业之一。亚马逊在发展初期只负责网络图书销售业务，现在随着规模的扩张，业务范围越来越大，在2015年就已成为全球商品种类最多的网络零售商和第二大互联网企业。亚马逊的名下还有Alexa Internet、A9、Lab126和互联网电影数据库（Internet Movie Database，简称IMDb）等子公司。

接着，本部分从业务多样化、层次化战略、优化物流功能、加强信用机制和重视创新能力这5个方面对亚马逊的电子商务战略进行了详细的分析。对于一个大型企业而言，经营战略是非常重要的，如何确定业务目标、强化创新能力、利用最新技术、依托自身优势、强化竞争力等，是一个企业不断发展的关键。

1.4 电子商务平台的推荐技术

电子商务平台的基础技术之一是推荐技术。随着互联网的快速发展，信息过载的现象越来越严重，而人们并没有精力应对互联网上的海量信息。

以电子商务平台为例，其中的商品件数通常以亿为单位，而用户在浏览商品时一次可能浏览很多商品，如果没有推荐系统，用户则难以从海量商品中将所需的商品挑选出来，这会使用户的购物体验较差，从而造成用户流失。因此，所有电子商务平台都很重视推荐系统的建设，亚马逊也不例外。

个性化推荐技术也是随着电子商务平台的发展而发展的。在电子商务平台发展之初，由于商品的种类少、数量不大，因此往往会通过展示最受欢迎商品的方式为用户推荐商品。这种方式非常简单，没有考虑到用户的个体差异，而且无法应对商品种类多、数量大的情况，因此很快就被淘汰了。取而代之的是协同过滤技术，其核心思想是在用户和商品之间建立连接，连接较紧密的用户或商品的相似度也较高，然后按照相似度的高低对商品进行排序，进而将排名靠前的商品返回给该用户。协同过滤技术分为两大类：基于记忆的协同过滤技术和基于模型的协同过滤技术。其中，基于记忆的协同过滤技术出现的时间较早，它又分为两类：基于用户的协同过滤技术和基于商品的协同过滤技术。基于用户的协同过滤技术的主要思想是：通过购买记录计算用户之间的相似度，然后再根据所计算的相似度将相似用户购买过的商品推荐给当前用户。而基于商品的协同过滤技术的原理与之类似。由于易于实现，在很长一段时间里基于记忆的协同过滤技术被各大电子商务平台所采用。但是，其缺点也比较明显：该技术只能捕捉用户和商品之间的低阶连接，可利用的信息有限。另外，该技术不适用于商品数量很多的情况。

基于模型的协同过滤技术的提出，使推荐系统得到了长足的发展。该技术用隐变量来表达用户和商品，并利用机器学习模型来学习这些隐变量。基于模型的协同过滤技术显著地提升了推荐的准确度，得到了越来越广泛的应用。

近年来，随着人工智能的发展，许多先进的技术，如深度神经网络、注意力机制、循环神经网络、图神经网络、图卷积神经网络等也被应用于推荐系统。在这些先进技术的支撑下，推荐系统也开始利用越来越多的信息，如用户评论信息、商品图像信息、知识图谱等。

因为当今电子商务平台的体量都很大，推荐系统不能只使用单一的模型,而需要使用多个模型级联进行推荐。推荐过程也被分为召回和排序两个过程。在召回过程中,推荐系统利用轻量级的协同过滤模型对上亿件商品进行排序,从中找出当前用户喜欢的数百件商品。在排序过程中,将上一级模型召回的商品的特征及用户特征一起输入神经网络,再通过优化排序指标来训练模型,最终找出用户最喜欢的十余件商品,并将其推荐给当前用户。

1.5 亚马逊与淘宝网的比较

亚马逊电子商务平台起步较早且具有代表性,而在我国提起电子商务,人们最先想到的往往是阿里巴巴旗下的淘宝网。本节将对这两个有代表性的电子商务平台进行比较和分析,通过分析两者的共性总结电子商务平台的成功要素,并且通过分析两者的差异来阐述它们各自的特点及优势。下面将从发展历程、电子商务模式、客户策略三个方面对亚马逊与淘宝网进行比较。

1.5.1 发展历程

淘宝网是阿里巴巴旗下的一款线上购物产品,于 2003 年注册成立。它在成立之初定位为一个 C2C 电子商务平台;2005 年在我国消费增长的推动下得到了迅速的发展;2009 年跃居我国电子商务网站的第一位,并且随着不断发展,其业务范围已经扩展到了 C2C、B2C、团购、分销、拍卖等领域。为了解决购物中的交易诚信以及支付安全问题,阿里巴巴于 2004 年创建了支付宝;为了解决物流问题,2010 年阿里巴巴又提出了“淘宝大物流”计划。目前淘宝网已经被打造成为一个集多种电子商务模式于一体的综合性网络商务生态体系。

亚马逊的发展历程前面已做过介绍,在此不再赘述。比较亚马逊和淘宝网的发展历程和电子商务战略可以看出,两者具有很多的共性。首先,它们都重视业务的多样化,从主营业务出发,在扎稳根基的同时不断开拓新的业务以扩展市场、壮大自身。其次,它们都重视信用机制的建设,因为信用机制建设在电子商务中占有非常重要的地位,许多电子商务企业就是因为没有做好这方面的建设而最终失败。最后,它们都重视高效、经济的物流体系建设。物流是货物配送的基础,降低物流成本可以降低交易成本,提高平台的竞争力。两者的差异主要体现在以下两个方面。首先,是起步时间上的差异,亚马逊的起步早于淘宝网,因此有一定的先发优势。由于起步时间不同,环境不同,因此经历也有很大的不同。其次,两者的发展历程也有区别。其实这一差别也受起步时间差异的影响。由于亚马逊起步较早,因此没有可供借鉴的经验,只能靠自己摸索,因此走了一些弯路。例如,亚马逊在建立之初选择了 B2C 电子商务模式,后来才逐步摸索出面向个人买家和卖家的 C2C 电子商务模式。而淘宝网则是借鉴了已有电子商务企业的成功经验,从一开始就采用 C2C 电子商务模式,在形成一定规模后才逐步引入 B2C 等电子商务模式。

1.5.2 电子商务模式

淘宝网在诞生之初就定位为 C2C(consumer to consumer,消费者对消费者)电子商务模式。个人卖家把自己的店铺、摊位等现实中的交易要素搬到互联网上,使得个人卖家和个人商家之间的交易可以打破空间的限制,为优质的商品提供了广阔的发展舞台。另外,C2C 电子商务模式能够显著降低交易成本,提高交易效率,加强卖家之间的竞争,使得商品的价格更优惠、更透明,提升了消费者的购物体验。但是,在淘宝网 C2C 电子商务模式高速发展之时,问题也逐渐暴露出来:淘宝网上出现了假货,影响了淘宝网在消费者中的口碑。为了解决这个问题,淘宝网一方面加大了对商家的监管力度,完善售后制度,为消费者把关,另一方面推出了 B2C 业务,构建 B2C 电子商务平台天猫,同时发展天猫自营模式。天猫坚持“一口价”,并要求商家开具发票,商家经营更加规范,平台监管也更加严格。

亚马逊在创建时是一个 B2C(business to consumer,企业对消费者)电子商务模式互联网图书商店。B2C 电子商务模式能够节省交易的时间成本,使得交易更加便捷,但是却使企业难以扩大经营规模,无法利用广大个人卖家的力量。因此,为了实现盈收,亚马逊开始拓展 C2C 业务,将亚马逊平台向个人买家和卖家开放。

可以看到,在电子商务模式方面,亚马逊和淘宝网可谓是殊途同归。亚马逊从 B2C 电子商务模式出发,拓展 C2C 业务,而淘宝网则相反。两者最终都变成了兼具这两种模式的综合性电子商务平台。这是因为每一种电子商务模式都有其优点,也有其缺点,只有综合性电子商务平台,才兼具各种优点,能够实现互补共赢。

1.5.3 客户策略

下面从管理的角度比较淘宝网和亚马逊的客户策略。在 C2C 电子商务模式下,淘宝网作为第三方平台,难以在售前对商品进行严格的监控。为了保障消费者权益,淘宝网有一套非常完善的售后体系。根据相关法律规定,除了特殊的商品外,所有店铺都要提供 7 天无理由退换服务。而且卖家注册店铺时,需要进行实名身份认证,并缴纳保证金,以在发生纠纷时更好地保障消费者的权益。作为淘宝网的 B2C 电子商务平台,天猫大力发展自营业务,对入驻商家的考核更严格。每个商家都有三个月的试运营期,平台在这期间会对商家进行评估,若商家的商品质量、服务满意度等不达标,将会被终止合作。亚马逊的主营业务是出版制品(如书籍、DVD、音乐、软件等)的自营。为了提升消费者体验,亚马逊会为消费者提供比较购物、在线阅读、专设礼物、24 小时客服热线等服务。对于 B2C 电子商务模式下的第三方商家店铺,亚马逊也有着非常严格的资质审查标准。首先要保证是证件齐全的注册公司。如果销售没有取得授权的商品，商家将会受到下架商品甚至关闭店铺的处罚。另外，为了使消费者有良好的购物体验，亚马逊后台会对商家的经营行为进行监督，并结合消费者的评价来对商家进行评估。

案例小结

本部分对与亚马逊的技术基础，即推荐技术进行了介绍，介绍了基于记忆的协同过滤技术和基于模型的协同过滤技术。从推荐技术的发展中可以窥探到电子商务的发展——从简单到复杂，从小体量到超大体量，从宽泛到精准服务。

另外，本部分还通过与淘宝网进行比较来分析亚马逊的特点。淘宝网是我国具有较大影响力的电子商务平台。亚马逊和淘宝网的发展历程、电子商务模式、客户策略等既有明显的不同，也有着巨大的共性。通过对两者的比较和分析，让我们看到了在社会发生变革之时能抓住机遇的公司是如何创造历史的。目前互联网蓬勃发展，人们对互联网服务有着广泛的需求，机遇很多，如何抓住机遇应对挑战，是人们应当思考的问题。

1.6 启示与总结

亚马逊作为在互联网浪潮中发展起来的企业，虽然不具有可复制性，但并不影响人们深入挖掘亚马逊发展历程的价值。从今天的角度来看，亚马逊电子商务战略的每一步都走在了时代的前面，这与其创始人贝佐斯的经历和见识密不可分。亚马逊为电子商务领域，甚至其他行业的后来者们提供了一个很好的样本,也为其他已经发展起来的行业领先企业提供了富有借鉴意义的范例。

亚马逊作为世界上最大的互联网销售商之一,其发展历程和创始人贝佐斯一样具有传奇色彩。在市场尚不完善、商机并不明朗的情况下,亚马逊率先抓住了一个个改变世界的创新点,从 IBM、戴尔等传统信息技术企业以及 Google、Oracle 等同时期的竞争者中脱颖而出,占据一席之地。亚马逊改变了人们的生活方式,让互联网的发展真正影响到每一个人,其所具有的创新精神和以客户为本的理念值得人们借鉴和学习。

案例总结

亚马逊在全球的电子商务领域有着极其重要的地位,因此这是一个非常典型且具有挖掘价值的案例。在本案例中,作者对案例设计思想及研究过程、亚马逊的发展历程、亚马逊的电子商务战略、其他重量级企业的电子商务战略、启示与总结等方面进行了介绍。在分析过程中,作者认识到了亚马逊的典型性和分析价值,让读者看到一个站在时代浪潮之巅的大型互联网企业是如何建立起来的。

本案例采用配图的方式来对亚马逊的电子商务战略进行了说明,内容简洁有序,让读者在对本案例的阅读中有所收获。

1.7 研究与思考

1. 思考亚马逊的创建者为什么在其创办之初选择图书类产品作为入手点,以及亚马逊是怎样逐步扩大市场的。

2. 思考在亚马逊的电子商务战略中,哪一个或哪几个战略是最基础的。

3. 比较亚马逊与淘宝网的发展历程和电子商务战略之间的异同。

4. 思考亚马逊在今后10年里将会以怎样的道路发展和前进。

5. 采用SWOT的分析思路,对亚马逊的经营状况进行分析。

6. 思考为什么亚马逊没有致力于拓宽中国市场。

7. 思考除了推荐技术外,还有什么技术对于电子商务平台的发展较为重要。

第2章　苹果支付案例

案例导读

电子支付是电子商务的重要部分,其便捷的支付操作极大地提升了消费者的购买体验,为电子商务的发展提供了强大的动力。在诸多支付模式的背后,不仅是一项项新技术的诞生与应用,也是对支付市场的一次次调整。苹果支付(Apple Pay)是比较有代表性的一种支付模式,它的出现既得益于技术的革新,又依赖于对运营模式的创新。

2014年,苹果公司在发布会上提出了新的支付模式——苹果支付。2016年2月18日,苹果支付业务在中国上线。新技术的使用为苹果支付的产生提供了可能,其人性化的设计使得支付更加便捷。另外,苹果支付的成功也得益于运营模式的创新。在传统的信用卡支付体系中,参与支付的各方都在支付过程中获得了相应的利益。苹果支付选择融入这个过程,不破坏任何一方的利益。不同于支付宝取代了卡组织,苹果支付没有推翻原有的利益分配模式,而是顺应了原有的支付生态体系。这种运营模式的探索与创新,使得苹果支付得到了迅速发展。此外,苹果支付也进一步完善了苹果生态。

本案例围绕苹果支付的产生与发展、苹果支付的相关技术、苹果支付的支付模式、苹果公司的文化定位进行分析,讨论了苹果支付的发展思路。另外,本案例还分析了苹果支付在中国发展所面临的挑战,希望给读者以启发。

2.1　案例分析思路

苹果支付是由苹果公司于 2014 年在苹果秋季新品发布会上发布的一种基于 NFC 的手机支付功能，它由 NFC、Touch ID、安全单元以及 Passbook 等部分组成。本案例首先对苹果支付产生和发展的背景进行分析；其次，从技术的角度出发介绍了苹果支付得益于哪些技术的进步；接着对几种支付模式进行了对比。此外，本案例还分析了苹果公司的文化定位，以及这种文化定位对苹果支付的影响。最后，本案例从 4 个方面分析了苹果支付在中国发展所面临的挑战。图 2.1 所示的是本案例的分析思路。

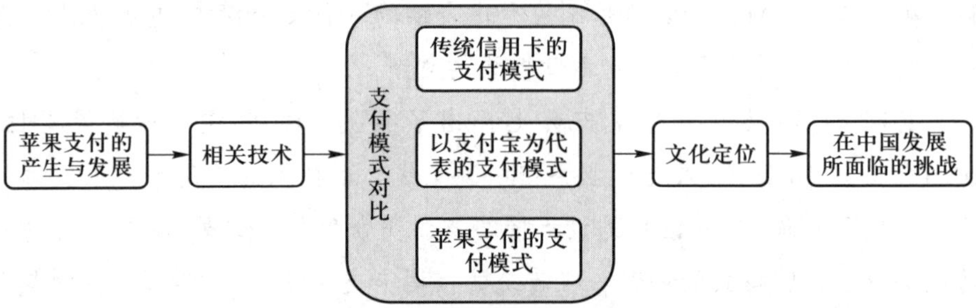

图 2.1　苹果支付案例的分析思路

2.2　苹果支付的产生与发展

随着电子商务的发展，传统的现金支付逐渐被电子支付所取代，随之而来的是信用卡的大量使用。有关数据显示,2014 年信用卡消费为 120 亿美元,每天有高达 2 亿美元的信用卡转账。在 2014 年苹果秋季新品发布会上,苹果首席执行官(chief executive officer, CEO)库克表示,在经济高度繁荣、资金流动频繁的今天,人们需要一种操作简单、实用性强、安全性更高的支付方式来代替信用卡支付,解决信用卡支付流程烦琐、安全性低、使用不方便的问题。在这样的环境下,苹果支付应运而生。

此外,近场通信(near field communication, NFC)的成熟和广泛应用,也是推动苹果支付产生与发展的一个重要因素。尽管 NFC 刚推出之时因技术先进、安全性高且使用方便而被看好,但是它推行之后的表现却一直不尽如人意。其原因主要有以下两点:NFC 无法进行长距离通信,而在短距通信方面,二维码已经得到了广泛的应用,尤其是在对安全性要求不高的场合;在安全性方面,WiFi、蓝牙等无线通信技术,一直影响着 NFC 的发展,使其难以有发挥作用的空间。但是在支付方面,NFC 的优势是得天独厚的,一方面它具有较高的安全性,可以为支付安全提供保障;另一方面,它具有便捷性,使支付操作非常便捷。基于 NFC 的上述优点,苹果支付将 NFC 作为支付时所采用的主要通信技术。

2014 年 10 月,苹果支付(Apple Pay)正式在美国上线。此后,苹果支付在越来越多的国家和地区上线。表 2.1 所示的是苹果支付在部分国家的上线时间。

表 2.1 苹果支付在部分国家的上线时间

国家	上线时间
美国	2014 年 10 月
英国	2015 年 7 月
加拿大	2015 年 11 月
澳大利亚	2015 年 11 月
中国	2016 年 2 月
新加坡	2016 年 4 月

续表

国家	上线时间
瑞士	2016年7月
法国	2016年7月
俄罗斯	2016年10月
新西兰	2016年10月
日本	2016年10月
西班牙	2016年12月
意大利	2017年5月

2.3 苹果支付的相关技术

技术是一种新产品上市后赢得消费者认可和使用的重要基础。苹果支付的技术发展历程如图2.2所示。苹果支付涉及许多技术,包括NFC、Touch ID、安全单元(secure element)、Passbook和Tokenization等技术。本案例将对这些技术进行分析,介绍它们出现的背景、工作原理、优缺点以及在苹果支付中扮演的角色。

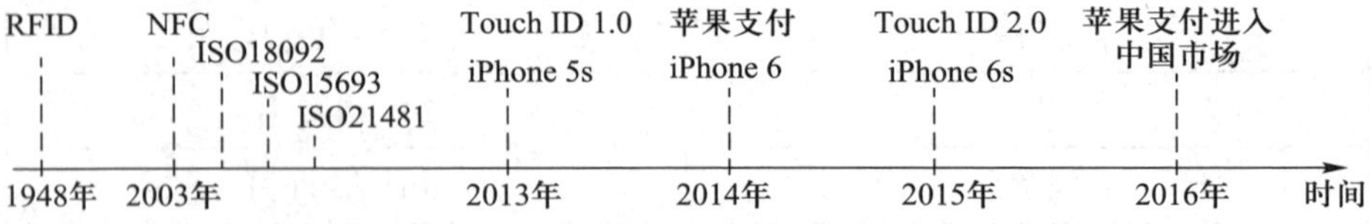

图2.2 苹果支付的技术发展历程

1. NFC

NFC由射频识别(radio frequency identification, RFID)技术发展而来。

支持 NFC 的设备内置 NFC 芯片，NFC 芯片具有通信模块、计算模块以及加密/解密模块。其中，通信模块通过射频电磁感应耦合的方式进行非接触式点对点信息传递；计算模块是一个微型处理器，负责计算和控制；加密/解密模块通常采用加密 SD 卡的形式。支持 NFC 的设备上通常有一个代表 NFC 的记号，当使用者在商场收银台等地方看到有类似记号的设备时，只要将手机上的记号靠近，就能迅速完成支付。

NFC 的优点主要有安全性高、便捷性好、耗能低、制造成本低等。虽然 NFC 有很多优点，但是其在很长一段时间内都没有得到广泛的应用，很多手机虽然都支持 NFC 功能但是却只有很少的用户会用到。其原因主要在于 NFC 通信距离短，使用起来存在诸多不方便，人们会倾向于使用更为便捷的蓝牙（通信距离长）或二维码（通信距离短但使用方便）等。但是苹果支付的推出，再一次将 NFC 带进了大众的视野。可见，一种产品的推出虽然依赖底层技术，但也会反向促进底层技术。除了苹果支付外，银联云闪付和 三星支付（Samsung Pay）也都采用了 NFC。

2. Touch ID

Touch ID 即指纹识别，其作用是确认账单并完成交易。指纹是人体最重要的生物特征之一，一般人的指纹重复率只有 50 亿分之一，从理论上保证了指纹认证的安全性。与传统的指纹身份认证技术相比，Touch ID 采用了许多新技术来保证用户数据的安全性。苹果公司将用户指纹数据存储在处理器的安全区域中，该区域中存储的并不是用户的指纹图像，而是经过加密的代表指纹的数据。这些数据只能被称为 secure enclave 的模块访问，该模块还会把这些数据与处理器和系统分隔开，因而不会被上传到 iCloud 服务器上，也不会被 iOS 或其他应用访问。苹果公司还采用了硬件锁定技术，做到了一台机器一个 Touch ID，也就是每个 Touch ID 组件只与一个处理器相匹配。

3. 安全单元

苹果支付的安全单元是被称为 SE（secure element）的电子元件，该电子元件包含微处理器、存储以及加密硬件等，可以独立使用或者嵌入其他设备。SE是苹果支付安全保障的核心，所有与苹果支付相关的支付处理和安全保障都是由SE负责的，其他组件只是起到辅助作用。

4. Passbook

Passbook可以存放来自各类服务APP的票证，如电影票、登机牌、积分卡和会员卡等；同时，Passbook可以根据用户所在的位置自动显示附近的商家信息。此外，Passbook还可以自动对信息进行实时更新并提供提醒服务。在苹果支付中，Passbook的功能得到扩充，可以用于管理信用卡和借记卡，还可以查看已添加的卡的信息、银行的隐私策略以及最近的交易明细等。Passbook相当于SE的客户端，SE中的信息增减都是通过Passbook与用户交互完成的。

5. Tokenization

Tokenization是基于EMVCo（全球三大卡组织Europay、MasterCard、VISA联合成立的国际芯片及支付技术标准组织）于2014年4月发布的支付标记化（payment token）技术规范实现的，苹果公司是支付标记化技术规范的推动者之一。

目前，虽然无卡支付领域已经出现了一些可用的产品，但是这些产品依然无法替代信用卡。因为无论是哪类支付产品都无法满足卡组织对线下交易的风险控制需求。银行担心如果卡片可以被随便复制，那么被不法组织利用的可能性就很大。因此，苹果支付选择了一个从技术上"无法复制"的介质来存储用户的支付信息，同时利用Tokenization为用户的信用卡新增了一个与卡片唯一关联的设备账户。Tokenization的目标是保障信用卡安全支付，通过用支付标记（token）替代PAN（primary account number，银行卡主账号），大幅减少了交易流程中的信用卡信息泄露问题。具体而言，苹果支付采用Tokenization将PAN存储在一个安全的地方，支付标记会被发送到持卡人的设备上存储起来。在之后的交易中，支付标记参与整个授权交易流程，并与动态密码相结合，防止了跨渠道欺骗交易的发生。由于Tokenization没有过多地改变传统支付流程，而是对传统流程进行了适应性的改造，因此大多数卡组织可以接受它。

案例小结

本部分对苹果支付产生的背景及相关技术进行了详细的介绍。苹果支付产生的背景比较特殊，在苹果支付推出之前，市场上已经有多个支付产品，苹果支付要想在市场上占据一席之地，就必须与这些支付产品竞争。在这种情况下，苹果支付依托自己的优势，找准运营模式，在众多支付产品中脱颖而出。苹果支付的优势之一就是强大的技术，本节详细介绍了苹果支付的相关技术，如NFC、Touch ID、安全单元、Passbook、Tokenization等。

在众多的技术中，NFC和Touch ID对苹果支付的发展起到了关键的作用。为了解决移动支付的安全性问题，各种移动支付技术都采用了一定的安全防护技术。NFC作为近场通信技术，有一套独立的协议，该协议支持短距离的数据交换，同时提供了短距离的私密链接和通信。NFC具有较高的安全性，使得通信信息不易被拦截和替换。苹果支付通过NFC有效地提高了用户支付的安全性和便捷性。此外，苹果支付通过用NFC来取代二维码技术，避免了二维码信息容易泄露的问题。Touch ID是苹果公司最知名的技术之一，拥有很高的安全性以及流畅的操作体验，在支付这个对安全性要求极高的场景中得到了很好的应用。

2.4 支付模式对比

除了先进的技术外，合理的运营模式对于新产品参与竞争、不断扩大市场份额来说也是极为重要的。运营模式可以使产品更好地满足用户的需要，进而被广泛使用。如果只有先进技术而缺乏合理的运营模式,产品就只会昙花一现。苹果支付是运营模式创新的典型案例。与支付宝等线上支付工具颠覆传统支付体系、重建支付秩序的做法相比,苹果支付选择了顺应传统支付体系,加入其支付过程而获取相应利益的做法。在这一过程中,苹果支付充分发挥自己的优势,避开自己的短板,使自己在传统支付体系中占据一席之地。

本节将详细分析苹果支付的运营模式,使读者了解苹果支付是如何融入传统支付体系的,它与支付宝的支付体系有何不同。

2.4.1 传统信用卡支付模式

在传统的信用卡支付模式中,用户在商店购物时,不需要使用现金支付,只要在 POS 机等终端上刷信用卡,输入密码并签名,就可以进行信用支付。商家通过卡组织向用户的开户银行要钱,卡组织通过支付网络将转账申请发送给银行,银行将钱转到商家的账户中并将赊账消费记录保存到用户账户中。传统的信用卡支付模式如图 2.3 所示。在这种支付模式中,各方都能在支付过程中获得利益:用户可以赊账消费;卡组织收取手续费;银行吸收资金并收取手续费;对于商家来说,信用卡既免去了收银找零的麻烦,又激发了

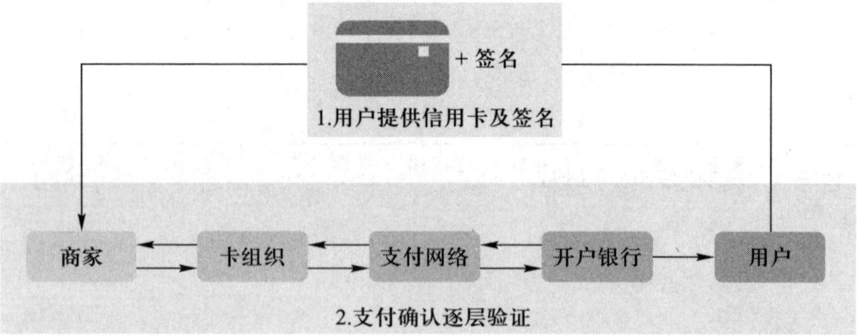

图 2.3 传统的信用卡支付模式

用户的消费欲望。但是随着电子商务的发展，新型支付模式逐渐形成，传统支付模式受到冲击，支付各参与方的利益也受到影响。

2.4.2　新型支付模式

新型支付模式主要是指以支付宝和微信支付等为代表的线上支付体系。下面以支付宝为例进行介绍。用户先在支付宝平台上开设支付宝账户，然后可以通过快捷支付（储蓄卡）、网上充值、找他人代充值等方式给自己的支付宝账户充值。在用户消费时，商家通过支付宝与用户建立连接，用户输入支付宝支付密码后，钱就通过支付宝平台从用户的账户转到了商家的账户中。支付宝的支付模式如图 2.4 所示。

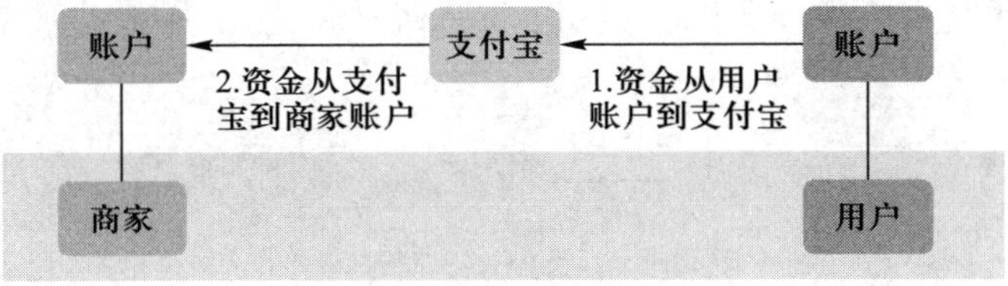

图 2.4　支付宝的支付模式

在上述支付过程中，商家的账户和用户的账户通过支付宝直接相连，支付宝取代了卡组织。支付宝一方面通过电子商务平台积累了巨大的用户量和绑卡量，另一方面与银行建立了良好的合作关系，这使得其支付业务得到了迅速发展，同时也触动了卡组织和银行的利益。但是，支付宝也有不足的地方，如不支持信用消费等。

2.4.3　苹果支付模式

苹果支付基本遵从了传统的支付模式，商家通过终端机向用户发出收款请求，与传统支付模式不同的是，用户不再需要进行刷卡、输密码、签名等操作，仅需要将手机靠近终端机接收请求并按指纹即可完成支付。苹果支付的支付模式如图2.5所示。在这个过程中，NFC代替了信用卡的磁条，Touch ID提供了身份认证功能，代替了输入密码和签名环节。可以看出，在整个支付流程中，苹果支付仅作为一种支付手段出现，它没有影响原有支付参与方的利益，而是将自己作为一个支付环节加入支付流程。苹果支付之所以能够进入中国，在于它在利益上不与中国银联相冲突，所以最终取得了中国银联等的支持。

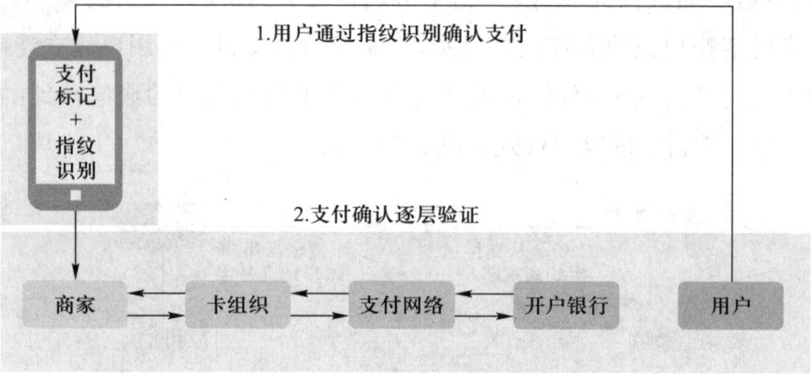

图2.5 苹果支付的支付模式

2.5 苹果公司的文化定位

作为苹果公司的产品，苹果支付体现着苹果公司的文化。它贯彻了苹果公司简约的设计风格，界面简单明了，并以简化人们的生活为设计目标，通过简捷流畅的操作体验，给人们的生活带来便利。

苹果公司是一家十分注重创新的企业，创新也成为其企业文化的核心，其原首席执行官乔布斯曾经说过："领袖和跟风者的区别就在于创新"。从苹果公司的发展历程来看,它的每一次飞跃发展都是由创新带动的。苹果支付也很好地体现出了苹果的创新思想,无论是技术上的创新还是运营模式上的创新,都取得了非常好的效果。

另外,注重细节、精益求精也是苹果公司的企业文化之一,这在苹果公司的每种产品上都可以看出来。这些产品无论是硬件设计还是软件优化,都做到了极致,这也是苹果公司的产品虽然价格不菲,但却总是受到消费者欢迎的原因,同时也是苹果公司获得成功的保证。而在苹果支付上,这种追求极致的理念也得到了体现。苹果支付的核心技术之一 Touch ID 在刚推出之时,表现得并不尽如人意,如出现了反应速度慢、识别精度不高、故障率高等问题,受到消费者的批评,但是随着该技术不断完善,其良好的用户体验得到了消费者的认可,成为苹果公司最成功的技术之一。正是这种精益求精的精神,推动着苹果支付臻于完善,成为促进其发展的强大动力。

2.6 苹果支付在中国发展所面临的挑战

苹果支付在中国发展所面临的挑战主要有以下 4 点。

第一,缺乏配套的线上线下消费生态系统。目前,苹果公司的 iPhone、iPad、iMac、iTunes、App Store 等产品形成了一个完整的苹果生态系统,用生态系统的网络效应吸引了一批用户,这些忠实的苹果用户被称为“果粉”。但是这个基于产品的生态系统与线上线下的消费生态系统之间还有一定的距离。目前,在中国拥有大量用户的支付宝和微信支付已不仅仅是简单的支付工具,而成为人们常用的线上生活服务类软件。支付宝和微信支付所提供的服务包括缴纳水电费、收发红包、转账、理财等。此外,支付宝在线上有淘宝网和天猫这样的大型电子商务平台,在线下有天猫校园超市等服务网点,形成了线上线下消费的闭环。而苹果支付目前在中国没有自己的线上电子商务平台和线下特色服务,尚未形成这样的配套消费生态体系。如果今后苹果支付也能像支付宝和微信支付那样发展出配套的线上线下消费生态系统,将会吸引更多的用户使用苹果支付。

第二,适用的终端有局限性。目前,苹果支付只能在苹果移动终端上使用,这就大大影响了苹果支付的市场拓展。根据数据调研机构凯度(Kantar)发布的2018年第二季度全球各个市场上智能手机所用系统占比情况的统计数据可知,在美国、日本、英国和澳大利亚市场上,苹果手机所占的比例均超过了30%,其中日本市场上苹果手机所占的比例更是达到了42.9%。但是在中国市场上苹果手机所占的比例却只有19.4%。由此可知,如果不考虑苹果iWatch等产品的使用,在中国只有不到五分之一的用户有机会使用苹果支付,但是无论是安卓系统用户,还是iOS系统用户都有机会使用支付宝和微信支付。同时,由于苹果支付的用户规模较小,而且商家使用苹果支付需要投入一定的物力和人力成本,因此他们使用苹果支付的积极性不高,这使苹果支付用户的使用体验受到了影响。如果苹果支付能够像支付宝和微信支付一样,也可以在除iOS系统以外的其他手机上使用,其用户规模就会迅速扩大。

第三,用户自传播效应弱。西班牙社会学家曼纽尔·卡斯特尔(Manuel Castells)对大众自传播的定义是:通过短信、博客、播客等功能或产品,大众能够以自我为中心进行信息内容的生产、传播和共享,并对外界的信息进行选择性接收。人们在日常生活中使用支付产品的频率很高,大众自传播效应在支付产品方面体现得也很明显。商家会通过贴二维码等形式推荐用户使用某一种或几种支付产品,用户会以赢得积分或者参与线上活动为目的推荐亲朋好友使用某种支付产品(例如,支付宝的蚂蚁森林会鼓励用户在线下使用支付宝来赢得积分)。一种支付产品的用户规模越大、用户使用体验越好,用户之间的自传播效应就越明显。而由于苹果支付的用户规模小,而且只能为 iOS 用户提供服务,因此其自传播效应比支付宝和微信支付弱。

第四,用户习惯不易培养。虽然使用移动支付的用户越来越多,但是用户仍然会对使用新加入市场、使用范围有限、用户规模较小的移动支付应用有顾虑。在中国,与支付宝和微信支付的用户规模和使用范围相比,苹果支付处于劣势地位,而且几乎所有的商家都同时支持支付宝和微信支付,只有部分商家支持苹果支付,这就使得不易培养用户对于苹果支付的使用习惯。另外,一旦用户适应了支付宝和微信支付的支付体系、功能和操作流程,就会形成消费习惯,这种习惯不会被轻易改变。因此,从用户习惯的角度来看,支付宝与微信支付的发展也进一步制约了苹果支付的发展。

案例小结

本部分首先对三种支付模式,包括传统信用卡支付、以支付宝为代表的新型支付模式、苹果支付模式进行了对比,然后介绍了苹果公司的文化定位及其对苹果支付产品的影响进行了介绍。苹果公司是一家非常重视文化发展的企业,其设计理念在业界受到了广泛的认可,这对其产品有着深远的影响。支付模式是苹果支付区别于其他支付产品的最大特点之一,以支付宝为代表的支付产品颠覆了传统的信用卡支付体系,构造了以自身为中心的支付流程,这与银行的利益产生了冲突。然而苹果支付充分考虑了各方面的利益,以比较温和的方式介入支付过程,因此得到了银行的支持,这对其进入支付市场有着重大的战略意义。

本部分的最后分析了苹果支付在中国发展所面临的挑战。通过案例分析可知,缺乏配套的线上线下消费生态系统、适用的终端有局限性、用户自传播效应弱、用户习惯不易培养是苹果支付在中国发展所面临的 4 个挑战。

如果苹果公司能够从其他支付产品的发展中借鉴经验，并结合自身的特点进行改进，则能化挑战为机遇，取得更大的发展。

2.7 启示与总结

电子商务的发展使得各种各样的支付模式，如信用卡支付、线上支付等迅速发展起来。这些支付模式反过来又促进了电子商务的发展，极大地提高了支付效率，缩短了购物周期，刺激了经济的发展，也逐渐取代了传统的现金支付形式。

苹果支付是苹果公司在2014年发布的基于NFC的移动支付产品。用户需要在苹果设备自带的程序中添加银行卡；支付时，只需将苹果设备靠近读卡器，然后进行指纹验证即可完成支付；在整个过程中，无须唤醒显示屏、打开应用，手机也无须接入无线网络，支付更加方便快捷。苹果支付的出现无疑丰富了支付方式，使得人们的支付体验更好，刺激了消费。在美国，苹果支付已超越之前的支付市场领先者PayPal，成为美国商家最普遍支持的移动支付产品。在中国，苹果支付与中国银联建立了良好的合作伙伴关系，用户对此也表现出较大的热情。

苹果支付的模式是很值得我们思考的。苹果支付将自己作为一个环节加入支付流程。在这一过程中，苹果公司通过收取手续费获得利益，用户获得了便捷的支付体验，其他各参与方也能够维持各自的利益。另外，苹果支付并没有采用革命性的技术，基本上都是利用已有的技术或对已有技术进行改进，但却取得了成功，可见技术并不是苹果支付获得成功的唯一因素，运营模式的创新，合理战略的制定，以及充分发挥自身的优势也是一种产品取得成功的重要因素。

案例总结

随着经济的发展,人们的生活节奏不断加快,对购物支付效率和便捷性的要求也越来越高,传统的现金支付已不能满足人们的要求,众多支付产品应运而生。有银行推出的支付产品,如信用卡支付;也有线上支付产品,在美国有PayPal、谷歌移动支付,在中国有支付宝、微信支付等。在这一背景下,苹果公司推出的苹果支付,也加入了移动支付的行列。

苹果支付进入中国之前,中国线上支付市场的大部分份额已经被支付宝、微信支付等产品占据,苹果支付要想与这些成熟且拥有大量用户的支付产品竞争,在支付领域开辟自己的市场,不但要依靠技术的进步,更要依靠运营模式的创新,发挥自己的优势,规避自己的劣势。与支付宝、微信支付等支付产品不同,苹果支付将自己作为一个环节加入支付流程,它没有激进地颠覆原有的利益分配模式,而是顺应了支付的生态系统。经过发展,苹果支付的市场份额不断扩大。苹果支付还引领了技术发展的潮流,自从其推出了指纹支付验证模式之后,支付宝等诸多支付产品也开始效仿。

苹果支付进入中国以来的表现并没有它在北美市场那么亮眼,在与支付宝和微信支付的竞争中,苹果支付要在中国谋求发展还有很长的路要走。但是,苹果支付的出现对于电子商务发展的意义十分重大,它不但丰富了支付模式,也为新兴的支付应用提供了借鉴,激励人们不断创新电子商务的形式。

本案例首先分析了苹果支付产生的环境,并从技术角度出发,介绍了其支撑技术,分析了这些技术在苹果支付中的应用。其次,阐述了苹果支付的模式以及苹果公司的文化定位。该案例分析具体,结构清晰,并且能够通过对苹果支付的分析,阐明其对电子商务发展带来的影响,值得一读。

2.8 研究与思考

1. 思考苹果支付与支付宝的异同,哪种支付模式更适合于中国的国情。

2. 思考苹果支付这一产品在苹果公司整个产品生态中的作用和地位。

3. 比较苹果支付和信用卡支付这两种支付模式的支付流程,并思考在信用卡支付或苹果支付支付中是否还存在其他需要被加强、替换或者删减的部分。

4. 思考 NFC 还能被运用到哪些场景中。

5. 思考苹果支付的发展对于其他移动支付产品有什么可借鉴之处。

6. 分析苹果支付在中国的发展前景。

7. 思考苹果支付应如何打造自己的消费生态体系。

第3章　支付宝案例

案例导读

支付宝是国内领先的第三方支付平台，致力于提供“简单、安全、快速”的支付解决方案。2003年10月，淘宝网首次推出支付宝业务。次年，支付宝从淘宝网分拆独立出来，逐渐向更多的合作方提供支付服务。2004年12月支付宝公司成立。从创建开始，支付宝始终将“信任”作为产品和服务的核心。2008年2月，支付宝发布移动电子商务战略，推出手机支付业务。此后，支付宝发展迅速，它在各种场景中的应用使得用户的生活越来越便捷。

现在，通过支付宝，学生可以为校园一卡通充值，社区居民可以通过支付宝缴纳水电费，就诊者可以通过支付宝挂号缴费。此外，利用支付宝还可以购买电影票、火车票，支付打车费用等，这使得支付宝越来越贴近人们的生活。此外，支付宝推出的蚂蚁森林、蚂蚁庄园、蚂蚁财富、支付宝运动等也满足了用户多样化的需求，越来越多的用户开始使用支付宝支付。据中国新闻网报道，支付宝2016全民账单显示，2016年4.5亿实名用户使用了支付宝，71%支付笔数通过移动端进行。目前，支付宝的支付方式主要有7种，分别是快捷支付、手机支付、二维码支付、声波支付、NFC支付、互联网电视支付和指纹支付。

从各种角度来看,支付宝都是中国移动支付中很重要的一部分。因此,分析支付宝案例对于研究中国电子商务的发展,尤其是移动支付的发展是极其重要的。

3.1 案例分析思路

支付宝作为目前全球领先的第三方支付平台,致力于使广大用户获得安全、快捷的体验,以及提供转账收款、水电燃气缴费、信用卡还款等生活服务。目前,随着人们对移动支付的接受程度越来越高,支付宝受到了越来越多用户的喜爱。

本案例从技术与营销的结合、以支付宝为核心的金融体系、支付宝与苹果支付等方面进行分析,分析思路如图3.1所示。本案例首先以AR实景红包为例分析了支付宝是如何将技术与营销方式紧密结合在一起的,接着阐述了余额宝和淘宝网在以支付宝为核心的生态体系中的重要地位。最后,对支付宝与苹果支付进行了对比,分析了支付宝与苹果支付的发展历程、技术环境、生态环境和运营模式间的相同和不同之处。

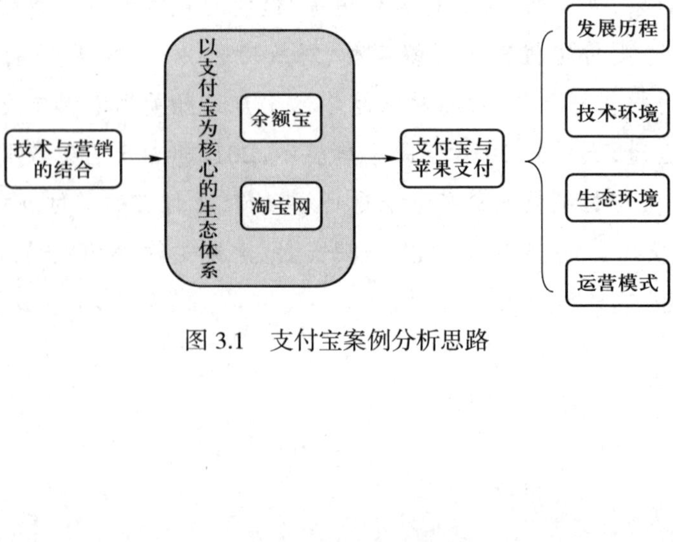

图3.1 支付宝案例分析思路

3.2 技术与营销的结合

一种产品是否能够获得消费者的认可并得到广泛的使用,除了新颖的创意、周到的服务外,过硬的技术也是不可或缺的。尤其是涉及资金的产品,除了各项基本功能运行流畅外,安全技术更是重中之重。支付宝能在众多的支付产品中立于不败之地,与其具有行业领先的技术基础密不可分。另外,支付宝在其发展过程中不断地进行技术创新。下面以支付宝 AR 实景红包为例,阐述支付宝是如何将先进的技术和创新的营销方式结合起来吸引用户的。

2016 年年底,支付宝推出了新的红包互动方式——AR 实景红包,给出了互联网营销的新思路。AR 实景红包功能是指用户在某个地点对某实体景物进行拍照,若符合条件,则可以在此处藏一定的红包,并将该照片发送给他人;支付宝会提供相关路线,使收到照片的人可以按该照片寻找和领取红包。

该 AR 实景红包初期仅依靠基于位置的服务(location-based service,LBS)和手机陀螺仪来进行互动,但这样一方面精度不够,另一方面用户体验不好,因为 LBS 和手机陀螺仪的数据存在较大误差,难以对用户位置和用户动作进行精确度量,使用户缺乏真实的藏与找的感受。

为了改进用户体验,支付宝团队采用了图片匹配方案。藏红包的用户拍摄一张藏红包地的照片并上传至服务器,服务器保存该照片以便后续对其进行图片特征提取和图片匹配。寻找红包的用户根据藏红包地的照片和支付宝提供的相关路线到达红包附近时,服务器就会将红包信息发送到该用户的终端设备上,并进行场景图片识别和匹配,若匹配和校验成功用户即可领取红包。当然,用户可能会冒领红包。例如,寻找红包的用户并未到达实地,仅凭一张照片来冒领红包。为了避免这种现象,AR 实景红包通过分析用户的行为数据来发现潜在的作弊用户。例如，对用户的定位、朝向以及时间连续性进行分析等。

从营销的角度来看，AR实景红包采用游戏化的互动方式，利用藏红包、发现线索、寻找红包的过程调动用户参与活动的积极性和能动性。开设了全球首个游戏化课程的凯文·韦巴赫对“游戏化”的概念进行了定义。游戏化是指用游戏设计的方法和游戏元素设计非游戏类场景，即并非让用户进入虚拟的游戏世界，而是通过一些游戏化的营销或者设计方法，让用户感受到游戏般的体验。心理学家威廉·斯蒂芬森在《大众传播的游戏理论》一书中探讨了传播的游戏性质，阐述了“传播快乐”在大众传播中的重要意义。从支付宝AR实景红包的设计可以看出，这一功能的设计可以调动用户的参与意识和好奇心，这种将游戏元素和红包功能结合起来的策略，在用户使用的过程中形成了自传播效应，达到了双赢的目的。此外，AR实景红包利用增强现实（augment reality，AR）技术，将线上线下结合起来，用O2O（online to offline，线上到线下）电子商务模式丰富了传统单一的营销策略。

2017年7月，支付宝关闭了AR实景红包功能，但在AR实景红包上线的半年多时间里，该功能为支付宝带来了较高的社会关注度和经济效益。支付宝通过AR实景红包将先进的技术与市场营销结合在一起的思路依然值得借鉴和探讨。

3.3 以支付宝为核心的生态体系

支付宝作为阿里巴巴的重要产品，在阿里巴巴的生态体系中起着不可或缺的作用。下面将分析阿里巴巴的两个重要服务——余额宝和淘宝网与支付宝之间的关系。

3.3.1　余额宝与支付宝

余额宝是支付宝公司推出的具有余额增值功能的服务，支付宝用户只需将支付宝账户中的资金转存至余额宝内，即被认为购买了与余额宝对接的天弘增利宝的特定货币基金的理财产品，留存在余额宝账户的资金有一定的浮动基金投资收益，而且用户还能随时使用余额宝中的资金进行网络购物和其他由支付宝支付的消费。

中商产业研究院的相关数据显示，2018 年上半年中国互联网理财用户数为 16 855 万，与 2017 年的 12 881 万相比，增加 30.9%；用户数呈高速增长趋势，占整体网民的 21%，与 2017 年相比增加 4.3%。图 3.2 和图 3.3 分别展示了 2015 年—2018 年上半年中国互联网理财用户数及占比情况，其中图 3.3 中的虚线表示的是变化趋势。

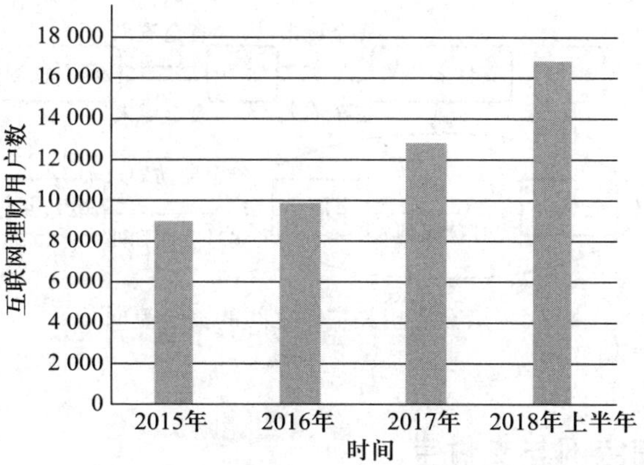

图 3.2　2015 年—2018 年上半年中国互联网理财用户数

余额宝对于支付宝而言有着十分重要的意义。它凭借阿里巴巴所拥有的巨大用户群体优势，以其与活期存款接近的流动性及高于活期存款的利率，在极短的时间内就吸引到了大量资金。余额宝在运营过程中涉及 4 个直接利益主体，即支付宝用户、支付宝公司、银行和天弘基金，

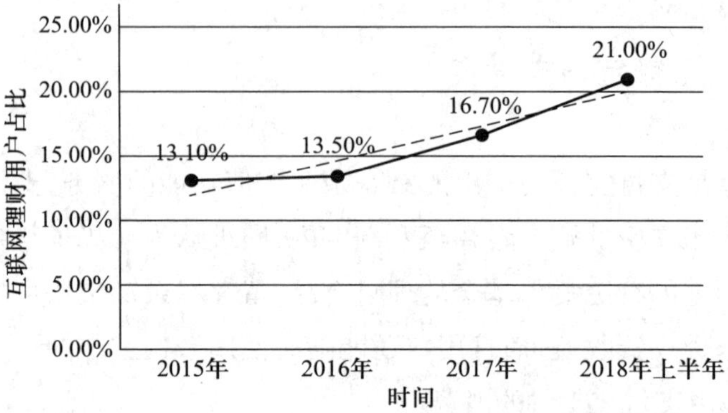

图 3.3 2015 年—2018 年上半年中国互联网理财用户占比情况

这几个主体之间的资金流向关系如图 3.4 所示。支付宝公司通过与银行和天弘基金的合作，使得支付宝用户可以直接将支付宝作为投资理财的入口，在其将支付宝账户中的资金转入余额宝中后支付宝公司即可一站式地为用户完成投资理财操作。

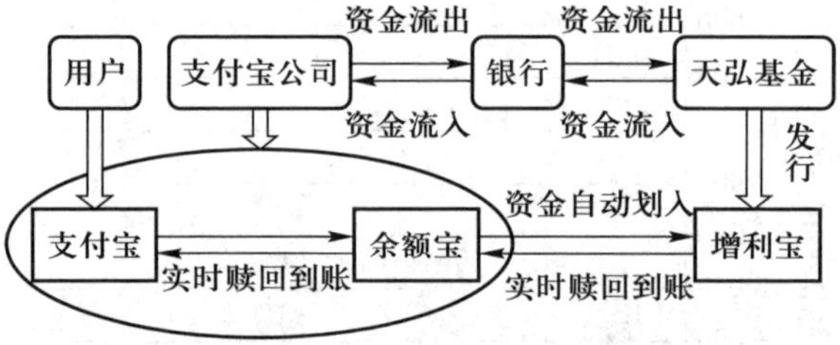

图 3.4 余额宝相关主体之间的资金流向关系

3.3.2 淘宝网与支付宝

支付宝一开始就定位于为电子商务交易活动（主要是淘宝网上发生的交易活动）中的各方提供监督和担保服务。支付宝和淘宝网的运作流程如图 3.5 所示。用户在淘宝网上选购商品后直接将资金转给支付宝，此时商家需要将商品发送给用户，在用户确认收货后支付宝再将资金转入商家账户。在这一过程中,由支付宝在后台完成用户支付宝账户和商家支付宝账户的联通,而且淘宝网通过在用户和商家之间引入第三方平台,保证了双方资金的安全性,进而提高了交易的安全性。由此可见,支付宝为淘宝网提供了便捷的第三方金融服务,方便了用户资金管理和线上交易。同时,依托淘宝网这一电子商务平台,支付宝可以获得大量的用户数据。

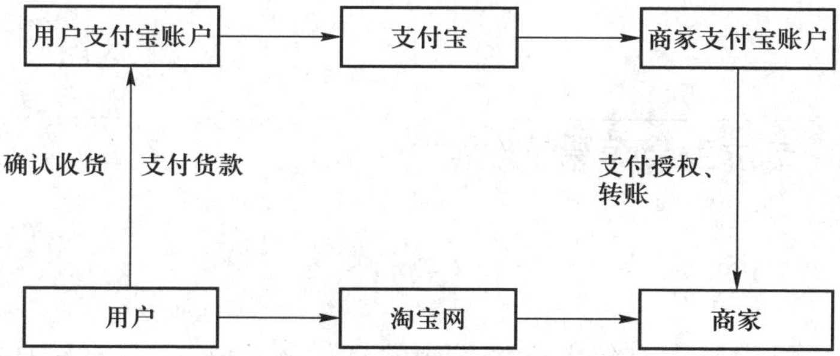

图 3.5 支付宝和淘宝网的运作流程

案例小结

本部分首先以 AR 实景红包为例介绍了支付宝是如何将先进的技术和市场营销结合在一起的。众所周知,支付产品对技术的要求首先是安全性,只有能够保证资金安全才能得到用户的信任;其次是稳定性,面对每秒巨大的请求量,服务器要能够顶得住压力。安全性和稳定性是所有支付宝产品设计的基础。AR 实景红包就是一个在安全性和稳定性的基础上,将社会传播原理与红包的功能结合在一起的实例。AR 实景红包采用游戏设计的方法,引入游戏元素来设计红包分享这一支付场景,让用户在分享红包的过程中体会到游戏的乐趣。虽然目前支付宝已经关闭了 AR 实景红包功能,但是该功能所用到的技术、营销理念、设计方式都值得其他支付产品借鉴。

接下来,本部分分析了余额宝和淘宝网在以支付宝为核心的金融体系中的重要地位。余额宝使得用户可以直接通过支付宝完成基金购买的操作,为用户提供了一种全新的活期理财选择。淘宝网作为目前我国最大的电子商务平台之一,为支付宝带来了大量的用户;同时,支付宝和淘宝网的用户数据共享,可以为阿里巴巴带来巨大的经济效益。

3.4 支付宝与苹果支付

支付宝是中国占有较大市场份额的支付产品之一,具有较高的分析价值,它与苹果支付无论是在功能上,还是在发展历程、产品依托上,有许多相似之处,也有许多差异。本部分将对两者进行比较和分析,以使读者更好地理解支付宝和苹果支付这两种支付产品。

3.4.1 发展历程

表3.1所示的是支付宝和苹果支付的发展历程。从表3.1中可以看出,虽然苹果支付的相关技术出现的时间很早,但是苹果支付本身的上线时间要远远晚于支付宝,因此它们所占据的市场份额,技术成熟度、认可度和开拓市场的难度,都有所不同。阿里巴巴在2003年就推出了支付宝业务,那时市场上鲜有同类产品,凭借这种首创优势和淘宝网巨大的用户量,支付宝迅速占领了市场。在发展过程中,支付宝也不断创新,不断寻求突破,如在春节期间举办收集五福的活动,支付余额宝利息等,以吸引消费者将钱存入余额宝。

表 3.1 支付宝和苹果支付发展历程的比较

支付宝的发展历程	苹果支付的发展历程
2003 年 10 月 18 日,淘宝网首次推出支付宝业务。 2004 年 12 月 8 日,浙江支付宝网络科技有限公司成立。 2005 年 2 月 2 日,支付宝推出“全额赔付”支付,提出“你敢用,我敢赔”承诺。 2008 年 2 月 27 日,支付宝发布移动电子商务战略,推出手机支付业务。 2008 年 10 月 25 日,支付宝公共事业缴费正式上线,支持水、电、燃气、通信等的缴费。 2010 年 12 月 23 日,支付宝与中国银行合作实现信用卡快捷支付。 2011 年 5 月 26 日,中国人民银行为支付宝颁发国内第一张支付业务许可证。 2013 年 11 月 30 日,12306 网站支持使用支付宝购买火车票。 2015 年,支付宝进军社交领域。 2016 年 12 月,支付宝推出了支付宝 10.0 版本,带来支付宝 AR 实景支付宝红包的功能。 2017 年 5 月 24 日,支付宝宣布推出香港版电子钱包,正式为香港居民提供无现金服务。 2018 年 4 月 17 日,由公安部第一研究所可信身份认证平台(CTID)认证的“居民身份证网上功能凭证”首次亮相支付宝。 2019 年 3 月 26 日起,通过支付宝给信用卡还款开始收取服务费。 2019 年 5 月,支付宝上线了“发呗”功能,通过发呗支付宝商家可零费用给员工发报酬、福利、佣金、报销款等	1948 年,射频识别技术产生。 2003 年,NFC 产生并逐渐得到应用。 2013 年,Touch ID 产生,并搭载在 iPhone 5S 上发布。 2014 年 10 月 20 日,苹果公司的苹果支付服务正式在美国上线。 2015 年 3 月 7 日,苹果支付服务采用 NFC。 2015 年 7 月,苹果支付服务登陆英国。 2015 年 11 月,苹果支付服务在澳大利亚和加拿大推出。 2016 年 2 月 18 日,苹果支付服务正式在中国上线。 2017 年 6 月 6 日,苹果公司推出 iOS 11,使得苹果支付支持好友转账。 2018 年 3 月 30 日,苹果官方推出了 iOS 11.3,在苹果支付上添加北京一卡通和上海交通卡。 2018 年 5 月,苹果支付网页支付技术宣布正式进入中国

与支付宝相比,苹果支付上线的时间比较晚,在其上线之前就已经有很多同类型的支付产品与之竞争,在美国有 PayPal、Google Wallet,在中国有支付宝、微信支付等支付产品,因此苹果支付进入中国市场的阻力要远高于支付宝。众所周知,苹果公司是一家电子科技公司,以生产手机、平板电脑、笔

记本电脑等电子产品为主，同时也进行 iOS 系统等相关应用软件开发和销售，它本身并不是电子商务企业，没有开展电子商务业务的经验和基础。但是苹果公司通过手机、计算机等电子产品的销售开拓了市场，积累了大量用户，并与各大银行保持着良好的合作关系。苹果公司依托这些优势，开拓全新的市场，在群雄割据的支付市场中占据一席之地。

表 3.2 所示的是支付宝和苹果支付里程碑事件的比较。从表 3.2 可以看出，虽然苹果支付现在面临着重重困难，但是凭借着庞大的用户群体和便捷的支付体验，苹果支付的年交易量迅速提升。

表 3.2 支付宝和苹果支付里程碑的比较

支付宝的里程碑	苹果支付的里程碑
2013 年 11 月 13 日，支付宝手机支付用户数超过 1 亿。 2013 年 12 月 31 日，支付宝实名认证用户数超过 3 亿。 2013 年，支付宝手机支付超过 27.8 亿笔、金额超 9 000 亿元，成为全球最大的移动支付公司。 2013 年，支付宝在移动互联网支付市场中的份额位居第一。 2013 年，支付宝单日交易笔数峰值达到 1.88 亿，其中，移动支付单日交易笔数峰值达到 4 518 万，移动支付单日交易额峰值达到 113 亿元人民币。 2014 年 2 月 26 日，余额宝用户数突破 8 100 万。 2014 年 3 月 20 日，支付宝每天的移动支付笔数超过 2 500 万。 2014 年 11 月 11 日，支付宝手机支付交易笔数达 1.97 亿。 2016 年年底，支付宝用户数达 4.5 亿。 2018 年 11 月 28 日，支付宝全球用户数超过 9 亿。 2019 年 1 月 9 日，支付宝正式对外宣布，支付宝全球用户数超过 10 亿	截至 2015 年 3 月，美国有超过 2 500 家银行支持苹果支付，接受苹果支付的网店多达 70 余万家。 2015 年 6 月 10 日，苹果支付进驻上海自贸区。 2015 年 11 月，苹果与中国四大国有银行达成初步协议。 2015 年 12 月，苹果支付月交易量达到 1 亿美元。 截至 2016 年 3 月，美国已有 300 万家零售店支持苹果支付，在全球则超过了 1 100 万家。 2016 年 12 月，苹果支付月交易量与 2015 年同期相比增长 50%。 风险资本公司 LoupVentures 的数据显示，2017 年苹果支付用户数增长了一倍多，同期的交易量增长了两倍以上。 风险资本公司 LoupVentures 的数据显示，截至 2019 年 2 月，全球有近 10 亿 iPhone 用户，其中有 43% 的 iPhone 用户激活了苹果支付

3.4.2 技术环境

下面将从技术的角度对支付宝和苹果支付进行比较。

如表 3.3 所示，虽然同为电子支付方式，但支付宝和苹果支付的不同之处很多，所以支付体验也不同，各有各的特色。

表 3.3 支付宝与苹果支付的比较

比较项目	支付宝	苹果支付
技术基础	Web	NFC + Touch ID
支付距离	不限	< 10 cm
数据存储	云端	手机内置芯片
存储加密	加密	加密
传输加密	未知	加密
支付验证	PIN	Touch ID

首先，支付宝的技术基础是 Web，而苹果支付的技术基础是 NFC 和 Touch ID。Web 需要有网络的支持才能提供服务，因此如果用户无法通过 WiFi 等接入网络，就无法使用支付宝的服务。苹果支付虽然可以进行“无网”支付，但是却需要付款方和收款方同时拥有支持 NFC 功能的设备，这从硬件上限制了苹果支付的推广。

其次，在安全方面，苹果支付将用户数据加密存储在硬件中，并利用安全单元技术对其进行保护。在利用苹果支付进行支付时数据传输也是加密的，支付时要对用户的指纹进行验证。支付宝也十分重视数据安全问题，2019 年 2 月 2 日，支付宝成为首批获得国家个人信息安全管理体系认证的企业。也就是说，支付宝针对用户个人信息和隐私保护的安全体系已经达到国家最严格的标准。

第三，在用户体验方面，用户在使用苹果支付进行支付时不需要打开手机应用程序（APP），也不需要输入密码，只需要进行指纹验证，这使得苹果支付比支付宝使用起来更便捷。不过，用户在使用支付宝进行支付时并不受硬件平台的限制，使用任何品牌的手机都可以，而苹果支付只能在苹果手机、苹果平板电脑、苹果智能手表上使用，这是苹果支付的一个弊端。另外，支付宝一方面依托天猫、淘宝网，为用户提供了丰富的使用场景，提高了用户的接受度；另一方面，提供了包括余额宝在内的附加服务，这些都是苹果支付所没有的。

从以上比较可以看出苹果支付和支付宝各有优势。需要指出的是，自从苹果支付出现之后，支付宝也推出了指纹验证功能，在今后的发展中，苹果支付与支付宝必将相互借鉴，为用户提供越来越便捷、安全的服务。

3.4.3 生态环境

时势造英雄，每一种能在历史进程中留下浓墨重彩一笔的产品的问世，都离不开所处的环境，包括政策环境、经济环境、技术环境等。在第2章中我们已经对苹果支付的生态环境做了详细的分析，本部分将对支付宝的生态环境进行分析。

首先是政策环境。2011年5月26日，中国人民银行向27家企业发放了首批支付业务许可证，以加强对从事支付业务的非金融机构的管理和规范，自此第三方支付行业及其经营活动就有了规范化的监管制度。在这种政策环境下，支付宝公司作为第一批获得该许可证的企业，成为行业的领头羊。此外，支付宝已走出国门，世界上的很多地方都可以使用支付宝来支付相关费用。

支付宝出现之时，中国尚未有成熟的电子支付产品，因此得到了国家的大力支持。与支付宝不同，苹果支付在中国支付市场上是一个后来者，不但要面临已有移动支付产品的竞争，也没有相应的政策支持，因此在政策环境方面不占优势。

其次是经济环境。移动支付是随着电子商务的发展而产生的,对于一种移动支付产品而言,经济环境也非常重要。我国经济发展迅速,随着电子商务市场的繁荣,传统的现金支付逐渐被电子支付所取代。在这样的背景下,支付宝发展迅速;而且自支付宝推出余额宝以来,用户的理财成本大幅下降,通过支付宝理财的用户数快速增长。可见,支付宝的产生处于我国电子商务的起步阶段,随着电子商务的蓬勃发展,支付宝也迅速成长。而苹果支付被推出之时,我国的电子商务已经发展得较为成熟,所以苹果支付很难再得到电子商务发展的助力,因此它在经济环境方面面临着很大的挑战。

最后是技术环境。互联网技术的不断发展,使得第三方支付平台的稳定性和响应效率都有了很大的提升。此外,安全性作为金融业务的首要问题一直为人们所关注,也是用户是否选择使用第三方支付平台进行支付的重要因素。随着第三方支付平台和商业银行合作的深入、中国人民银行监管体系的建立,以及先进技术的引入,我国第三方支付平台的安全性得到了很大的提升。

综上所述,我国政策环境对第三方支付业务的发展十分有利,逐步完善的政策环境是支付宝健康发展的主要因素。与支付宝相比,在政策环境方面苹果支付并不占优势,不过它还是凭借着过硬的质量、巨大的用户规模等优势不断扩大市场份额。

3.4.4 运营模式

对于一种产品而言,除了生态环境和技术基础外,运营模式也很重要。第 2 章已经讨论过苹果支付的运营模式,即它将自己作为一个环节加入传统的信用卡支付流程,没有从根本上颠覆原有的支付体系,维护了银行和卡组织的利益,因此为银行等各支付参与方所接纳。与技术上的创新相比,苹果支付运营模式的创新更值得人们讨论。因此，本部分将对支付宝和苹果支付的运营模式进行比较分析。

支付宝的主要盈利方式如表3.4所示，从表3.4可以看到，多样的盈利方式为支付宝提供了稳定的经济支持。

表3.4 支付宝主要的盈利模式

盈利模式	说明
用户所存资金	主要是用户存在余额宝及账户余额内的资金
服务佣金	第三方支付平台首先和银行确定缴纳给银行的手续费率，然后根据这一费率，并加上自身的毛利润（即服务佣金）向用户收取费用
时间差	用户实时付款，支付宝在用户确认收货后再将款项付给商家，或者在确认收货后按周甚至按月和商家结算货款。这样，支付宝便利用该时间差沉淀了一笔资金
广告收入	虽然支付宝发布的广告所占空间较少，但布局设计较为合理，可视性较强，而且主页上也有若干公益广告，从而增加了用户的好感
其他金融增值服务	包括蚂蚁金服及其他基金等

除了盈利模式以外，支付宝的发展壮大与其运营模式有着密切的关系。支付宝坚持用户价值经营理念。除了通过提供各种服务、技术解决方案等不断为用户提供便利外，支付宝也注重应用在线客服、阿里学院等方式，为用户提供解决问题的便捷通道，缩短问题处理时间，加强与用户的沟通。此外，支付宝还创新地提出信誉管理体系，以用户、商家、平台三方协作的方式建立起一整套信誉管理评价体系，解决了普遍存在的网上交易信任问题，有利于创立安全可靠的电子商务环境，在一定程度上消除了网上交易的信任危机。

可以看出，支付宝经过长期发展已经形成了一个集支付、存储、投资、娱乐、购物于一体的生态体系。相比之下，苹果支付还处在发展初期，业务相对单一。苹果支付的运营模式使其在初期顺利地占据了一定的市场份额，但是其后续仍需不断完善，形成以自身电子产品（如手机、平板电脑、智能手表等）为依托的支付体系，并不断开拓新的业务，建立起自己的生态体系。

案例小结

本部分介绍了支付宝的具体业务及其对电子商务发展的影响，并将支付宝和苹果支付进行了对比分析。在发展历程上，支付宝先于苹果支付出现，并且在进入市场的初期就打好了技术基础和用户基础，而苹果支付出现和进入我国市场的时间都比较晚，目前用户数量少于支付宝。环境有利于支付产品的发展：在政策环境方面，由于我国信息化政策的提出，电子商务被纳入国家发展规划，中国人民银行对第三方支付机构实施监管；在经济环境方面，我国宏观经济稳定增长，互联网经济快速发展；在社会环境方面，我国网民规模高速增长，人们在生活和工作中对互联网的使用增多，工作、生活压力增大；在技术环境方面，支付系统相关技术的稳定性及安全性提升。在这样的大背景下，支付宝与苹果支付都取得了不错的发展成绩，得到了用户的好评。

3.5 启示与总结

在传统的信用卡支付过程中，用户在线下消费时不需要使用现金，只需要使用具有支付功能的银行卡通过 POS 机，经过密码、签字等验证，便可以完成支付，而 POS 机则会将交易金额、账号、密码等信息通过网络加密传输给银行，银行后台系统接收到这些信息后便会将对应的货款转账至商家的收款账户。而在使用支付宝这一支付产品时,用户可以先在支付宝平台上绑定自己的银行卡,必要时还要进行实名认证。之后,用户在线上线下消费时便可以通过支付宝完成支付。以支付宝为代表的移动支付产品提高了支付效率,缩短了购物周期,促进了电子商务的发展。目前,日常生活中人们出门不带现金的现象越来越多,支付宝等移动支付产品逐渐取代了现金。可以说,支付宝这一移动支付产品正在改变着传统的支付体系。

在对支付宝的运营模式进行探讨的过程中可以发现,支付宝起源于电子商务业务。另外,为了和腾讯竞争,支付宝有意进军即时通信领域,因为腾讯通过QQ和微信这两个即时通信产品有着巨大的用户群体,并以此为基础进军支付和电子商务领域。为此,支付宝必须提高用户对自己的依赖程度,AR实景红包就是其中一个有价值的尝试。

支付宝作为国内电子支付行业的领头羊,其扎实的技术基础、先进的运营模式等,都为其成功奠定了基础。同时,目前的政策、经济、技术环境也都为支付宝的发展创造了有利的条件。

在如今的电子商务市场中,各大支付产品相互竞争,相互促进,相信未来以支付宝为代表的移动支付产品将会越来越深入地影响人们的生活。

案例总结

本案例主要对支付宝进行了介绍。作为我国重要的第三方支付平台,支付宝对我国电子商务的发展有着举足轻重的地位。与一般的移动支付产品不同,支付宝起初是为淘宝网这个电子商务平台服务的,而且在日后的发展中,支付宝和淘宝网互为依托,彼此促进对方的发展,最终被大量用户所接受。

本案例首先以AR实景红包为例介绍了支付宝如何将技术与营销结合起来,接着介绍了余额宝与淘宝网在以支付宝为核心的金融体系中的重要地位，最后从发展历程、技术环境、生态环境和运营模式这4个方面对支付宝和苹果支付进行了对比分析。在对比分析支付宝和苹果支付的生态环境时，本案例对两者所处的政策环境、经济环境和技术环境分别进行了分析。

总的来说，本案例分析思路清晰，内容全面，能够引起读者的思考。

3.6 研究与思考

1. 以支付宝为例，分析技术基础对于电子商务的发展有何重要意义。

2. 采用竞争因素分析法对支付宝所处的市场环境进行分析。

3. 分析支付宝对天猫和淘宝网两个电子商务平台的意义。

4. 从安全性的角度对支付宝和苹果支付进行对比分析。

5. 从政策、经济、文化、社会、技术等方面分析银行卡、信用卡支付是否能够完全被移动支付所替代。

6. 思考除了AR实景红包外，在支付宝发展过程中还有哪些将先进技术与营销方式结合起来的例子。

7. 思考在以支付宝为核心的阿里巴巴生态体系中，除了余额宝和淘宝网外还有哪些产品，这些产品对这个生态体系各有怎样的意义。

第4章　微信支付案例

案例导读

今天，微信已经成为很多人日常生活中不可或缺的一部分，这使得微信支付在很短的时间内就得到了迅速的发展，并获得了大量的用户和市场份额。微信支付集成在微信客户端中，用户通过手机即可快速完成支付。

微信支付于2013年8月5日正式上线；2015年2月18日首次开创春晚红包营销方式，其10.1亿次的收发量创造了春节全民红包互动的高潮；2016年1月微信支付接入线下门店超30万家。2015年8月8日，微信支付提出了“无现金生活”理念，打造了全球首个移动支付节日“无现金日”，倡导低碳、高效的生活方式。目前，微信支付依然蓬勃发展，在人们的生活中扮演着越来越重要的角色。

关于微信支付，我们首先需要认识到，它主要是为用户提供在微信平台上进行经济往来的服务，可以说是对人们交际场景的一种完善。但是，由于微信支付是新兴事物，某些特定的人群，如老年人群，由于有操作方面的障碍和对微信支付安全性的担忧等，对微信支付的接受程度不高，这是微信支付进一步发展所需要解决的诸多问题之一。

本案例围绕着微信支付的产生与发展、微信支付改变人们生活以及支付宝与微信支付的对比这三个方面，探讨微信支付的发展逻辑，展示了多姿多彩的电子商务世界的一个侧影。

4.1 案例分析思路

微信支付是腾讯在财付通的基础上打造的支付服务。微信支付的发展得益于微信的普及，随着人们对移动支付接受程度越来越高，微信支付受到了广大用户的青睐。

本案例首先介绍了微信支付的产生和发展，使读者对微信支付有一个大致的了解；接着结合相关数据和资料分析了微信支付在改变人们生活过程中的发展逻辑；最后对支付宝与微信支付进行了比较，阐述了两者在起源、定位、功能以及市场方面的差异，以在对比中发现差异，在差异中总结规律，在规律中找到方法。本案例的分析过程如图 4.1 所示。

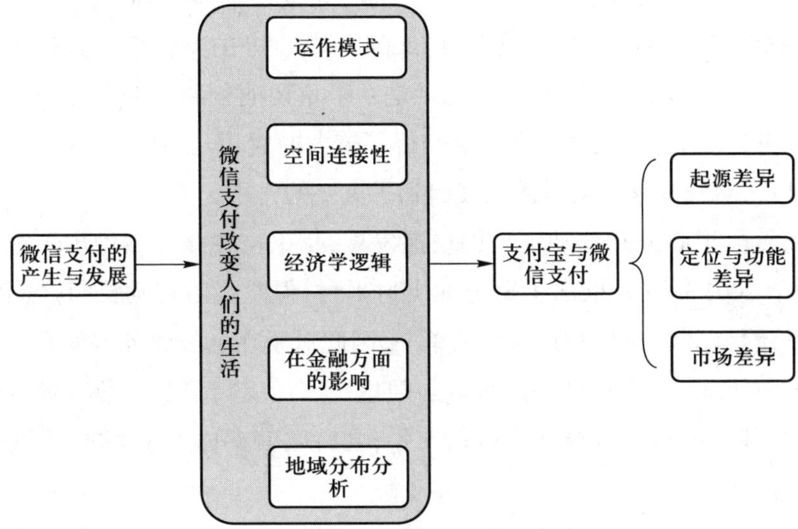

图 4.1 微信支付案例的分析过程

4.2 微信支付的产生与发展

1998年11月,马化腾、张志东、许晨晔、陈一丹、曾李青5位创始人共同创立了腾讯。次年,腾讯推出了社交软件OICQ(2001年更名为QQ),该软件一经推出便受到了人们的欢迎,用户开始急剧增长。随着互联网的发展,腾讯不断推出新的软件产品,其中一个重要产品便是微信。2013年8月5日,微信与财付通合作推出了微信支付,下面就对微信支付的产生与发展做一个介绍。

微信支付的产生首先要从移动支付讲起。在移动支付领域,有两个企业的影响力较大:一个是美国的PayPal,作为国外移动支付领域曾经的领先者,其成立时间与腾讯推出OICQ软件的时间接近,可以说是整个移动支付产业的奠基者;另一个是阿里巴巴,2004年其创办的支付宝正式进入人们的视野,那个时候支付宝的出现无疑是一个重要的创新。如今伴随着我国电子商务产业的快速发展,支付宝获得了较大的成功,受到了广大用户的欢迎,可以说对我国移动支付的发展起到了重要的作用。

随着电子商务和移动支付的快速发展,腾讯也在该领域做出了重要的创新,于2005年9月推出了财付通支付平台,但是当时移动支付产品的使用场景还是以网络购物为主,比较单一,因此对于在电子商务方面发展尚不成熟的腾讯而言,其支付平台难以与阿里巴巴的支付平台竞争。随着微信应用的不断普及,腾讯推出了微信支付,之后微信支付迅速发展,市场占有率不断提高。

微信支付的崛起主要得益于两点,一个是腾讯本身庞大的用户群体及其在我国互联网用户中的巨大影响力,另一个是移动支付使用场景的多样化,如今的移动支付已不再只是应用于网络购物,而是已经渗透到人们生活的方方面面。用户对微信支付的依赖性逐渐加大。从交易量和用户黏性的角度看,微信支付的发展潜力巨大。

目前,微信支付支持多种支付方式,如表 4.1 所示。

表 4.1 微信支付的支付方式

支付方式	说明
公众号支付	在微信内的商家页面上进行公众号支付
APP 支付	在 APP 中调用微信进行 APP 支付
扫码支付	扫描二维码进行支付
刷卡支付	商家扫描用户展示的条码完成支付
微信买单	商家自助开通的、无须开发的微信支付收款产品,支持用户使用信用卡支付

此外,微信红包虽然不能算作是一种支付方式,但是它为微信支付赢得了用户的好感。2015 年 2 月,微信首次与央视春晚合作推出了春节红包,使得用户可以在手机上进行发红包、查看收发记录和提现等操作。自此以后,人们不仅仅在春节期间使用微信红包,在日常生活中也常常使用微信红包。微信红包越来越受到人们的欢迎。由于人们想要在收到微信红包之后提现,就必须绑定自己的银行卡,因此使用微信支付的用户数量大增。可以说,微信红包为微信支付注入了新的活力。除了微信红包外,微信支付 / 转账类功能还包括微信转账、微信收款、微信刷卡、信用卡还款、AA 收款等,以 2016 年为例,用户使用这些功能的比例如图 4.2 所示。

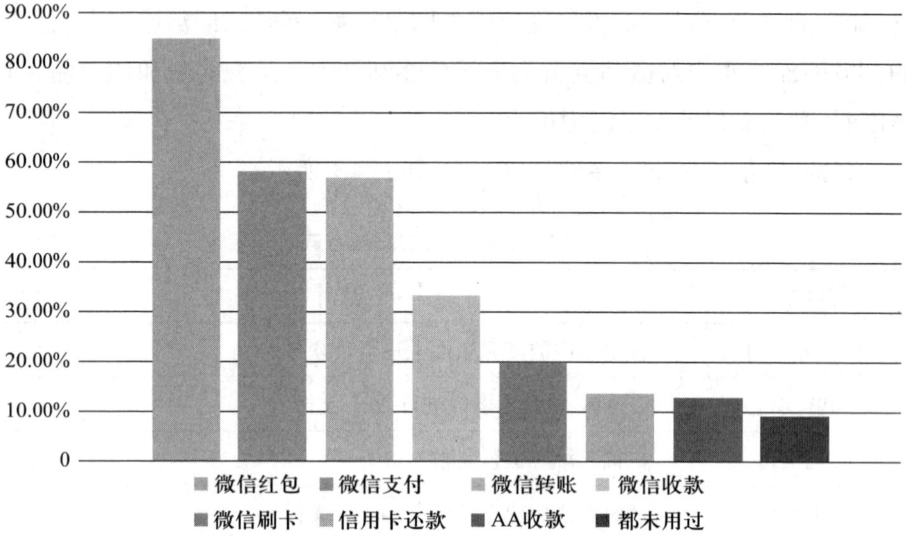

图 4.2 用户使用微信支付 / 转账类功能的比例[①]

4.3 微信支付改变人们的生活

2018 年,腾讯发布的《微信 2018 影响力报告》指出,目前我国整体移动互联网单日人均使用时长已处于较高的水平,在用户总数据流量中,微信的数据流量占 34%,其月活跃用户数已达 10 亿;微信公众号的注册用户总数已超过 2 000 万;微信驱动的信息消费额达 2 097 亿元人民币,占整体信息消费总额的 4.7%。微信支付作为一种方便、快捷的支付产品,将会对人们的生活产生越来越大的影响。

① 数据来源于 2016 年中国信息通信研究院发布的《微信经济社会影响力研究报告》。

4.3.1 微信支付的运作模式

微信支付的运作模式主要有线上和线下两种。

在线上，微信支付与电子商务平台（如京东）合作，在其上接入微信支付，使得用户在线上购物时能够通过微信支付完成交易。在这一过程中，电子商务平台和微信支付是互利互惠的，微信支付使得用户的支付更加便捷、支付体验更好，电子商务平台则可以为微信支付引流，使得越来越多的用户将微信支付作为首选的支付方式。

在线下，微信支付以收付款码的形式存在。线下商家首先需要申领一个微信商家二维码作为收付款码，之后用户就可以通过微信扫描该二维码完成支付，在整个过程中无须使用现金，也无须缴纳手续费，甚至可以享受微信支付或者商家提供的"红包"等优惠活动。微信支付提高了交易的安全性和效率：移动支付避免了假币交易，扫码即时到账保证了交易的时效性，无须找零节约了交易时间，语音播报和电子记账则大大提高了商家的运营效率。同时，微信支付还能将每一笔交易的数据准确地记录下来，商家通过数据分析就能了解用户对商品的偏好，以及各种交易的详情，这些信息有助于商家制定更有效的运营策略。此外，微信支付的账单功能也为消费者查找消费记录、记账等提供了便利。

4.3.2 微信支付的空间连接性

微信支付作为一种嵌在微信中的支付产品，也具有微信所具有的空间连接性。古代人们通过击鼓、烽烟等方式进行远距离信息传输，电报和电话的发明让远距离、高密度信息传输成为可能，而互联网的出现又进一步拉近了人与人之间的距离。微信作为一种针对社交的移动应用软件，将人们在现实生活中的交际圈移植到了网络世界中，因此微信中好友之间大多都存在着比较密切的联系。可以说，微信打破了时空的限制，让用户可以在不同的时间、空间中进行交流，有社会学者将人类的交流方式分为同步和异步、同地和异地，如表4.2所示。微信的交流方式属于异地异步交流，而微信支付可以实现包括同地同步支付（如收付款码支付）、异地同步支付（如网上商城支付）、异地异步支付（如转账和红包）等多种支付方式，因此微信支付具有很强的空间连接性。

表4.2 人类的交流方式

时间	空间	
	同地	异地
同步	同步面对面的交流等	打电话、视频会议等
异步	留言、写纸条	短信、微信、邮件等

4.3.3 微信支付的经济学逻辑

银行属于传统的金融机构，依靠存贷款利率差维持经营，所以其在吸收客户存款方面要付出一定的成本——存款利率。与银行相比，微信支付无须付出存款利率这方面的成本，而且由于它与微信集成为一体，亲朋好友之间可以十分方便地发送红包和进行转账。微信支付凭借这种便捷、高效、低成本的模式逐渐发展壮大起来。

微信支付已经成为人们日常生活中常用的支付工具之一，人们也因此更少地使用现金，但人们存在微信钱包中的钱其实都存在银行中。这增加了银行的资金沉淀，使银行有了更大的发放贷款空间。由于人们采用的是非现金结算方式，贷款的发放会进一步产生派生存款，而派生存款会继续产生派生存款，如此循环，会让实际的货币乘数无限接近其理论上的最大值。与此同时，由于人们支付、转账不再通过银行，这势必会给银行等传统金融机构产生冲击,在给传统金融机构带来冲击的同时也给它们带来了机遇和挑战。如果传统金融机构能够更好地融入互联网时代,就能与微信支付等支付产品互利共赢,共同推动经济发展。

4.3.4 微信支付在金融方面的影响

前面介绍了微信支付的经济学逻辑,下面介绍其在金融方面的影响。

首先,微信支付创新了金融支付手段。目前,微信支付的主要方式包括公众号支付、扫描码支付等;同时,用户可以通过添加银行卡信息将微信支付与自己的银行卡绑定起来,在支付时输入支付密码或使用指纹完成支付。此外,微信支付还提供了收款码、赞赏码、群收款、面对面红包等收款方式,以及生活缴费、城市服务、腾讯公益等便民服务,使得很多在线下需要花费大量时间和人力才能完成的事情可以便捷地在线上完成,为人们的生活提供了便利。

其次,微信支付创新了金融理财模式。微信支付提供的理财类金融服务包括信用卡还款、微粒贷借钱、理财通等,使用户的金融理财渠道更加多样化。其中,通过理财通用户能够在线上完成包括基金、债券、保险等定期理财和活期理财操作,从而大大地降低了投资理财的门槛。

最后,微信支付创新了金融营销的方式。微信支付除了具有转账功能外,其推出的微信红包借鉴了传统春节红包的思路,将社交与金融支付结合起来,一经推出便受到用户的欢迎。目前用户在使用微信红包时可以选择红包金额、设置红包规则和填写祝福语等;此外,在一些节假日微信红包的金额上限还会自动改变,以适应用户的需求。微信红包对微信支付用户数量的增加起到了积极的作用。

4.3.5 微信支付地域分布分析

下面对微信支付在我国的地域分布进行分析。

在我国，各地区的经济发展水平不均衡，移动支付的应用程度也不同，下面根据 2016 年微信支付发布的“无现金生活画像”，对移动支付应用最活跃的 10 个城市（如表 4.3 所示）进行分析。“无现金生活画像”是依据 2015 年和 2016 年上半年的微信支付数据和微信红包数据得到的，该数据显示，北京、广州、深圳、上海、杭州、成都、武汉、西安、沈阳和天津是微信支付应用最活跃的 10 个城市。

表 4.3 2016 年微信支付最活跃的城市排名

排名	城市
1	北京
2	广州
3	深圳
4	上海
5	杭州
6	成都
7	武汉
8	西安
9	沈阳
10	天津

在这 10 个城市中，相关场所使用微信支付的情况如表 4.4 所示，在餐饮场所，微信支付使用最活跃的城市是北京，可见北京的美食深受微信支付用户的喜爱。广州、深圳、上海、杭州、成都、武汉、西安这几个城市则在便利店或超市场所微信支付使用最为活跃，在这些城市微信支付为小额消费场景提供了很大的方便。值得注意的是，在沈阳和天津，微信支付在自动贩卖机

场所应用得最多,这也从侧面反映了自动售卖机在这两个城市中应用得很广泛。

表 4.4 10 个城市相关领域微信支付的使用情况

城市	餐饮	百货商圈购物中心	超市	便利店	自动贩卖机
北京	1	2	3		
广州	2	3		1	
深圳	2		3	1	
上海	2	3		1	
杭州	3		2	1	
成都	3		1	2	
武汉	3			1	2
西安			1	2	3
沈阳	2		3		1
天津	3		2		1

从微信支付特色消费的角度来看,这些城市也各不相同,如表 4.5 所示。在北京,快速时尚类消费成为最主要的微信支付特色消费。而物流快递消费则是广州的微信支付特色消费。此外,沈阳的游戏和鲜花盆栽消费,天津的在线图书、视频、音乐消费也都是其微信支付特色消费。由此可见,微信支付消费具有多样性。10 个城市微信支付的特色消费如表 4.6 所示。

表 4.5 10 个城市微信支付特色消费的总体情况

特色消费	北京	广州	深圳	上海	杭州	成都	武汉	西安	沈阳	天津
快速时尚类	1									2
机场	2									
运动户外	3									

续表

特色消费	北京	广州	深圳	上海	杭州	成都	武汉	西安	沈阳	天津
物流快递		1								
数码家电 / 办公设备		2	1		2		2		3	
KTV/ 网吧		3								
停车缴费			2							
海淘			3							
娱乐票务				1						
生活缴费				2			3			
旅行社				3						
线上商超					1					
团购					3					3
游戏						1		2	1	
生活休闲						2		1		
美妆护肤						3				
服饰 / 箱包 / 饰品							1			
餐饮								3		
鲜花盆栽									2	
在线图书 / 视频 / 音乐										1

表 4.6　10 个城市的微信支付特色消费

城市	特色消费
北京	快速时尚类
广州	物流快递

续表

城市	特色消费
深圳	数码家电 / 办公设备
上海	娱乐票务
杭州	线上商超
成都	游戏
武汉	服饰 / 箱包 / 饰品
西安	生活休闲
沈阳	游戏
天津	在线图书 / 视频 / 音乐

案例小结

本部分首先介绍了微信支付的产生背景，分析了微信支付的发展状况，并简单介绍了微信支付的功能。微信作为人们日常的交流工具，形成了庞大的好友关系网络，而微信支付可以利用微信现有的好友关系网络实现用户之间的转账、收发红包等支付 / 转账类功能，这在使得支付 / 转账更加便捷的同时，也使得微信支付通过人群之间的互动和扩散应用得更加广泛。

接着，本部分从微信支付的运作模式、空间连接性、经济学逻辑、在金融方面的影响、地域分布等方面对微信支付如何改变人们的生活进行了分析，探讨了微信支付背后的产品运营、社会学、经济学、金融学规律。通过案例分析可知，在微信支付快速发展的今天，很多行业都要调整自身的服务模式，以便与以微信支付等为代表的移动支付平台合作，达到互利共赢的目的。

4.4 支付宝与微信支付的对比

与支付宝相比,微信支付出现的时间较晚,但是却能在几乎被支付宝垄断的市场中占据一席之地,并在较短的时间内获得大量的市场份额。本部分将通过微信支付与支付宝的比较分析微信支付得以快速发展的原因。

4.4.1 起源差异

支付宝可以追溯到2003年10月,彼时淘宝网首次推出支付宝业务;作为淘宝网上的一种工具软件,支付宝主要用于为线上商品交易提供第三方担保服务。2004年,支付宝从淘宝网分拆独立出来,开始为更多的合作方提供服务。2004年年底,支付宝公司正式成立。2008年,支付宝发布移动电子商务战略,其手机支付业务正式上线。此后,支付宝陆续和银行展开合作,2011年获得了中国人民银行颁布的国内第一张支付业务许可证。2013年,支付宝推出了余额宝业务,支付宝手机支付用户数超过1亿,手机支付笔数超过27.8亿、金额超过9 000亿元,成为全球最大的移动支付公司。而这一年,微信支付才刚刚上线,2013年8月5日,财付通和微信合作推出了微信支付业务。2014年年初,微信红包正式推出,并迅速流行开来,特别是在2015年,春晚红包高达10.1亿的收发次数创造了春节全民红包互动的新高潮。凭借着微信庞大的用户基数,微信支付在短时间内快速普及开来。支付宝和微信支付近年来都在不断发展合作方,拓宽业务范围,越来越多的机构成为微信支付和支付宝的合作方。

4.4.2　定位与功能差异

除了在起源方面有差异外，微信和支付宝在定位与功能方面也有差异。

首先，微信支付的定位是作为社交软件中的一个支付工具，用于满足社交中产生的支付需求；而支付宝的定位是作为第三方支付平台，用于满足线上交易对安全支付的需求。

用户在社交中难免会有一些资金往来，因而产生了对社交软件支付功能的需求。微信支付能快速积累用户的主要原因是其满足了人们在社交中对支付的需求。而支付宝则难以满足此类需求。同时，从微信的起源可以看到，在微信出现之前财付通与支付宝相比处于弱势地位，微信出现之后，财付通下的微信支付作为一个支付工具嵌入微信并获得了市场的认可，这从一个方面说明了微信支付是依靠微信巨大的社交流量崛起的；同时从表4.7可以看出，用户主要使用的是微信支付中的红包和转账功能，这进一步说明了微信支付主要是用来满足用户在社交中的支付需求的。与微信支付不同，支付宝从网上交易切入移动支付领域，用于保障安全支付。当时网上交易需要有一个交易双方都信任的支付工具，支付宝就是针对这一需求而被开发出来的，并依托于淘宝网等阿里巴巴电子商务平台，迅速积累了大量用户。

其次，微信支付和支付宝在功能方面也存在一定的差异。支付宝为用户提供了便民生活、财富管理、资金往来、购物娱乐、教育公益以及第三方服务等功能；微信支付为用户提供了理财通、生活缴费、城市服务、腾讯公益、第三方服务等功能。支付宝推出的功能很多都受到了社会的认可，而微信支付由于在许多方面的起步都比较晚，因此还有待进一步完善。

根据第三方调研机构益普索发布的数据可知，支付宝的个人交易数量明显低于代表微信支付的财付通，但是两者交易金额的差距不大，如表4.7所示。由此可见，用户在小额支付场景更加倾向于使用微信支付，而在面对大金额支付场景时更加倾向于使用支付宝。

表 4.7 财付通与支付宝个人交易情况对比

交易场景	交易金额占比			交易笔数占比		
	财付通	支付宝	其他	财付通	支付宝	其他
个人类交易（总体）	48（42）	44（50）	8	57（57）	35（36）	8
话费充值	51	43	6	51	43	6
转账	47（47）	46（46）	7	50（50）	43（43）	7
发红包	79（78）	14（15）	7	81（80）	13（14）	6
公共服务类生活缴费	42	47	11	44	46	10
其他生活缴费	44	51	5	46	51	3
城市交通卡充值	46	51	3	39	60	1

基数：场景支付使用者。

4.4.3 市场差异

支付宝和微信支付作为我国两种主要的移动支付产品，它们在我国移动支付市场上共占有超过九成的市场份额，大数据公司易观发布的 2018 年第一季度中国第三方移动支付市场交易份额报告显示（如图 4.3 所示），支付宝占据了 54% 的市场份额，而包括微信支付和财付通在内的腾讯金融占据了 39% 的市场份额。

支付宝和微信支付也都早已不再满足于发展国内市场，尤其是随着我国市场不断饱和、本土红利逐渐消失，拓展国际业务成为它们新的发展重心之一。

目前支付宝和微信支付开辟海外市场采用的主要方法是收购当地的支付公司或与当地支付机构合作。其中较为成功的案例是支付宝母公司阿里巴巴收购了印度 Paytm 的大量股份，并向 Paytm 提供了大量资金和技术帮助，2017 年 4 月，Paytm 成为世界上第三大电子钱包，被称为印度版“支付宝”。

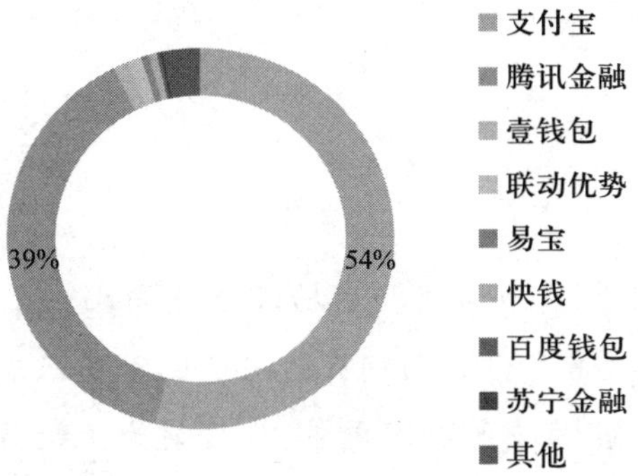

图 4.3 2018 年第一季度中国第三方移动支付市场交易份额

而腾讯方面在 2018 年曾表示，未来三年不会试图向境外用户提供更多的本地支付钱包，而会专注于在热门的境外目的地为中国游游客提供服务，甚至腾讯与日本即时通信软件商 Line 合作，也只是为了向中国游客提供高效率的支付服务。腾讯对外发布的 2018 财年第四季度以及全年的财报数据显示，与 2017 年同期相比，2018 年 6 月微信支付在日本的交易笔数、交易金额及商家接入数均增长了 6 倍以上。如今，微信跨境支付业务已在超过 49 个境外国家和地区合规接入，支持 16 种货币的直接交易。

作为国内首个获得跨境支付牌照的第三方支付平台，比微信更早进入海外市场的支付宝，显然在跨境支付方面具备一定的先发优势。例如，合作的商家、机构更多，与这些商家、机构的合作时间更长；而且引入了签证办理、扫码退税等一体化服务，形成了其在跨境支付领域区别于微信支付的差异化优势。支付宝公司提供的数据显示，截至 2018 年 8 月，支付宝境外线下支付已覆盖超过 40 个国家和地区，支持支付宝手机退税的机场也增加到 80 个，其退税业务覆盖了 34 个国家和地区。接入支付宝的境外线下商家涵盖餐饮、超市、百货店、便利店、免税店、主题乐园、海外机场等。

案例小结

本部分从起源、定位与功能和市场三个方面比较了支付宝和微信支付的差异。支付宝和微信支付分别拥有阿里巴巴和腾讯庞大的用户群体。与微信支付相比,支付宝推出的时间更早,到目前为止经历了更多的变革和发展。根据其定位,支付宝已发展成为功能全面的综合性第三方支付平台,在移动支付市场中具有重要的影响力。此外,支付宝积极开辟国际市场,在输出产品的同时还输出其商业模式和技术,在国际上产生了一定的影响。而微信支付起步较晚,它依托于微信这一社交软件庞大的用户群体及其在社交场景中得天独厚的优势,使得微信支付能够快速发展。经过几年的发展,微信支付与支付宝在移动支付市场上各有特色,成为我国两个主要的支付产品。因为其社交化的特点,微信支付的使用场景更侧重于日常的线下支付。而在境外支付市场中,微信支付更加注重为我国用户提供境外服务,其在国际支付市场上的业务量和服务覆盖面与支付宝相比存在着差异。

4.5 启示与总结

微信支付不是一个纯粹的支付产品,它更像是为移动支付提供的一个完整的解决方案。在电子商务迅猛发展的今天,微信支付正在越来越多地影响并改变着人们的生活。微信支付对电子商务的影响主要可以归结为以下三点。

第一,微信支付为电子商务提供了安全保障。与普通的商务场景相比,移动支付场景更加复杂,安全问题是其重中之重的问题。而微信支付在保障安全方面进行了大量的研究和实践，提高了移动支付的安全性，从侧面推动了电子商务的发展。

第二，微信支付开创了微信支付+电子商务的商业模式。对于大批传统电子商务商家而言，微信支付是迈进移动电子商务的入口。它可以跨越时间和空间在用户和商品之间建立最短的连接，帮助用户降低成本，提高销售转化率。如今已经被广泛使用的“微信支付+友宝自动贩卖机”“微信支付+大众点评”均是这种业务的成功例子。

第三，微信支付等支付产品重新定义了电子商务，以往人们提到电子商务，指的仅仅是网络购物，而如今电子商务的内涵随着移动支付场景的扩张而不断拓展，可以说，电子商务已经存在于人们日常生活的各种场景中。

综上所述，微信支付在人们的生活中扮演着越来越重要的角色，在线支付、随时转账等对微信支付提出了更高的要求。首先，可以进一步简化微信支付的操作。虽然目前微信支付的操作在大多数人看来很简单，但是绑定银行卡等操作对于某些特定的人群（如老年人）而言还是比较复杂的，从而影响了他们使用微信支付。其次，微信支付的安全性需要进一步提高。由于微信支付需要用户将银行卡与其绑定在一起，以在用户使用微信支付时跳过银行的验证环节，因此微信支付本身是否能提供足够的安全保障，决定了用户资金是否安全。最后，微信支付的支付便捷性需要进一步增强。目前使用微信支付进行支付时需要经过联网、打开微信、扫码等一系列环节，如果能够通过技术手段来简化支付流程，将在很大程度上提高用户的支付体验。

案例总结

本案例首先详细介绍了微信支付产生与发展的背景，然后从微信支付的运作模式、空间连接性、经济学逻辑、在金融方面的影响以及地域分布等方面介绍了微信支付背后的相关规律。最后，将微信支付与支付宝进行对比，介绍了两者在起源、定位与功能、市场这三个方面存在的差异，阐明了微信支付和支付宝各自的特色。

总的来说，本案例思路清晰，逻辑完整，并且能够结合数据对微信支付的发展及对人们生活的影响进行阐述。本案例对微信支付的空间连接性和经济学逻辑的讨论角度新颖、独到，为读者提供了新的分析思路。此外，将社会学、经济学等与对电子商务的分析结合起来的跨学科讨论让整个案例更富有启发性。在案例的最后作者还对微信支付的进一步发展提出了建议，这些都能引起读者的思考。

4.6 研究与思考

1. 思考微信支付对于微信的重要性，以及移动支付业务在微信生态中的战略地位。

2. 思考与其他支付产品相比，微信支付的优势和劣势分别是什么。

3. 对比微信支付和支付宝的红包与转账功能，分析这两种支付产品在这两个功能的设计上有何不同。

4. 分析微信支付的使用场景。

5. 分析微信支付有哪些功能需要完善，并给出改进方案。

6. 思考除了社会学和经济学，还能从哪些学科入手分析微信支付案例。

7. 思考微信支付在未来十年将会有什么新增的功能和新的应用领域。

第5章　移动支付安全案例

案例导读

伴随着我国经济的高速发展和互联网用户的快速增长，近20年来我国的电子商务得到了快速发展。同时，随着智能手机的普及，移动支付已经成为电子商务中越来越重要的一个环节。电子商务为用户提供了更加丰富的消费场景，而移动支付则为电子商务提供了更加多样的消费模式。移动支付提供了一种全新的支付手段，改变了人们的消费方式，甚至在一定程度上改变了人们的生活方式。

然而，随着移动支付的发展，一些不法分子趁机利用各种安全漏洞对用户进行攻击，盗取用户的财产，给移动支付带来了巨大的安全隐患和威胁，同时也给移动支付的发展蒙上了一层阴影。为了应对移动支付安全所面临的挑战，各大电子商务企业纷纷进行技术革新，采用各种各样的安全技术，在与黑客等不法分子的博弈中做好用户财产安全的守护者。正是内部的发展需求和外部的威胁挑战，共同推动着电子商务和移动支付安全技术的进步与发展。

本案例围绕着移动支付安全的产生背景及生态环境、移动支付安全的综合技术和移动支付安全对电子商务的影响，探讨了移动支付安全的重要作用以及发展移动支付安全技术的重要意义。

5.1 案例分析思路

随着移动支付的发展,移动支付的安全问题越来越受到人们的关注。用于窃取用户支付密码的木马病毒、钓鱼邮件和诈骗短信等层出不穷,给整个移动支付行业都蒙上了一层阴影。移动支付的安全问题已经成为影响移动支付发展的最大障碍。移动电子商务市场犹如一块大蛋糕,只有拥有更加高效的移动支付安全手段的竞争者才能获得更大的利益。

本案例主要对我国的移动支付安全现状进行研究。首先,对移动支付的产生背景,包括经济环境、政策环境和技术环境进行分析。这有助于理解移动支付产生及移动支付安全的必要性。其次,介绍综合技术,包括近场支付、远程支付,以及近场/远程支付。最后,从信息安全、法律监管和风险威胁三个方面,分析移动支付安全对移动支付和电子商务发展的影响,探讨移动支付产品在面对各种安全威胁时所做的努力、技术进步对保障移动支付安全的贡献,以及移动支付安全是如何推动电子商务发展的。图5.1所示的是本案例的分析过程。

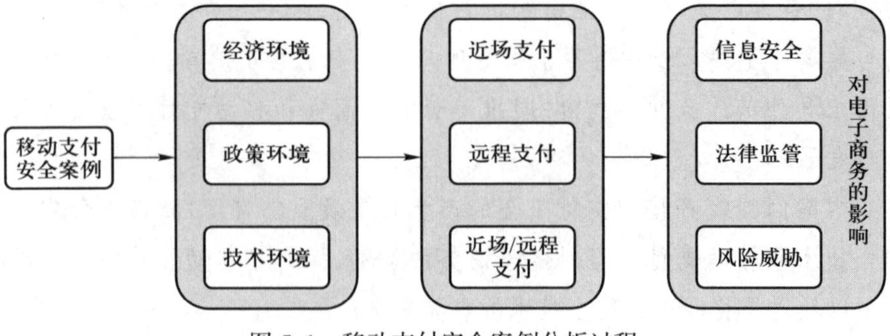

图5.1 移动支付安全案例分析过程

5.2 案例背景及生态环境

随着我国经济的发展和科学技术的进步,移动互联网已经走进千家万户。根据有关数据,截至 2018 年 6 月,我国的移动互联网用户数超过 9 亿。大规模的移动互联网用户为电子商务提供了用户基础和市场基础。而电子商务的发展也加大了用户对移动支付的需求,移动支付成为电子商务生态中的重要一环。2019 年 2 月发布的第 43 次《中国互联网络发展状况统计报告》显示,截至 2018 年 12 月,我国手机网民数达 8.17 亿,其中手机网络支付用户数达 5.83 亿。互联网用户的爆炸式增长所带来的是移动支付的飞速发展。今天微信支付、支付宝等移动支付产品让人们在进行支付时有更多的选择,这些都为消费市场注入了新的动力。然而,多样化的消费场景对移动支付的安全性产生了较高的要求;与此同时,复杂的经济、政策和技术环境也使得移动支付安全面临着很大的挑战。

5.2.1 经济环境

近几年来,随着我国经济的发展,人们对物质生活的要求越来越高,对消费质量的要求也越来越高,而移动支付的便捷性为人们带来了新的消费体验。

2013—2017 年我国人均国内生产总值(GDP)及增长率如图 5.2 所示。从图 5.2 可以看到,虽然我国人均 GDP 增长率从 2013 年到 2016 年持续下降,从 7.2% 下降至 6.1%,增速放缓,但仍然保持着高于 6% 的正增长,再加上我国人均 GDP 的基数较大,每年的增长量仍然相当可观,经济发展进入了稳定的“新常态”。需要强调的是，在讨论经济增长时，没有哪个国家或地区的经济增长能够抛开互联网所带来的贡献，而互联网促进经济发展的方式之一就是电子商务。

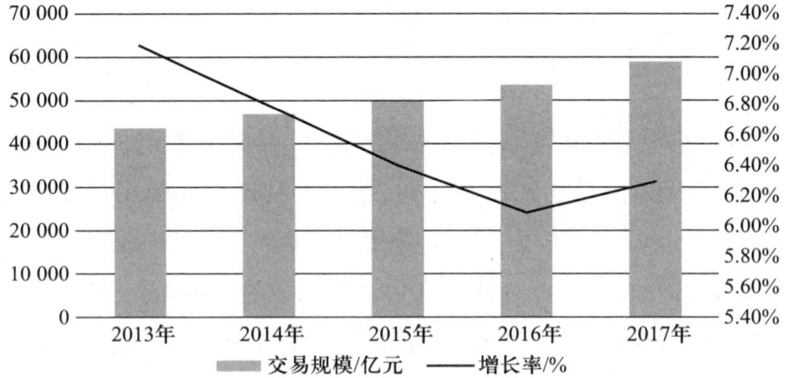

图 5.2　2013—2017 年我国人均 GDP 及增长率

图 5.3 所示的是 2012—2016 年我国网络购物交易规模及增长率。从中可以看出我国网络购物交易规模在这几年呈爆炸式增长，每年的增长率都在 20% 以上，其中 2016 年的网络购物交易规模已达近 5 万亿元。经济发展带动了人们生活水平的提升，人均可支配收入的提高促进了消费水平的上升。基于互联网的电子商务平台为用户提供了更加便捷的消费方式，但

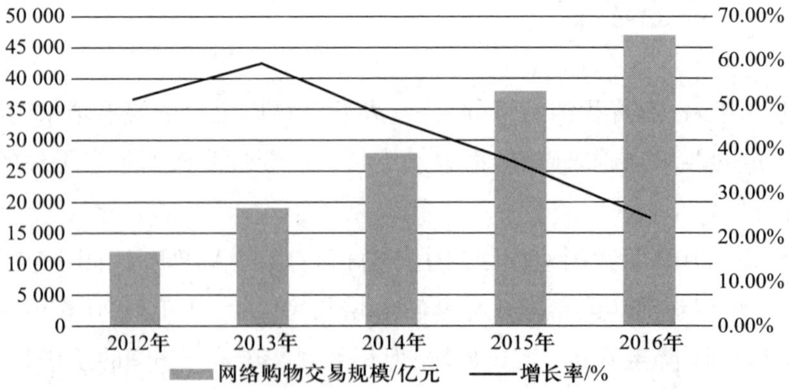

图 5.3　2012—2016 年我国网络购物交易规模及增长率

仅仅通过基于互联网的电子商务平台实现交易是远远不够的，在智能手机普及的背景下人们对移动支付的需求越来越迫切。

图 5.4 所示的是从 2017 年第一季度（Q1）到 2018 年第一季度（Q1），我国第三方移动支付市场交易规模的增长状况。第三方移动支付为电子商务的在线交易提供了可靠、便捷的途径。从图 5.4 中可以看出，随着电子商务交易规模的增长，第三方移动支付市场交易规模也在不断增长。第三方移动支付市场交易规模不断扩大，2018 年第一季度达 403 645.1 亿元，环比增长 6.99%。以微信支付、支付宝为代表的移动支付产品的应用场景不断丰富，从零售到餐饮，广泛应用于人们生活的方方面面。也正是移动支付产品的应用场景越来越丰富，人们对移动支付安全的要求也越来越高。

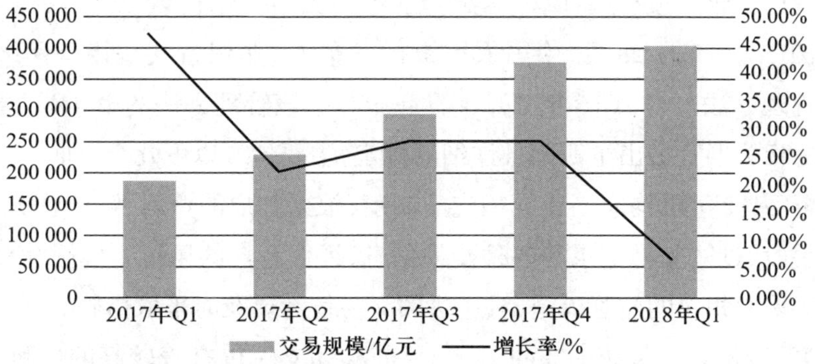

图 5.4 2017 年第一季度—2018 年第一季度我国第三方移动支付市场交易规模及增长率

5.2.2 政策环境

作为一种新兴的支付方式，移动支付的安全性和人们的财富保障密切相关，因此必然要接受国家相关政策的约束和管理。

在移动支付刚刚兴起的时候，相关政策与法律法规还不完善，国家也给予了移动支付行业相对宽松的发展空间。这一时期，移动支付行业依据市场机制运作。然而随着市场规模的扩大，移动支付逐渐暴露出安全方面的问题和漏洞，也面临着更大的风险。自2015年来，移动支付行业乱象频发，于是国家开始出台一系列政策对其进行监管，使得移动支付行业越来越规范。

2011年，支付宝首先获得了中国人民银行颁发的支付业务许可证，使其在短信、语音、客户端软件等传统移动支付业务的基础上拓展了二维码支付方案。随着2012年“滴滴打车”软件的发展，高频小额支付场景与二维码支付方案的结合在实践上取得了成功，基于二维码支付方案的移动支付结算方式也逐渐渗透进餐饮、娱乐、团购、航旅等各行各业。

2014年3月，中国人民银行发布了《中国人民银行支付结算司关于暂停支付宝公司线下条码（二维码）支付等业务意见的函》，要求全面评估线下条码（二维码）支付、虚拟信用卡的合规性和安全性。二维码支付的方式由主动型变成了被动型，使得其安全性有了很大的提升。

2015年12月28日，中国人民银行发布了《非银行支付机构网络支付业务管理办法》，自2016年7月1日起施行。该管理办法的第4章，对风险管理的相关事宜做出了明确且详细的规定，主要包含以下几个方面。

第一，支付机构应当建立相应的制度，根据客户的资料、财产状况、过往交易手段、过往交易记录等各种交易信息，评估客户的风险。根据客户的风险等级采取相应的监管措施，对违法的交易行为要及时采取措施。

第二，相对于传统的支付方式，目前移动支付仍有着较高的风险，因此支付机构应当在客户使用移动支付前向其充分提示相应的风险状况，必要时对其进行相应的安全教育。

第三，支付机构应当建立健全相应的保险制度，对客户由于非自我过失而造成的资金损失及时先行全额赔付，尽可能地降低客户的损失，保障客户的合法权益。

第四，由于支付机构能获得大量的客户信息，因此支付机构应当依照有关规定，制定有效的客户信息保护措施和风险控制机制，履行客户信息保护责任。

第五，在交易时支付机构应当提供相应的确认或验证机制，如客户在开通移动支付时所设置的密码，或者使用短信等动态支付密码，或者使用客户本人的生理特征要素，如指纹等。支付机构应当确保采用的要素相互独立，部分要素的损坏或者泄露不应导致其他要素损坏或者泄露。

根据中国观研天下发布的《2018—2024年中国移动支付产业市场运营规模现状与投资商机分析预测报告》，2011年中国人民银行发放了101张支付业务许可证，而在2015年3月之后就再也没有发放新的支付业务许可证。可以看到，相关监管政策对移动支付账户的开户要求与使用权限、备付金管理和清算业务等均做出了规范，要求第三方移动支付行业规范业务模式，调整收入结构，增加监管的信息透明度，提升整体行业的安全性。

相关的行业政策，可以在一定程度上对移动支付安全进行合理的规范和相应的监督，有效地打击不法支付机构，保障广大消费者的权益，推动移动支付的合理化和规范化，进而为电子商务的发展注入新的活力。

5.2.3 技术环境

目前，移动支付安全所采用的技术主要有NFC、数字签名和二维码支付等技术。

前面介绍过，NFC由RFID发展而来，它能近距离地与匹配的设备相互认证和通信。2006年中国银联推出了基于金融IC卡芯片的移动支付方案。2009年，中国移动和中国银联合作，制定了移动支付的相关技术指标与安全规范，同时在国内各省市开展移动支付业务试点。2011年，《中国人民银行关于推进金融IC卡应用工作的意见》发布，要求银行对ATM终端和非现金终端进行金融IC卡改造。这项全面推进金融IC卡应用的工作也表明了基于NFC的移动支付具有较高的安全性与可靠性。如今，NFC已经广泛应用于多个场合，如汽车钥匙、信用卡支付、办公室凭证等。

数字签名，顾名思义，是一种类似于现实世界签名的验证方式，它使用RSA等加密算法对数字签名进行加密，验证方通过解密判断签名的合法性。由于RSA等加密算法可以有效地对交易双方的身份进行验证，同时可以保证信息在传输过程中的安全性，因而数字签名被广泛应用于电子交易之中。手机数字签名能够实现移动支付业务所要求的身份认证、数据加密、完整性保护及不可否认性，是保障移动支付安全的基础技术。

二维码支付是指将信息存储在二维码中，用户通过扫描二维码得到商品的信息和支付链接，进而完成支付。虽然NFC最先出现，但随着具备摄像功能的智能手机的普及以及移动网络覆盖率的提升，二维码支付迅速赶上。二维条码由于具有编码密度高、范围大，信息容量大、成本低等特点，目前已被广泛应用于移动支付中，并受到用户的好评。不过二维码存在一些安全漏洞，会对用户的资金安全产生威胁。例如，手机病毒可以存储在应用链接中并封装于二维码内，这些植入病毒程序的二维码大多被伪装成应用的下载链接、支付码或商家优惠券等，诱骗用户扫描；用户一旦扫描手机病毒就可以从中获取用户的身份证号、手机号、银行账号和密码等重要信息，甚至通过短信验证等方式对密码进行篡改，从而盗刷或非法获取用户财产。但是，由于二维码应用广泛，针对二维码支付的移动支付安全策略非常成熟。

移动支付安全技术不仅涉及加密算法，还涉及底层硬件安全、终端应用安全、通信安全、场景安全和平台安全等多方面的技术，因此需要以技术为基础，建立全方位、多层次、立体化的移动支付安全防护体系。

案例小结

本部分介绍了移动支付安全问题产生的背景及其所处的经济、政策和技术环境。随着我国经济的发展、消费水平的提升、交易市场的扩张，移动支付应运而生。众所周知，移动支付作为我国互联网产业发展的代表，其发展水平位于世界前列，尤其在移动支付的用户基础方面，更是拥有巨大的优势。随着移动支付的普及，我国在政策方面出台了一系列管理办法和条例，在技术方面也不断有新的突破。不过，对于移动支付目前的发展状况，人们关注得最多的就是移动支付的安全问题。因为用户在使用移动支付时基本上都会与银行卡进行绑定，一旦支付安全得不到保证，就会遭受巨大的经济损失。

5.3 综合技术分类

如果按照支付场景分类可以将移动支付技术分为近场支付技术、远程支付技术以及近场/远程支付技术等。

5.3.1 近场支付技术——以 NFC 为例

近场支付主要是指需要买卖双方的移动设备同时在有效的距离内进行现场操作的支付手段。典型的近场支付技术是 NFC。NFC 由荷兰飞利浦公司和日本索尼公司联合研发，可以在移动设备、消费电子产品、个人计算机和智能控件工具间进行近距离无线通信。NFC 提供了一种简单、触控式的解决方案，可以让用户简单、直观地交换信息、访问内容和使用服务。

NFC 的数据交换范围虽然比 RFID 小，但却提供了一种轻量级的无线通信技术。同时，NFC 也与诸多非接触式智能卡技术兼容，因而受到越来越多厂商的关注和支持。此外，NFC 设计了一套独立的通信协议，该协议支持短距离内的数据交换。

在实际应用中，银联云闪付、苹果支付和三星支付都采用了基于全新 NFC 的支付方案。该方案充分利用智能手机的功能和特点来有效提高用户支付的安全性和便捷性。

除此之外，近场支付技术还包括红外、蓝牙、POS 机等本地通信技术。

5.3.2　远程支付技术——以数字签名为例

买卖双方通过电子商务平台进行的异地异步交易即为远程支付。用户与电子商务平台服务器的远程交互所涉及的应用都是通过传输层安全（transport layer security，TLS）协议 / 安全套接字层（secure socket layer，SSL）协议进行信息交互和远程连接的。TLS/SSL 协议在通过基于 RSA 等加密算法的数字签名对传输的信息进行加密的同时对买卖双方的身份进行验证。

但是这类技术存在如何存储非对称加密中的私有密钥的问题。目前主要是将该私有密钥存储在本地，但是由于手机木马病毒大量传播，以及手机本身存在安全漏洞，这类技术存在很大的安全隐患。目前基于 TLS/SSL 协议的方案主要采用安全元件以及可信执行环境来解决相关问题。

5.3.3　近场 / 远程支付技术——以条码和二维码支付为例

条码和二维码支付既可以完成面对面收付款的近场支付，也可以通过在电子商务平台上展示收付款码，完成远程支付，这是条码和二维码支付所具有的独特优势。条码或二维码是指用将某种特定的几何图形按照一定的规律分布在平面上所形成的、黑白相间的图形记录数据符号信息。它们在代码编制上巧妙地利用了作为计算机逻辑运算基础的“0”和“1”二进制位的概念，使用一组与二进制位相对应的几何图形来表示数据，通过图像输入设备或光电扫描设备自动识读，以实现对信息的自动处理。

目前，支付宝、微信支付等大多数支付产品都采用二维码支付完成支付。由于二维码具有公开性，不法分子可能对其进行改造，使用户上当受骗，遭受财产损失。此外，使用条码和二维码支付时不需要对扫描二维码的设备进行检测和认证，这也使得支付具有一定的风险。因此，在使用条码和二维码支付时通常要使用一些辅助方法来降低安全风险。例如，限制每个条码或二维码只能使用一次，或者对每次支付的金额进行限制。

5.4 移动支付安全对电子商务的影响

虽然移动支付丰富了人们的支付手段和支付方式，然而随着支付方式日益丰富，移动支付潜在的安全漏洞也日益凸显，给了不法分子可乘之机。2018 年上半年，国家信息安全漏洞共享平台收集和整理的关于移动支付的安全漏洞多达 7 748 个。实际上，各大移动支付平台都有专门的安全部门负责安全漏洞的修补和风险预警。移动支付风险主要分为两部分：内部风险和外部风险。其中，内部风险包括手机原生系统存在的安全漏洞，厂商定制系统更新、维护和升级困难，软件或平台自身存在的漏洞等。而外部风险主要包括病毒以及木马程序、钓鱼网站、手机被盗、账号及密码失窃等。而这些移动支付安全问题势必会影响电子商务行业的发展。例如，移动支付安全漏洞会导致个人信息泄露；黑客窃取用户账号和密码，在黑市上进行身份信息交易并从中牟利，这些都会给用户的财产造成威胁。同时，由于电子商务发展迅速，相关法律并不完善，很多交易模式与支付手段都属于新兴事物，这就需要制定相关的法律法规。此外，如何防范针对移动支付的恶意攻击也是人们需要重点关注的问题。

5.4.1 信息安全

由电子商务生态安全联盟在2017年网络安全生态峰会上发布的《电子商务生态安全白皮书》,首次对我国电子商务生态安全进行了系统而详细的调查和分析。该白皮书指出,信息泄露是电子商务中最常见的安全风险。由于二维码支付等移动支付技术不具备显式的语义表达能力,因此更有可能被植入恶意程序,通过诱导用户扫描而窃取信息。

在电子商务快速发展的同时,信息安全隐患层出不穷,移动支付所面临的安全隐患更是如此。移动支付漏洞所带来的信息泄露会使人们出于保护个人信息的目的而避免使用移动支付。因此,减少乃至规避移动支付安全风险成为移动支付发展过程中亟须解决的问题。

移动支付安全保障是一个系统工程,需要多方面的努力。一方面要积极构建和落实移动支付安全技术规范,完善电子商务信息安全技术框架体系。移动支付主要涉及网络安全与交易信息安全等方面的内容,可以通过防火墙技术、信息加密技术、数字签名与数字证书、TLS/SSL协议等来保障信息安全。另一方面,国家和企业还要积极采取安全措施,建立完善的法律法规和监管体系,有效打击威胁移动支付安全的犯罪行为。

5.4.2 法律监管

智能手机的普及带动了移动支付的发展,移动支付安全关系到广大用户的财产安全,因此需要相关部门制定相关法律法规对其进行监管。目前关于移动支付的法律体系尚不健全。因此,需要尽快出台有针对性的法律法规,以完善相关法律法规,与此同时还要进一步加强对移动支付的监管力度,并制定适合我国国情的移动支付安全规范。

目前我国对第三方支付机构进行监管的法律法规主要是《非银行支付

机构网络支付业务管理办法》。该办法的监管思路之一便是兼顾支付安全与效率。本着小额支付侧重便捷、大额支付侧重安全的监管思路，采用正向激励机制，根据交易验证的安全程度，对使用支付账户余额付款的交易额做出限制，引导第三方支付机构采用安全验证手段保障用户资金安全。

5.4.3　风险和威胁

移动支付所面临的风险和威胁的表现形式主要有以下几种。

1. 恶意软件

恶意软件是指将木马病毒伪装成正常应用程序的病毒感染程序，这种软件会在用户单击网页或者其他用户未察觉的情况下下载到用户的手机或者计算机上，它在短时间内或在造成损失前难以被发现。

恶意软件主要分为两类，第一类是内置的木马病毒，定期拨打收费电话，发送短信定制增值服务；第二类是伪装成手机银行等的客户端，将用户引至钓鱼界面，从而盗取用户的银行账号和密码等支付信息，给用户财产造成损失。

2. WiFi

有的不法分子会在公共场合安装免费的 WiFi，用户连接上这类公共无线网络后，他们会利用该网络暗中收集用户的个人信息。尤其是在用户通过该网络进行移动支付时，该网络可以记录下用户的账号、密码或者支付凭证等敏感信息，这些敏感信息一旦被不法分子获取，就会给用户造成财产损失。事实上，几乎所有的公共无线网络都存在着一定的安全隐患，技术水平高的黑客可以攻破免费的公共无线网络，从中盗取用户的个人信息和账户资料，截取移动支付过程中的敏感信息，转移用户资金，影响电子商务的发展。

3. 诈骗短信

诈骗短信盗取用户支付账户信息的方式类似于恶意软件，它利用伪基站伪装成银行发信人，通过向用户发送相关短信将用户引到钓鱼网站上，在用户登录后盗取用户的账户信息。无论是短信的号码和内容还是钓鱼网站的界面布局,都具有极高的隐蔽性,用户往往难以识别。

4. 手机操作系统漏洞

目前我国有70%的智能手机使用安卓作为操作系统,由于安卓本身存在系统缺陷,黑客可以通过某些漏洞攻击用户手机,盗取用户的支付密码或者电子签名,进而盗取用户资金。此外,由于安卓系统具有开源性,系统中各种垃圾软件和木马病毒大量存在,也对移动支付安全造成了威胁。相比而言,微软会定期发布Windows Phone系统的补丁,而苹果的iOS系统是闭源的,因此木马病毒和垃圾软件较少,移动支付安全所受到的威胁也少得多。

上述安全威胁,使得用户在使用移动支付时有了更多的顾虑,因此也给电子商务,特别是小额交易带来了一定的影响。中国支付清算协会移动支付和网络支付应用工作委员会2016年公布的相关数据表明,有46.5%的用户认为安全隐患是影响他们使用移动支付和网络支付的最大问题,而有42.5%的用户认为支付失败是影响他们使用移动支付和网络支付的最大问题,如图5.5所示。而在对移动支付未来发展展望的调查中,用户最关心的还是安全问题。

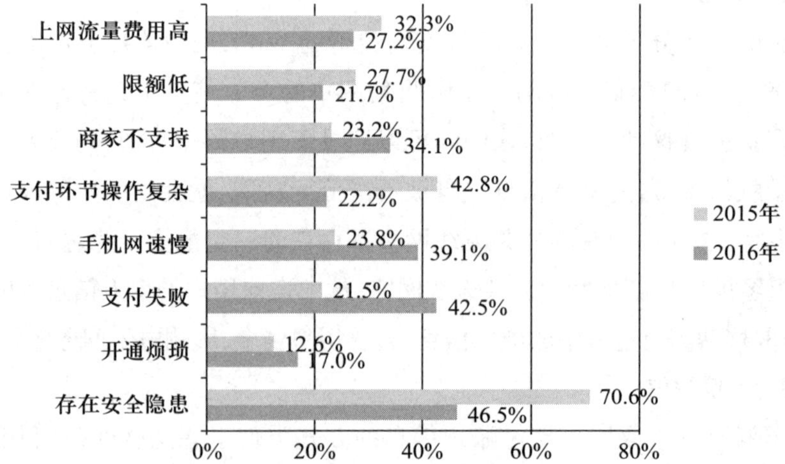

图5.5 2015年与2016年移动支付用户关心的问题分布

案例小结

该部分首先介绍了移动支付安全中常用的三类支付技术，包括近场支付技术、远程支付技术、近场/远程支付技术。接着在此基础上，介绍了移动支付所面临的安全问题，并从信息安全、法律监管、风险和威胁等方面分析了它们对电子商务所造成的影响。由于早期关于互联网的法律法规不完善，以及网络犯罪追查难度较高等原因，网络犯罪一直比较猖獗，通过木马病毒等方式盗取用户敏感信息，造成用户财产损失的案件时有发生，而移动支付行业的巨大利益更使不法分子趋之若鹜，安全问题也成为移动支付发展的桎梏。要保障移动支付安全，首先要完善网络监管机制，查封钓鱼网站和散播木马病毒的源头；其次要提高用户的安全意识，对于接收到的文件进行安全检查，不轻易打开他人发送的网址链接。相关数据表明，与移动支付中的其他问题相比，人们更关注移动支付中的安全问题。此外，本部分还分析了移动支付安全对电子商务发展可能造成的影响。

5.5 启示与总结

电子商务的发展对移动支付提出了更高的要求，而移动支付的发展反过来又可以促进电子商务的发展。移动支付安全是移动支付发展要解决的重要问题。面对各种移动支付风险和威胁，移动支付平台都非常注重移动支付安全技术的研究和开发。移动支付安全技术的发展也使用户可以更放心地使用移动支付，从而增加了用户使用移动支付的频率，间接地促进了电子商务的发展。在选择移动支付安全技术时，除了考虑安全性外，还要兼顾易用性、便捷性、成本、效率等多方面的因素，在其中寻求平衡。随着新的信息安全技术的不断出现，功能更强大的移动支付安全技术不断涌现。这也意味着人们将能够享受到更快、更方便、更安全的移动支付服务。

案例总结

本案例介绍了移动支付在我国的发展状况及所处的生态环境、移动支付所使用的主要技术、移动支付所面临的安全问题以及移动支付安全对电子商务的影响。移动支付是基于电子商务交易中的支付需求而产生的，移动支付和电子商务互相促进。随着应用场景的不断扩大，移动支付在安全方面面临着空前的挑战。除了在法律法规方面加强对移动支付的监管外，还需要通过技术革新来提高移动支付的安全性。随着新的信息安全技术不断出现，移动支付安全技术也得到了很大的发展，移动支付安全不仅包括在支付流程中对用户资金进行安全保障，还包括交易本身的合法性。如果不法分子通过移动支付进行违法交易，实际上也对移动支付安全构成了威胁。因此，除了提升移动支付技术的安全性之外，移动支付平台还应该完善用户信息，并加强对交易内容的审查，避免不法分子利用移动支付来进行犯罪活动。总之，为了保障移动支付安全，一方面需要在技术上进行革新和取得突破，另一方面也要加强对移动支付的监管，创建良好的移动支付环境。

5.6 研究与思考

1. 思考移动支付所处的环境中有哪些重大安全隐患。
2. 结合一种移动支付产品，分析该产品在产品设计、支付流程、结算渠道等方面是如何保障移动支付安全的。

3. 比较支付宝和银联云闪付在安全设计方面的异同点。

4. 探究新的信息安全技术在移动支付中是如何应用的。

5. 从安全层面分析移动支付在大宗产品交易过程中的应用。

6. 分析二维码支付的发展过程及其在移动支付安全方面是如何演化的。

7. 探究移动支付安全领域的法律法规体系与我国其他领域的法律法规体系之间的异同。

第6章 顺丰物流案例

案例导读

随着电子商务的快速发展,人们对高质量物流服务的需求不断加大,能否为用户提供良好的物流服务也成为影响电子商务发展的关键因素。正因如此,京东大力发展自己的物流体系,阿里巴巴也推出了菜鸟物流。各个商家为了给用户提供良好的购物体验,也都深思熟虑,慎重地选择口碑好的物流企业作为自己的配送商。

电子商务带动了物流行业的兴起,各类物流企业不断涌现。在激烈的竞争中,顺丰速运脱颖而出,成为物流行业的龙头企业之一,也在消费者心中树立了高端物流企业的形象。顺丰速运的迅速发展不只是抓住了物流行业蓬勃发展的机遇,更重要的是其运营模式和企业文化。

顺丰速运是一家主要经营国际、国内快递业务的快递企业,于1993年3月26日在广东顺德成立。顺丰速运是目前我国速递行业中投递速度最快的快递企业之一。2017年2月24日,顺丰控股在深圳证券交易所上市。

本案例将围绕顺丰速运产生与发展的背景,顺丰速运的运营模式、企业文化和技术革新,顺丰物流发展对电子商务的影响,探讨顺丰速运成长为物流行业龙头企业的原因,展示电子商务中物流环节的运作过程。

6.1 案例分析思路

顺丰速运成立之初的业务是在顺德与香港之间进行小件物品的邮递，随着客户数量的不断增长和国内经济的蓬勃发展，顺丰速运的业务范围和经营规模不断扩大。目前，顺丰速运已经成为国内高端的物流企业，也是用户口碑较好的一家物流企业。

顺丰速运的快速发展不只是由于它抢占了物流行业发展的先机，更多的是由于它所具有的先进的运营模式、以人为本的企业文化和不断的技术革新。不同于传统的邮政企业，顺丰速运以客户为中心，时刻把客户的利益放在首位，为客户提供高效、完善的服务。

本案例的分析过程如图 6.1 所示。本案例首先分析了物流行业的现状以及顺丰速运的发展历程；然后针对顺丰速运的运营模式、企业文化和技术革新，分析了它与其他物流企业相比所具有的优势；最后，从物流设施建设和物流模式变革两个方面分析了顺丰速运和物流产业的发展对电子商务的影响。

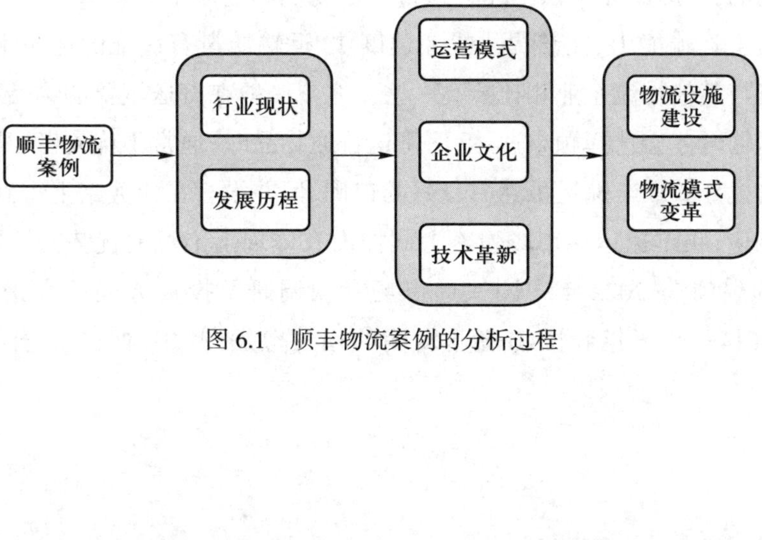

图 6.1 顺丰物流案例的分析过程

6.2 案例背景

随着电子商务的发展，传统邮政服务已经不能满足人们寄送货物的需求，人们迫切需要高效、高质量的物流服务。将商品快速寄送给客户，成为电子商务交易过程中的重要一环；能否为客户提供高效、高质量的物流服务也成为影响电子商务企业发展的重要因素。近年来随着大数据、物联网、云计算、人工智能、区块链等技术的发展，货物运输过程的自动化程度和物流行业的服务水平不断提高，物流成本也不断降低。

在这一背景下，物流企业如雨后春笋般地出现和发展起来。除了顺丰速运之外，比较有名的是有着“三通一达”之称的四家物流企业，它们分别为申通快递、圆通速递、中通快递以及韵达速递。中国智研咨询发布的《2018—2024 年中国快递行业市场深度调研及未来发展趋势报告》给出了除圆通速递之外的四家物流企业在 2018 年第一季度的业务量，如图 6.2 所示。其中，中通快递与韵达速递领跑行业，顺丰速运、申通快递基本持平，分列第三位和第四位。如果单纯从业务量来看，顺丰速运在物流行业中并非是最高的，其原因在于顺丰速运通常提供优质的速运服务。例如，顺丰速运具备航空运输能力，能够提供投递速度快、运输质量有保证的速递服务，因此运费与其他物流企业相比要高一些。客户一般在寄送重要的物品或需要加急运输时才会选择顺丰速运，而寄送普通物品时，通常不优先考虑顺丰速运。这也导致顺丰速运虽然有良好的口碑，但并没有在业务量上得到体现。与此相应，顺丰速运在市场份额上同样没有体现出绝对的优势。智研咨询发布的《2017—2022 年中国快递市场专项调研及投资方向研究报告》包含了 2014—2016 年我国物流业发展的相关数据，其中，2015 年国内主要的提供物流服务的企业按市场包裹量评估的市场份额如图 6.3 所示，中通快递、申通快递、圆通速递与韵达速递分列第一至第四位，顺丰以 8.2% 的市场份额名列第五位。其他物流企业共同占据了物流行业 33.7% 的市场份额。

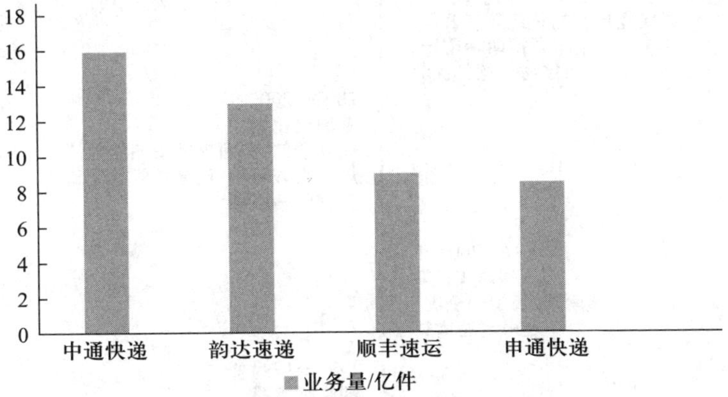

图 6.2 四家物流企业在 2018 年第一季度的业务量

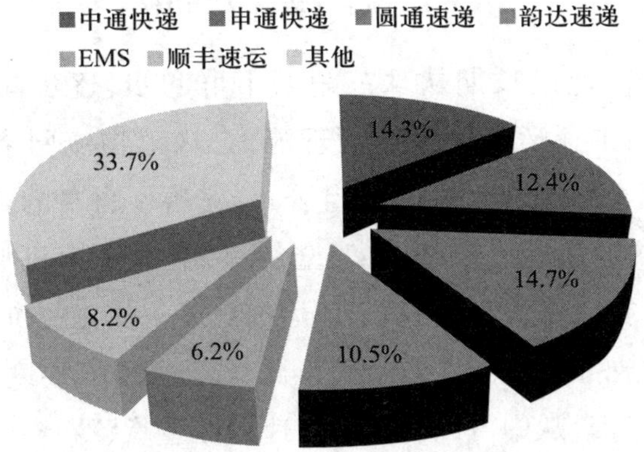

图 6.3 2015 年各物流企业市场份额的相关情况

在众多物流企业中，顺丰速运以其优质的服务质量在客户心中树立了良好的品牌。顺丰速运的发展历程如图 6.4 所示，包括创业起步期、高速成长期、管理优化期、竞争领先期和战略转型期 5 个发展阶段。顺丰速运的

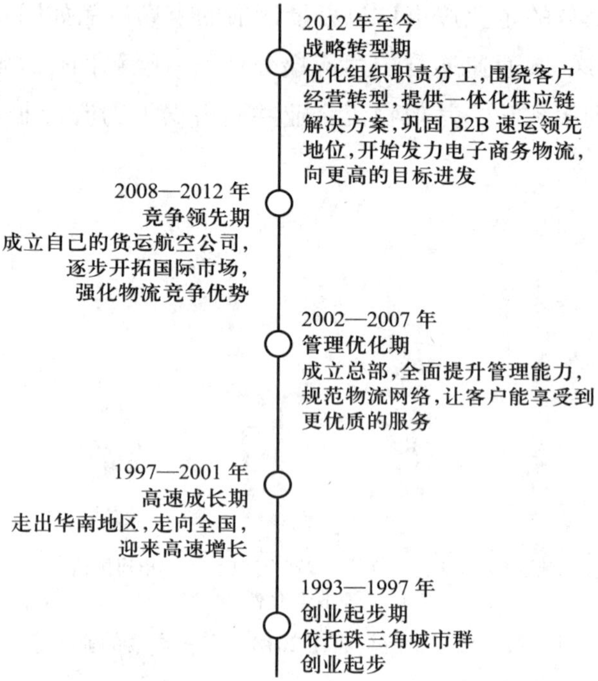

图6.4 顺丰速运的发展历程

创业起步期和高速成长期从珠三角城市群起步,逐步向全国发展。在管理优化期,顺丰速运全面提升管理能力,规范物流网络。在竞争领先期,顺丰速运成立了自己的货运航空公司,完善了自身的物流渠道。截至2019年2月,顺丰速运已上线52架全货机,其中主力机型B757-200F的数量为28架。在战略转型期,顺丰速运推出了一体化的供应链解决方案,建立了顺丰开放平台。图6.5给出了顺丰速运2016年度和2017年度各类业务的收入情况,从中可以看出顺丰速运在重货、冷链、国际和同城配送方面都有较强的基础,其一体化供应链解决方案所带来的收入的占比有所提升。

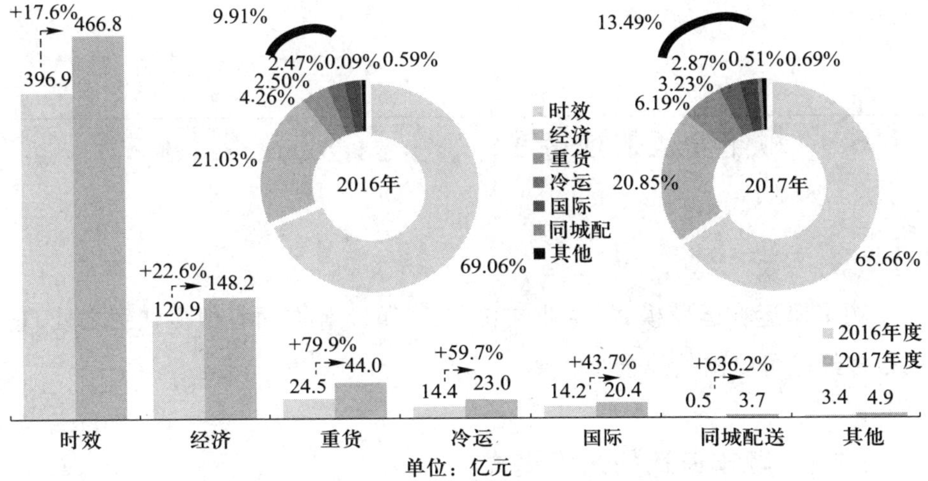

图 6.5　2016 年和 2017 年顺丰速运各类业务的收入情况

案例小结

随着电子商务的发展，人们对高效、高质量的物流服务的需求越来越大。在这样的背景下，高效、高质量的物流体系对于电子商务企业的发展来说是至关重要的，物流服务的质量会极大地影响其客户的购物体验。

然而并非所有的电子商务企业都具备构建自有物流体系的能力，物流企业依然是电子商务物流服务的主要提供商。顺丰速运是一家起家较早的物流企业，它有着出色的运营模式和企业文化。顺丰速运虽然所占据的市场份额不是最大的，但却在客户中形成了良好的口碑。本部分以时间线的方式对顺丰速运的发展历程进行了梳理，使读者对顺丰速运案例背景有较为清晰的了解。

6.3 顺丰速运的独特性

顺丰速运在运营模式、企业文化、技术革新等方面有很多独到之处,它的很多经验可以供其他企业借鉴。

6.3.1 顺丰速运的运营模式

2000年年初,顺丰速运开始改革,取消加盟模式,变成一家直营模式物流企业。虽然直营模式去除了加盟模式管理难度大的弊端,但这也将直接导致运营成本的增加。顺丰速运采用两个办法来解决这一问题,分别是承包和计件工资。所谓承包,就是每个快递员都承包固定片区的物品揽收和投递服务,由于快递员总在熟悉的片区揽收和投递物品,因此工作起来效率更高。如果片区的业务量增长缓慢,在一定时间内没有起色,也实行问责制,即对快递员进行调整。所谓计件工资,是指快递员在所承包的片区上揽收和投递的物品数量与其收入直接挂钩,业务量越大,收入就越大。快递员在这种承包和计件工资的激励下,积极性被调动起来,主动拓展客户群体,做好客户服务工作。顺丰速运是第一个采用直营模式的民营物流企业。

这种运营模式使得快递员为了获得更好的业绩而不断提高工作效率,由此带来的直接结果是提高了物流速度。而物流速度正是物流行业竞争的关键因素。无论是同城物流还是异地物流,顺丰速运都比其他物流企业快20%。尤其在2009年,顺丰速运组建了自己的货运航空公司,在货物配送的时效性、灵活性、机动性上都占据了优势。

顺丰速运最主要的业务板块是速运事业群,此外还布局了另外5个业务板块，分别是商业事业群（嘿客、优选），仓配物流事业群（电商、海淘），金融服务事业群（顺手付），供应链事业群（普运、冷运），以及顺丰国际事业群。通过这6个事业群的联合运作，顺丰速运能够灵活地调整策略，缩短贸易周期，降低经营成本，助力客户提高竞争力。

此外，顺丰速运积极拓展业务布局，提高业务水平，有序地发展陆上及航空物流网络；提升员工的业务技能和素质，努力为客户提供更优质的服务；以客户需求为核心，建立能够快速反应的服务团队；信守服务承诺，为客户提供快速安全的流通渠道。在人才培养方面，顺丰速运专注于人才队伍的建设，并制定了长期的发展规划，同时不断从其他行业吸收专业人才，与企业内培养的专业人才一起满足业务高速发展的需要。

6.3.2 顺丰速运的企业文化

顺丰速运以“成就客户，推动经济，发展民族速递业”为理念，志在“成为最值得信赖和尊敬的速运公司”。顺丰速运在服务实践中也一直在践行着这一理念。顺丰速运坚持以客户为中心的服务理念，这样的服务理念使顺丰速运在客户的心目中树立了良好的形象。

另外，顺丰速运制定了一系列与市场需求和企业发展需求相吻合的发展战略。第一，顺丰速运加快信息网络建设，提高了企业的竞争力。无论在哪个行业，信息化都会提高企业的管理水平，减少企业的运营管理成本，物流行业也是如此。顺丰速运紧跟技术的发展，建立了反应快速的网络体系，降低了运营成本和劳动力成本；建立先进的分拣和处理中心，通过高科技来加快货物递送水平，提高管理运作效力。第二，顺丰速运注重员工基本素质的培养和团队建设。顺丰速运制定了严格的规章制度，明确的奖惩制度与激励办法，约束员工行为，激发员工的积极性，从而提升了服务品质，形成了良好的业界口碑。第三，顺丰速运抓住了差异化的市场定位，努力挖掘合作伙伴；开展特色经营，提升服务附加值。在服务方面提供更全面、更人性化的投递业务，如对于生鲜食品、电子产品等提供专门服务。顺丰速运扬长避短，利用差异化经营模式为品牌加分，拓宽了其盈利的渠道。

除了企业文化外，顺丰速运的技术革新也是促成其在行业中占有一席之地的重要原因。

6.3.3 顺丰速运的技术革新

当今社会，几乎所有的企业都会通过技术手段来提升企业的竞争力和服务质量。作为一家物流企业，顺丰速运注重利用技术手段来提升自己的管理和配送效率。顺丰速运先后与IBM公司等国际知名企业合作，积极研发和引进先进的信息技术与设备，实现了对快件全过程、全环节的信息监控及资源调度，提高了配送质量，降低了配送成本，同时也提高了客户服务满意度。

顺丰速运的信息化水平较高，其内部的信息系统多达160套，能够实现对物流全过程及其配套环节的信息化管理。从2000年到2005年，顺丰速运在信息化方面的投入约15亿元人民币，而这一数字在10年后增长到了50亿元人民币。基于顺丰速运自主研发的时效管理系统，快件全生命周期持续下降，而安全性稳定上升，这使其成为物流行业唯一采用“快件全生命周期”环节监控的企业。

顺丰速运也与中国飞友科技有限公司达成合作协议，利用其提供的VariFlight航班动态技术加强对航空运输物品的离港进港监控，从而可以实时了解顺丰速运航班的起降情况，提升了物流效率。

根据利用SooPAT专利数据搜索引擎对已公开的专利文献进行检索所得到的数据，截至2017年，顺丰速运累计申请专利378项，其中获得专利授权240项。在申请的近400项专利中，实用新型专利和发明专利的占比分别高达47.35%和38.36%。单从数量上来看，顺丰速运申请的专利数已经超过了国际物流企业联邦快递（FedEx）。

可见,技术革新是使顺丰速运保持活力,始终走在物流行业前列的原因之一。

案例小结

顺丰速运通过先进的管理方式和激励政策培养了一批高素质的企业员工并持续输出高效、高质量的服务。顺丰速运一直都有着明确的战略路线,一直致力于为客户提供专业化的物流服务。顺丰速运的物流速度快,服务质量高,是其立足于物流行业的核心竞争力,也使其在物流行业中具有一定的影响力。顺丰速运采取承包和计件工资的运营模式,通过自建物流网点建立起广泛的运营网络。顺丰速运一直坚持"以人为本"的经营理念,把客户利益放在第一位,以为客户服务为首要目的。顺丰速运一直都是凭借着高质量的服务来赢得口碑的。随着技术的不断发展,物流服务必然要紧跟时代的步伐。在这方面,顺丰速运充分利用先进技术,来提高物流配送效率和质量。

6.4 顺丰物流发展对电子商务的影响

《全国电子商务物流发展专项规划(2016—2020年)》中的有关统计数据显示,2015年,全国物流行业完成的货运量达206.7亿件,同比增长48%,其中有约70%是由国内电子商务产生的。因此,物流发展对电子商务来说具有极大的保障作用和推动作用,也是线上线下紧密结合的关键环节。在电子商务发展的过程中,随着线上线下一体化模式的推进,物流行业发展和电子商务发展的关系将更加紧密。顺丰速运等行业领先的物流企业对物流行业的促进作用无疑会对电子商务产生影响,而物流行业对电子商务的影响则主要是从物流设施建设和物流模式变革这两个方面体现的。

6.4.1 物流设施建设对电子商务的影响

随着电子商务蓬勃发展,与之对应的物流需求也快速增长。为了应对不断增长的物流需求,物流企业进行了大量的基础设施建设。在电子商务的发展过程中,小商品交易最先发展起来,就是因为已有的仓储建设和配送渠道可以满足小商品交易的需要。

作为物流行业的领先企业,顺丰速运在物流设施建设方面做了如下工作。

1. 自建物流网点

物流网点数量是评价一家物流企业能否真正给客户带来便利的重要标准,也是物流企业能否扩张市场的关键。顺丰速运坚持以自建物流网点的形式拓展业务,以保证对运营网络的控制、快件流转作业的标准化和信息的透明化。这样的措施保证了顺丰速运能够提供高质量的服务,做到以质取胜。

2. 广泛的运营网络

顺丰速运分别从空中和地面构建了快速高效、覆盖广泛的运营网络。空中和地面运营网络相互配合,为客户提供快速、高效的物流服务。

物流设施建设对电子商务的影响巨大,而电子商务反过来也推动了物流设施的建设。例如,淘宝网对大规模物品运送提出了高时效性、高安全性和高可靠性的要求。而既有物流公司的运营网络却不足以支撑淘宝网的物流需求,因此阿里巴巴建立了具有独立仓储管理体系和物流渠道的菜鸟物流,这也促进了淘宝网的发展。

6.4.2 物流模式变革对电子商务的影响

20世纪90年代，中国邮政占据了我国物流市场的大部分份额，当时主要的物流模式是网点运营。而随着大量物流企业的成立，物流市场竞争日益激烈，为了给客户提供更好的服务，各物流企业纷纷采用“上门取件、上门投递”的模式，这种便利性使得电子商务为越来越多的人所接受。其中，顺丰速运因其较高的时效性和可靠性受到广大客户的认可，其直营模式和服务模式有力地促进了电子商务的发展。

1. 直营模式

顺丰速运为了提升服务质量和保障快件安全，按照直营模式扩张物流网点，实现物流网点管理自主化；同时采取分区管理的方式，一级组织、一个快递员负责一个片区的业务拓展，职责明确。虽然采用这种模式会增加成本，但是更有利于企业进行统一管理和实施有效的工作激励，这是采用加盟模式经营的物流企业所不能比拟的。

自2017年上半年开始，全国物流业务量增速减缓，而涌入物流市场的企业却在增多，这也导致物流市场的利润越来越薄。要想在竞争中保持优势，物流企业要尽可能多地拓展客户群体，同时使物流网点的运输渠道更加多元化，保证客户黏度。对于采用加盟模式的物流企业来说，由于其各个物流网点是自负盈亏的，因此增加物流网点的运输渠道并不容易实现。而像顺丰速运这样采用直营模式的物流企业则可以通过统一规划，保证物流网点扩张的合理性和总体布局的稳定性，避免在大规模扩张物流网点后出现后劲不足的现象。

2. 服务模式

顺丰速运把物流服务作为一种商品，不断推出新的服务，这些服务对于顺丰速运吸引客户、占领市场起到了积极的作用。

顺丰速运提供了代收货款、保价、通知派送、签回单、代付出/入仓费、短信通知、免费纸箱供应等多项增值服务。同时，其支付结算方式也相当灵活，支持现金结算、月度结算、转账结算、支票结算等。这些服务作为顺丰速运独特的服务而受到客户的认可。

3. “最后一公里”问题

顺丰速运在将物品送给客户的过程中，是通过直营的物流网点和精准配送等方式来优化客户体验的。利用无人机配送可以提高配送的精准度，降低配送成本。早在2013年，顺丰速运就开始与极飞无人机合作，着手研发用于物流运输的无人机，并在东莞成功试飞。其后，2015年，顺丰速运联合其他公司组建朗星无人机系统有限公司，进行货运无人机系统设计和研发。2017年，顺丰速运完成国内货运无人机发展史上的多项突破：水陆两用无人机试验成功；在成都双流自贸试验区建立大型无人机总部基地，这是我国首个将大型无人机用于物流运输的落地项目；由顺丰、朗星和多家航空航天研究所共同研制的超大型吨位级货运无人机AT200试飞成功。2018年3月，顺丰速运获得了我国首张航空运营许可证，象征着其无人机货运已经进入全新的阶段。

不仅仅是顺丰速运，在整个物流市场，各个物流企业的物流网点分布都比较密集，根据客户的需求，可以提供“限时达”“当日递”“次晨达”“次日递”，以及预约送货、网订店取、网订店送、智能柜自提、代收货款、上门退换货等多种服务。

随着我国电子商务呈现出向中西部地区和农村地区推进的趋势，许多物流企业也采取了“渠道下沉”的措施，使得电子商务的应用更加广泛。

6.5 启示与总结

电子商务领域对物流的需求是非常大的，为了在庞大的物流市场中抢占份额，各个物流企业都相继做出了提升自身服务质量的举措，不断推出更优质、更人性化的服务方式，使得物流市场呈现出百花齐放的局面。良性的竞争有利于物流行业的蓬勃发展，而人们也能够享受到更好的物流服务。物流服务质量的提高将进一步提升电子商务的服务质量，而电子商务不断推出的新的服务方式也使物流服务更加多元化。

顺丰速运在与其他物流企业的竞争中脱颖而出，成为物流行业的领军企业之一。顺丰速运不仅在物流领域不断推出新举措，在电子商务领域也不断进行新尝试。例如，顺丰速运在全国范围内推出的顺丰社区门店“嘿客”便利店，就是其O2O电子商务业务的体现。“嘿客”表面上是社区型的电子商务便利店，背后则是顺丰速运“物流链接生活”的构想。在线上线下融合的电子商务中，便利店是最接近消费者的，“嘿客”既能够为消费者提供线上购物的线下体验，也能够为其提供购买和配送服务。

电子商务的发展催生了新的服务方式，对物流服务也提出了更高的要求。例如，电子商务刚刚兴起时，消费者网购冷冻食品的体验是非常差的，而顺丰速运则推出了针对冷冻食品的配送服务，迅速抢得先机。

物流服务质量问题对于电子商务企业来说是一个亟待解决的问题，而顺丰速运则在这方面给出了很好的解决方案。顺丰速运等物流企业如今已经与电子商务企业有机地结合在一起，它们互相促进，共同发展，形成了良好的生态体系。

案例总结

物流和电子商务是相辅相成的，电子商务的发展必然伴随着物流行业的发展，而物流行业的发展又极大地促进了电子商务的发展。电子商务的多元化服务必然导致物流服务的多元化，而人们对高质量电子商务服务的要求必将会促使各大物流企业不断提高物流质量与效率。

本案例以顺丰速运为例，分析了顺丰速运独特的运营模式、优秀的企业文化、高效的管理方式,以及高质快速的投递业务等。随着技术的不断发展,物流行业必须紧跟时代的步伐,利用先进技术为客户提供更好的服务。在这方面,顺丰速运走在了前列,它利用高科技来改革物流服务模式与流程。这说明一个物流企业的成功不仅要依靠好的运营模式和企业文化,还要依靠不断的技术革新,只有利用先进的技术才能为消费者提供更好的服务。

6.6 研究与思考

1. 分析电子商务平台物流(如阿里巴巴的菜鸟物流和京东物流)与物流行业物流(如顺丰速运)之间的异同。

2. 分析顺丰速运与“三通一达”物流企业各自的特点。

3. 比较顺丰速运和中国邮政在运营模式方面的异同点。

4. 探究新技术在物流配送中的应用。

5. 思考国内外推动电子商务物流发展的因素之间的异同。

6. 结合顺丰速运案例,分析物流建设在推动电子商务发展中的作用。

7. 结合顺丰速运案例,分析电子商务在推动物流行业发展中的作用。

第7章　共享单车案例

案例导读

2014年的北大校园，一则消息引发了师生们的关注——“鼓励大家将自己不用的自行车卖给ofo，将其变为小黄车，给校园师生们共享使用”。就这样，短时间内一辆辆黄色的小车走进了师生们的视野。截至2015年5月，已有超过2 000辆共享单车出现在北大校园里。它的出现，弥补了很多北大师生在校园中出行的不便，因此受到了众多师生的关注。同时，这一既有创意、又切合实际需求的想法也引起了来北大校园办事的投资人罗斌的注意，于是这最终促成了2016年春节ofo的A轮融资。在ofo开始在校园中萌发的2014年，拥有10年汽车记者经历的普通白领胡玮炜得到了一些出行领域资深人士的建议和支持，开始迈出了自己在共享单车领域的第一步。此后，摩拜单车也迅速进入市场。

共享单车是一种采用分时租赁模式的自行车租赁业务，通常是由企业在居民区、商业区、公共服务区、校园、地铁站、公交站等地提供自行车共享服务。共享单车是目前共享经济乃至数字经济发展的一种新形式。其实质是共享经济背景下的新型交通工具租赁业务，通过共享自行车（单车），解决用户出行的“最后一公里”问题，最大限度地提高了公共道路通过率，同时起到了绿色出行和健康出行的作用。但是，由于城市规划与这一短时间内涌现的新业务尚不匹配，一些问题出现了，如自行车的道路通行和自行车的统筹管理难度大，成本高，盈利模式有待验证等。

本案例围绕着共享单车产生的背景及其所处的生态环境、共享单车行业的技术分析与市场分析、共享单车企业 ofo 和摩拜的策略对比，以及共享单车所体现的电子商务与共享经济相结合的思想，探讨了共享单车这一行业对电子商务发展所起的作用。今天共享单车依然存在着许多亟须解决的问题。有的共享单车企业可以发展下去，有的则难以发展，其原因都是共享单车领域需要探讨的问题。

7.1　案例分析思路

从线上租车、拼车、代驾到网约出租车，再到快车、专车，时至今日出现了分时租赁汽车、共享单车，在线出行领域的服务发展速度越来越快，如图 7.1 所示。

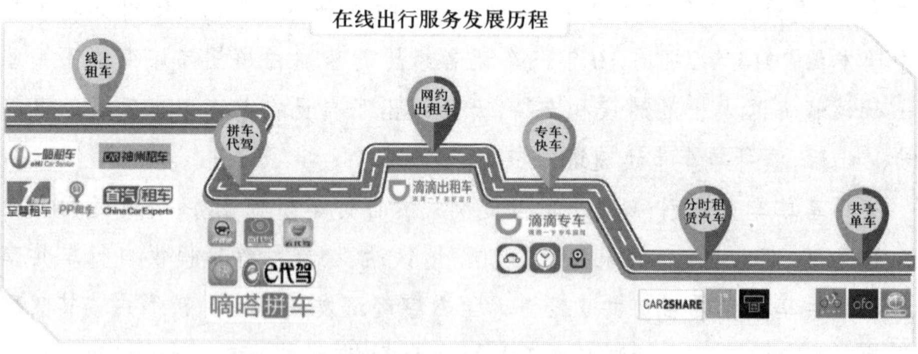

图 7.1　在线出行领域的服务发展图

共享单车，顾名思义，是指在城市、校园等场所中提供的自行车共享服务。目前，我国首创的智能共享单车模式是通过手机 APP 搜寻可用的车辆，利用二维码扫码等智能方式一键开锁自行车，然后通过后台远程实时监控车辆的健康状态和运营状态。

简而言之，共享单车打破了传统自行车出行领域中个人所有权的限制，使用共享经济理念和物联网等技术，形成了新的行业，如图 7.2 所示。

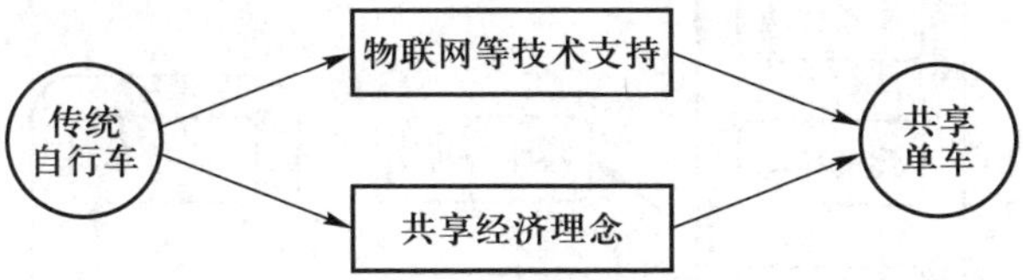

图 7.2 共享单车概念图

在线出行行业正在改变着人们的出行方式，从线下到线上，从 PC 端到移动端，从长距离服务到短距离服务，从专用资源到共享资源，从资源寻找市场到市场发现资源，从伪需求到真痛点。可以说，共享单车行业的出现是近年来在线出行行业发展的一个必然结果，同时也是在线出行服务在公众出行领域的进一步延伸。这种延伸主要表现在以下几个方面。

1. 服务范围的延伸

与以往出行服务企业主要为用户的长距离出行提供服务相比，共享单车瞄准了用户“最后一公里”的需求，延伸了传统公共自行车行业的服务范围，大大扩展了用户群体。

2. 商业模式的转变

与传统在线出行服务不同的是，共享单车能够通过实体资源来吸引用户。图 7.3 所示的是本案例的分析过程。本案例以 ofo 和摩拜两个共享单车企业为代表，分析共享单车行业在发展过程中给人们生活带来的变化。本案例首先分析了共享单车所处的生态环境，包括共享单车产生的技术环境、政策环境、经济环境、社会环境；然后介绍共享单车所涉及的技术和市场因素，以此来分析共享单车发展所要具备的条件；接着本案例选取了 ofo 和摩拜这两个典型的共享单车产品，当前 ofo 和摩拜的发展各不相同，希望能够通过对两者进行对比和分析，使读者对共享单车的特点和作用有更深入的认识；最后分析了共享单车在电子商务与共享经济相结合模式中的影响和作用。

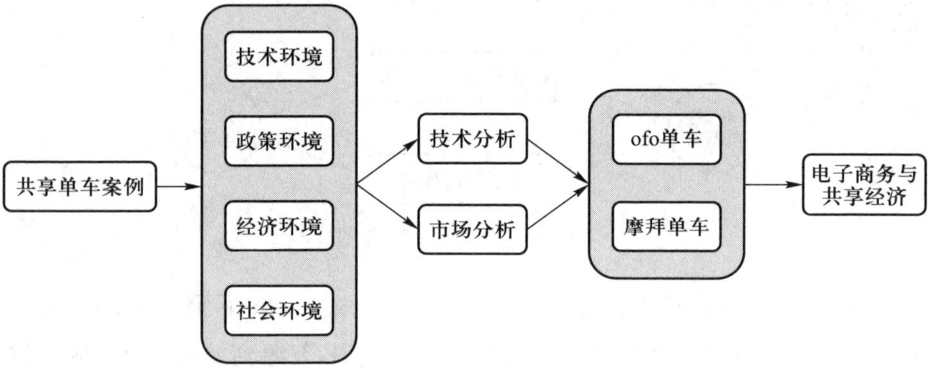

图 7.3　共享单车案例的分析过程

7.2　生态环境及背景

在技术环境、政策环境、经济环境、社会环境等生态环境的支撑下，2016 年年底，共享单车在全国范围内流行起来。ofo 和摩拜两个企业分别从校园和城市切入，引发了共享单车浪潮，解决了公众出行“最后一公里”的痛点。与此同时，共享单车市场这块大奶酪也吸引了更多的创业者和投资者，更多品牌的共享单车加入这一激烈的竞争。在共享单车繁荣的 2016 年，有永安行、小鸣单车、小蓝单车等至少 25 个品牌的共享单车投入市场，甚至还有共享电动自行车的投放。我国的共享单车甚至一度走向海外，投放到英国、新加坡等地。随着共享经济的发展，共享单车从无到有，从少到多，但是在发展过程中也遇到很多问题。本节将分析共享单车所处的技术环境、政策环境、经济环境和社会环境。

7.2.1 技术环境

共享单车的模式主要有两种,一种模式以摩拜单车为代表,这种单车采用“GPRS 蓝牙开锁 +GPS 北斗定位”的方式,易于管理,但其车身过重。另一种模式以 ofo 单车为代表,其基本配置是“普通自行车 + 智能锁”,使用起来比较便捷,但其折损率较高。这两种共享单车共有的技术背景就是物联网和云计算技术。

1. 物联网技术

国际电信联盟将物联网定义为通过二维码识读设备、射频识别装置、红外感应器、全球定位系统和激光扫描器等信息传感设备,按照约定的协议,将任何物品与互联网连接起来,进行信息交换和通信,以实现智能化识别、定位、跟踪、监控和管理的一种网络。该定义指出了物体与物体(thing to thing, T2T)、人与物体(human to thing, H2T),以及人与人(human to human, H2H)的互连。这正是未来信息技术产业的发展趋势,因此物联网又被称为“下一代网络”。

物联网的出现使物体与人处于平等的地位,物体可以发送消息,从而被感知、被发现,这对共享单车的产生起到了很大的作用。物联网在共享单车上的应用主要体现为智能锁,功能更加智能化和通信能力更强的智能锁为共享单车增添了活力,使得共享单车无论是在管理方面还是在使用方面,都向着更高效的方向发展。

2. 云计算技术

共享单车的云服务器是其运行的核心。对于共享单车的智能化而言,最重要的是其背后的云服务器的协调和控制。云服务器依托云计算技术,要解决的主要技术难题是如何处理大量并发的接入请求。在共享单车刚刚兴起时，很多云服务平台都出现过由于业务响应和处理量大而宕机的情况。云服务平台提供的云计算技术为保证共享单车的稳定性和智能性做出了巨大的贡献。

7.2.2　政策环境

共享单车行业的迅速发展引起了国家和地方政府的注意，并出台了相关政策给予鼓励、管理和规范。

共享单车给人们的出行带来了便利，但同时共享单车也带来了乱停乱放、扰乱治安等问题，各企业有责任配合政府，对用户停车行为进行规范管理。

2016 年 12 月，深圳市率先发布了《关于鼓励规范互联网自行车服务的若干意见（征求意见稿）》。该征求意见稿指出，深圳市交通运输管理部门和政府各部门对于互联网自行车（即共享单车）这种新业态给予鼓励和支持，同时也将为提供互联网自行车租赁服务的企业在深圳的发展创造更良好的环境，在方便市民出行的同时也引导和规范市民文明用车。随后 2017 年 1 月 9 日，成都市发布了《成都市关于鼓励共享单车发展的试行意见（征求意见稿）》。这些征求意见稿的发布对全国其他城市出台相关文件具有较强的参考作用。

同时，共享单车企业也与各地政府展开战略合作。2016 年 11 月，共享单车 hello bike 与宁波国家高新区签署战略合作协议。2016 年 12 月，ofo 与广州市海珠区签署战略合作协议。2017 年 1 月，ofo 与重庆沙坪坝区人民政府签订战略合作协议。政府与各大共享单车企业的合作协议，凸显了政府对于共享单车的积极态度。此外，2017 年 3 月，上海市交通委员会针对共享单车饱和现象约谈摩拜、ofo 等 6 家共享单车企业。共享单车企业与政府管理部门的联动是创造良好交通出行环境的有效途径。

7.2.3 经济环境

我国经济环境的发展，尤其是互联网经济的繁荣，有利于新型互联网服务行业的涌现。

1. 宏观经济环境

根据国家统计局的有关数据，2018 年我国国内生产总值（GDP）为 90.0 万亿元，增长率为 6.60%，如图 7.4 所示。从 2011 年到 2018 年，我国经济整体呈温和上升趋势，虽然 2016 年资本遭遇了寒冬期，创业投资不如以往火热，但是共享单车这一新兴概念依旧吸引了大量投资机构的投资，包括红杉资本、高瓴资本在内的行业融资已经超过 60 亿元。

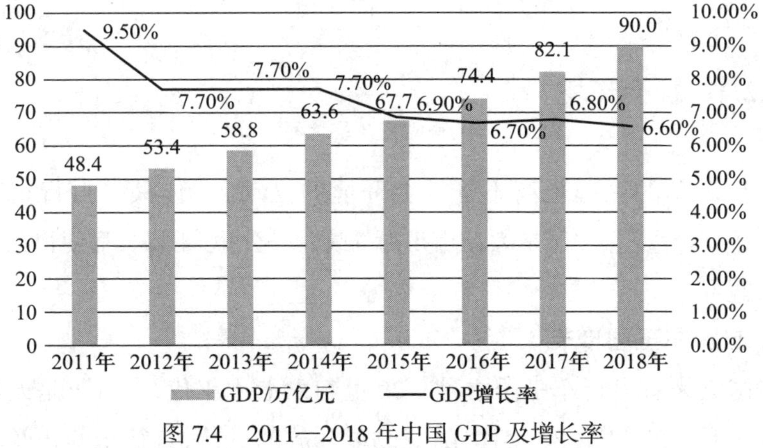

图 7.4　2011—2018 年中国 GDP 及增长率

2. 互联网经济环境

根据艾瑞咨询发布的数据，2011—2016 年我国智能手机保有量及渗透率逐年递增，如图 7.5 所示。早在 2016 年，我国智能手机的渗透率就已经超过了 80%，人们对智能手机的依赖性越来越强，使用智能手机出行、支付、交际已经成为人们的生活习惯。移动互联网的快速发展和智能手机的迅速普及，为共享单车用户群的迅速扩大奠定了良好的基础。

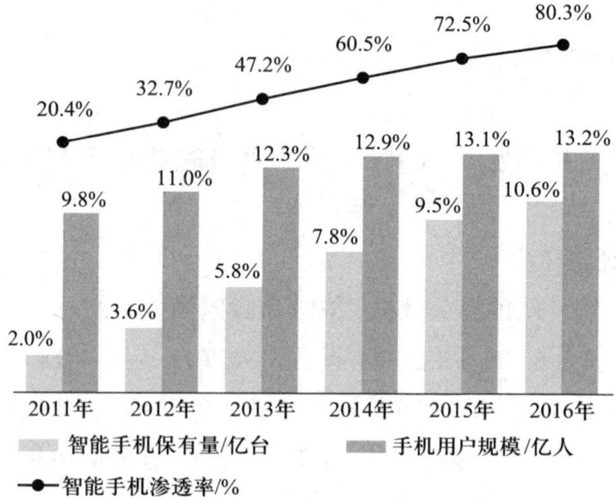

图 7.5 2011—2016 我国智能手机保有量及渗透率

7.2.4 社会环境

共享单车的兴起也离不开社会环境的推动。无论是"自行车王国情节""绿色出行观念",还是大城市出行"最后一公里"问题,都使得共享单车在我国盛行。

1. 自行车王国情节

我国素来有自行车王国之称。20 世纪六七十年代,自行车是人们基本的代步工具。20 世纪 80 年代,随着改革开放的进行,自行车的普及率大大提高,在城市的交通体系中占有重要的地位,之后,随着经济的发展与城市规模的扩大,汽车逐步取代了自行车,成为城市交通的主体,各大城市中使用自行车出行的比例开始下降。但是,人们对自行车的情节没有消失,这样的历史背景为共享单车的出现与迅速普及提供了良好的土壤。共享单车的出现,再次引发了公众使用自行车出行的热潮,使得自行车再次成为城市居民出行的重要方式。

2. 绿色出行观念

2016年，北京市空气质量未达标的天数达到168天，占全年的45.9%，接近全年的一半时间。沙尘、雾霾等恶劣天气唤醒了人们对环保问题的深度反思，“每周少开一天车”“绿色出行”等环保倡议得到了更多的响应。根据公安部交通管理局的有关统计数据，截至2018年6月，我国机动车保有量已达3.19亿辆，其中私家车达1.8亿辆，居全球第二。大量的机动车对空气造成的污染让人们重新思考出行工具的选择。低碳环保的自行车出行方式再次回到人们的视野。共享单车这种低碳环保的出行方式无疑是对“绿色出行”理念的最好诠释。

3. 城市交通拥堵问题

与环保问题同时出现的还有当前各大城市的交通拥堵问题。2016年高德地图发布的《2016年度中国主要城市交通分析报告》显示，济南、北京、重庆等城市汽车的平均时速仅有约20 km/h，使得人们的出行效率降低。与此同时，市政公共交通工具，如地铁、公交车等，由于其站点分布不够密集，人们搭乘公共交通工具往往需要走10分钟以上的路，造成了公共出行的不便。自行车出行虽然低碳环保，但是由于城市的规模不断扩大，人们上班的距离超出了人们使用自行车出行的范围。在这样的背景下，共享单车随取随停的特性极大地方便了人们的使用，以其绿色环保、高效方便的模式受到了人们的欢迎。

7.3 主要技术分析

下面对支持共享单车发展的物联网技术进行分析。对共享单车进行定位和维护，是共享单车发展和长期运营的重要因素。用于定位共享单车的技术是NB-IoT技术，用于维护共享单车的技术是智能锁技术。

7.3.1　NB-IoT 技术

NB-IoT 即窄带物联网（narrow band internet of things），具有覆盖面广、连接多、功耗低、成本低等特点，是物联网领域的一个新兴技术。2016 年，中国联通在超过 5 个城市启动了基于 900 MHz、1 800 MHz 的 NB-IoT 外场规模组网试验及业务示范。2017 年，中国电信正式发布了“中国电信 NB-IoT 企业标准（V1.0）”，启动了 7 省 12 市外场试验，启动基于 LTE 800 MHz 网络的 NB-IoT 试商用。

NB-IoT 技术的出现，解决了共享单车存在的用户体验差和车辆管理难等问题。当前共享单车主要使用 2G 网络技术进行部署。2G 网络存在着以下问题。

① 网络速度慢，使得开锁慢，影响用户体验。

② 能源消耗高，导致车辆自身需要安装供电装置，提高了制造成本。

③ 覆盖率低，使得难以对信号弱场所的车辆进行定位，车辆丢失率上升。

④ 通信成本较高。

上述问题使得城市需要投入较高的成本来对共享单车进行管理。而 NB-IoT 技术的成熟为管理共享单车提供了新的思路，解决了使用共享单车过程中存在的诸多问题。NB-IoT 技术提升了共享单车的开锁速度，减小了能源消耗，降低了车辆的供电需求，减轻了车辆的重量。同时，在信号较弱的场所，如楼道、地下室等，利用 NB-IoT 技术依然能够实现准确定位。

2017 年 2 月 22 日，ofo 宣布与中国电信和华为达成全面合作，三者共同研发新一代基于 NB-IoT 技术的智能共享单车解决方案。2017 年 5 月 15 日，摩拜宣布与四川移动、华为达成战略合作，三方将在 NB-IoT 应用及创新等领域展开深度合作。

7.3.2 智能锁技术

物联网技术在共享单车上的典型应用是智能锁。随着共享单车的发展,智能锁也经历了从短信开锁到 GPRS/ 蓝牙开锁方式的演变。其中,采用蓝牙开锁方式的智能锁的开锁原理是:智能锁内置蓝牙模块,手机通过扫码读取车辆的蓝牙信息,尝试配对,并将该信息发送到共享单车企业的云服务器上,云服务器同时向车辆和手机发送开锁指令,如果车辆先接收到指令就直接开锁;如果手机先接收到指令,则再通过蓝牙把指令发送给车辆进行开锁。

但是,智能锁的使用也产生了共享单车的续航问题。最初摩拜单车采用的是骑车发电的方式,但这样的发电方式导致车辆骑行起来较为费力,为用户所诟病。现在包括摩拜单车在内的众多共享单车使用的都是放置于车筐中的太阳能电池板充电技术,这种发电方式可以保证共享单车智能锁电量的供应。

案例小结

本部分主要介绍了共享单车产生的生态环境及其所采用的物联网技术。首先,介绍了共享单车所处的技术环境,物联网技术和云计算技术的发展为共享单车的出现创造了条件。然后,介绍了共享单车所处的政策环境和经济环境,我国当前的政策环境和经济环境非常适合共享单车行业的发展。随着经济的发展,人们对出行便捷性的要求也越来越高。在巨大的市场面前,共享单车行业吸引了大量的投资。考虑到我国国情及环保的需要,自行车出行也受到了政府的鼓励。最后,对支持共享单车发展的物联网技术,包括 NB-IoT 技术和智能锁技术进行了分析,这些技术为共享单车的普及扫清了障碍。

7.4 市场分析

从最初以单枪匹马的方式出现，到如今无论是资本的注入，还是与腾讯、阿里巴巴、滴滴出行等大型企业合作，共享单车不再只是一个出行领域的创业案例，而是代表了从自行车生产、平台运营再到衍生服务等一整套的商业产业链。

7.4.1 产业链解读

共享单车的产业链涵盖了上游的自行车零件（传统零件和智能零件）制造和研发、自行车组装，中游的产品维护保修、产品运营平台，以及下游的数据衍生服务、广告服务和特定产业服务等，如图 7.6 所示。

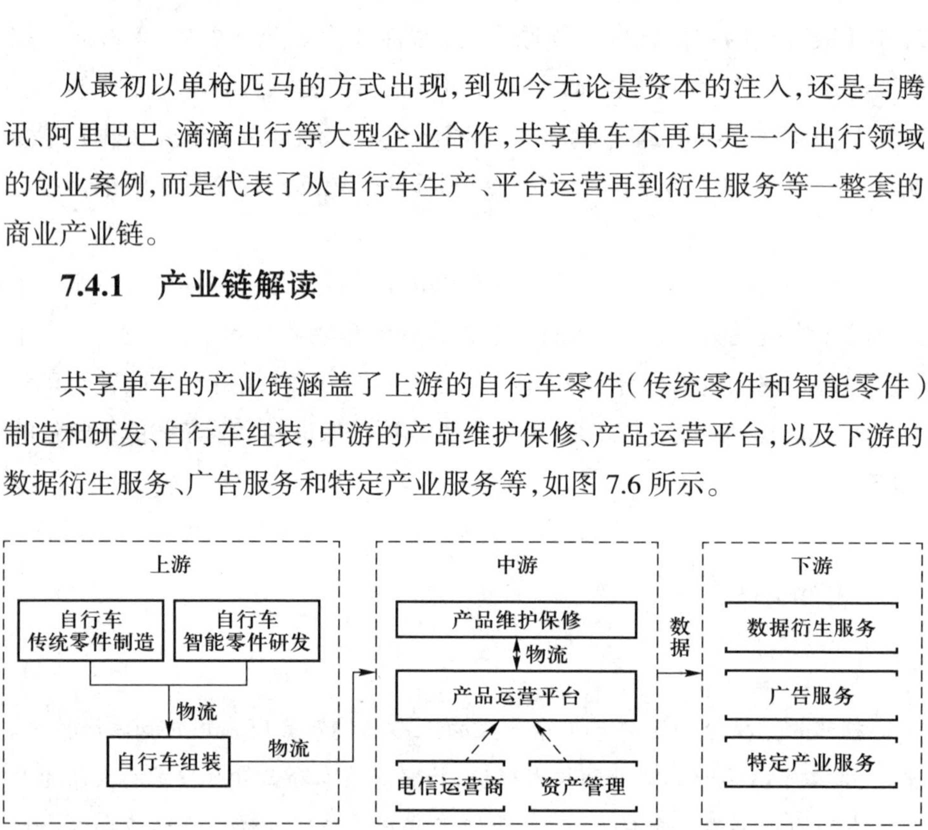

图 7.6 共享单车产业链

共享单车要长期稳定地运行，智能化的、完善的自行车生产与制造技术是关键。作为共享单车产业链的上游环节，自行车传统零件的制造、智能零件的研发，以及物流直接决定着共享单车的使用与管理。

当前，共享单车行业主要以合作和自构建两种方式完成上游自行车的制造与组装。以摩拜为代表的共享单车企业采取自建工厂生产自行车的方式，力图通过自建工厂来满足自己对共享单车的制造要求，同时降低了成本。而以ofo为代表的共享单车企业采取与传统自行车厂商合作的方式，力求直接利用传统厂商的生产经验与生产规模来降低成本，而这种方式所面临的问题是不易进行质量把控。

与此同时，联网的共享单车也为运营企业提供了海量的用户出行数据。在大数据时代，运营企业可以通过对这些数据进行清理、分析等来发现新的市场，拓展新的服务。

7.4.2 市场规模与覆盖率

中国艾媒咨询发布的数据显示，2017年我国共享单车用户数从2016年的0.28亿激增到2.05亿，增长率达632.1%。而在2018年，我国共享单车用户数达2.35亿，2019年增至2.59亿，用户规模趋于稳定，去泡沫化趋势明显。

从数据看，各个共享单车企业已基本完成了对一二线城市市场的抢占，向其他城市渗透的势头也已减弱。据不完全统计，截至2018年全国共享单车投放总量已超2 000万辆。北京、上海、广州、深圳四座城市作为一线城市，进驻的共享单车企业较多，共享单车在这四座城市的投放量已趋于饱和。但是共享单车在其他地区的投放量还远未达到能够满足用户需求的程度。随着共享单车定位跟踪系统、防破坏系统的不断完善，共享单车在非一线城市的覆盖率将进一步提高。

案例小结

本部分对共享单车市场进行了分析。与大多数新兴互联网产品一样，共享单车的背后有许多投资方，因而获得了迅速的发展。本部分展示了共享单车从上游制造、研发，到中游维护运营，再到下游衍生服务的一条完整的产业链，并且通过数据展示了共享单车的市场规模、覆盖率等情况。

7.5　摩拜与 ofo 的策略对比

共享单车是人们交通出行工具的重要组成部分，也是共享经济的一种典型应用。共享单车行业竞争激烈，不同的企业采用了不同的用户使用策略、运营策略和盈利模式。

经过几年的发展，可以看到一些共享单车品牌兴起，另一些共享单车品牌却只留下了辉煌的历史。2017 年，我国市场上的共享单车品牌有 20 多个。从知名度来看，摩拜单车与 ofo 单车分别以 44.6% 和 43.5% 的比例居于第一位、第二位。从用户偏好来看，ofo 共享单车和摩拜单车分别以 40.8% 和 36.5% 的比例居于第一、第二位。下面对摩拜单车和 ofo 单车进行对比，分析其用户使用策略、运营策略和盈利模式。

7.5.1　用户使用策略

用户使用共享单车的环节如下：

注册认证→找车→开锁→骑行→付费

在共享单车发展的初期，摩拜单车与 ofo 单车的用户使用体验对比如表 7.1 所示。

表 7.1 ofo 单车与摩拜单车的用户使用体验对比

比较项目		摩拜单车	ofo 单车
注册认证		门槛较高,押金较高	门槛较低,押金较低
找车		GPS 定位,精准找车	现场发现
开锁		扫码自动开锁	扫码获取密码,手动开锁
骑行体验	重量	经典版:22 kg, Lite 版:15 kg	初代:10 ~ 15 kg, 3.0 版本:16 kg
	轮胎	防爆轮胎(实心、空心)	普通轮胎、防爆轮胎
	驱动方式	轴传动 / 链条传动	链条传动
付费方式		自动结算	手动结算

摩拜单车在找车、开锁和付费方式方面凭借着其完备的、高技术含量的车身设计,使用户获得了良好的使用体验。而 ofo 单车则因为重量轻而为用户提供了良好的骑行体验。

随着摩拜单车与 ofo 单车不断升级换代,它们的车身设计也不断改进。摩拜单车对车身的改进目标是更加轻便,便于骑行;而 ofo 单车对车身的改进目标则是更加智能化。经过改进,摩拜单车和 ofo 单车,无论是车身重量,还是开锁方式,都趋于一致。

7.5.2 运营策略

由于共享单车在用户使用策略等方面已经趋于一致,因此如何优化运营策略成为各个共享单车企业要考虑的首要问题。下面对 2017 年第一季度摩拜和 ofo 的运营策略进行对比分析。

1. 摩拜

在车辆设计方面,摩拜不仅自主设计车身,还和富士康公司合作打造了自己的自行车工厂,将整条产业链都纳入自己的管理范围。同时,在资金方面,摩拜与招商银行合作，开启了专用押金管理模式，这在共享单车行业算是首家。此外，摩拜成为行业内首个设立信用分规则且唯一拥有信用体系的共享单车企业。在用户运营方面，摩拜推出了主打情怀的用户活动。例如，与招商银行、华住酒店集团联合推出了“超级品牌日”免费骑行活动，倡导绿色出行等。

从整体来看，摩拜的业务扩展十分有序，与银行、自行车工厂、互联网平台（如腾讯）等的合作为其发展打下了坚实的基础。

2. ofo

与摩拜相比，诞生在大学校园中的 ofo 的业务扩展则十分迅猛，由此也带来了诸多问题。ofo 在扩展之初并未在车辆本身的设计方面投入很多，这导致 ofo 单车在投入市场后，损失情况严重。但是，ofo 擅长抓住年轻群体的需求，恰当地制定营销策略，例如，“‘双十一’不期而遇”脱单活动、“扩大美食半径”优惠活动等，都很好地抓住了共享单车的核心使用群体——年轻人。同时，与摩拜打造自己的产业链不同的是，ofo 擅长在产业链中寻找合作伙伴。ofo 与中国电信、华为公司合作研究共享单车智能锁新方案，与蚂蚁金服旗下的芝麻信用达成战略合作，开启共享单车的信用免押金骑车模式。这些都体现了 ofo 擅长借力的运营模式。

7.5.3　盈利模式

共享单车的盈利主要来自车辆的运营收益、车辆押金的年化收益，以及各类衍生业务收益（如投放广告、数据分析等）这三个方面。其中，车辆的运营收益是显式收益，而后两方面的收益是隐性收益。

1. 车辆的运营收益

以摩拜单车为例，单辆车的成本为 2 000 元。在车辆不破损、不丢失的情况下，车辆可以使用 5 年，每天的平均成本是 1 ～ 2 元。考虑维护、破损、丢失等情况，一辆摩拜单车每天的平均成本为 2 ～ 3 元。如果用户骑行一次花费 1 元，则每辆车需要每天被使用 3 次以上才可盈利。

而 ofo 单车的成本则较低，其一辆车的成本为 200 元，且可以使用 2 年，则其每天的平均成本约为 0.5 元。不过 ofo 单车的破损和丢失情况较为严重，考虑到损失的情况，一辆 ofo 单车每天的平均成本为 2 ~ 3 元，与摩拜单车基本持平。但是，ofo 由于管理不善，车辆的使用年限降低，每辆车的日均成本可能会进一步升高。

无论是摩拜单车，还是 ofo 单车，通过车辆的运营来取得的收益并非是大额盈利。对于共享单车来说，完全依靠车辆运营来盈利并不现实，相比之下共享单车企业的隐式收益可能更为可观。

2. 车辆押金的年化收益

根据摩拜的相关数据，假使有 1 000 万个用户（实际上，摩拜的用户数早已大于这一数字）使用摩拜单车，按照每人交纳 299 元押金、退回押金的平均周期为 6 个月计算，摩拜有将近 30 亿元的资金储备。若按照 5% 的收益率来管理这笔资金，每年将有 1.5 亿元的收益，这是一笔相当可观的收益。

3. 衍生业务收益

共享单车企业除了提供公共自行车租赁业务以外，还开辟了很多衍生业务。例如，提供有针对性的租赁服务，如旅游服务、自行车专业运动服务等。这些更有针对性的服务，可以使共享单车企业获得更多的收益。同时，共享单车企业可以对用户使用共享单车的数据进行分析，从而获得有价值的信息。

7.6 共享单车与共享经济

国家发展和改革委员会发布的《促进电子商务发展三年行动实施方案（2016—2018 年）》提出了加速电子商务提升质量、深化电子商务与实体经济深度融合、助力供给侧结构性改革三项规划。而电子商务共享经济就是促进电子商务与实体经济深度融合的重要形式。

所谓共享经济，是指将闲置物品暂时借由他人使用，并获取相应的报酬。而共享单车这种租车模式就是共享经济的一种典型应用。

在无桩的摩拜单车和ofo单车等共享单车出现之前，有的城市为了解决“最后一公里”出行难的问题，由政府支持建设了有桩的公共自行车租赁项目，但是其运营效果并不理想。因此，在“从有桩到无桩”的理念下，摩拜单车和ofo单车等共享单车一进入市场，就受到了用户的欢迎。这是共享经济的一种重要实践。虽然用户对于共享单车持欢迎态度，但是要维护和运营好共享单车还需要巨大的投入，共享单车一旦管理混乱就会给道路通行带来影响，最终给用户带来不良的使用体验。

市场饱和使得共享单车企业难以有大的扩张，而且新车生产、旧车维修维护以及运营管理等对后期资金投入的要求越来越高，最终导致一些共享单车企业长期处于入不敷出的状态。共享经济通常对资金和公信力都有较高的要求，资金储备用于防止挤兑破产，公信力用于保证企业的扩大与生产。如果资金储备和公信力其中一个发生问题，那么共享单车企业就会面临着较大的困难。然而从社会角度看，包括共享单车在内的共享经济，本质上是对资源的合理分配，使资源得到最大化应用，理应得到社会和政府的支持。

7.7 启示与总结

总的来说，摩拜与ofo代表了两种不同的共享单车发展模式，两者都曾通过发挥各自的优势赢得了自己的市场和用户群，经历过各自的繁荣时期。但是，对于任何企业而言，要想真正在行业中立稳脚跟，都要不断补齐短板。在车辆设计趋同的情况下，各个企业还要在产业链、运营模式等方面不断进行改进。例如,擅长产品设计和技术研发的摩拜,需要进一步完善其品牌运营策略,使其更接近大众生活;而擅长市场营销的 ofo,则需要更关注车辆管理和技术研发,减少运营中的损失,提高盈利能力。

如今共享单车企业的发展可谓几家欢喜几家愁。早期 ofo 的投资方滴滴出行和蚂蚁金服分别转投了小蓝单车和哈啰单车,ofo 的资金链出现问题,再加上内部运营的双重压力,出现了“押金风波”,在舆论中处于劣势。而最初受到腾讯垂青的摩拜如今被美团收购。可以说,共享单车市场的准入门槛提高了。

未来共享单车还是应当以用户的使用为核心,解决车辆停放、运营维护等方面的问题,继续改善用户使用共享单车的体验。在布局方面,共享单车企业要加强在三四线城市以及海外市场的扩展。在使用场景方面,共享单车企业可以继续拓宽发展路线,在更有针对性的场景中进行投放。同时,应进一步建立和完善与共享单车相关的政策与法律法规,这样才能营造出完善、良好的共享单车运营环境。

综上所述,共享单车是一种由物联网技术推动的电子商务发展模式,它不断发展,形成了一条完整的产业链,展示了将传统制造业、移动互联网产业、人工智能产业连接起来的可能性。

案例总结

共享单车是近年来进入大众视野并迅速发展,对大众出行产生巨大影响的一种新兴事物,它凭借着巨大的市场潜力吸引了大量的资金。在共享单车出现之前,政府尝试过推行有桩公共自行车,犹如公交车站一样设置停靠点,用户付费骑行。但是由于缺乏灵活性,这种公共自行车并没有流行起来,而是被新兴的共享单车所代替。共享单车与公共自行车的最大区别,就是共享单车是无桩的,可以随处停放,不需要固定的停靠点,而恰恰是这种进步，使得共享单车与公共自行车相比更受用户的欢迎。此外，共享单车涉及一系列产业，受到了社会各界的广泛关注。

本案例介绍了共享单车产生的背景及其所处的生态环境，并对其所使用的主要技术和市场，以及摩拜与 ofo 的具体案例进行了分析，展示了共享单车所涉及的相关技术和产业链，讨论了共享单车这种共享经济的典型应用对社会发展的影响。

7.8 研究与思考

1. 思考摩拜和 ofo 的推广策略有何异同。

2. 结合 ofo 的发展历程，分析共享单车运营过程中的风险管理。

3. 比较共享单车和共享汽车在运营方面的异同。

4. 探究电子商务新模式在共享经济中的应用。

5. 分析共享汽车“P2P 模式”的优化发展策略。

6. 分析共享单车企业发展初期的技术方案是如何影响企业发展的。

7. 探究共享经济在人们生活中的其他应用形式，以及它们是如何影响人们生活的。

第8章　滴滴出行案例

案例导读

滴滴出行是全球最大的移动出行平台之一，滴滴出行提供的服务，使人们的日常出行更加便捷，同时优化了交通资源的配置，提高了交通资源的利用效率，为解决我国的交通、环保和就业等问题做出了贡献。

滴滴出行在发展过程中，先后上线了滴滴专车服务、滴滴快车服务和滴滴顺风车等不同定位的服务，此外还推出了滴滴代驾、滴滴公交和滴滴租车等业务。2017年2月28日滴滴出行发布了滴滴优享，旨在为乘客提供兼具舒适性与经济性的出行方案，进一步完善了其服务类型。

滴滴出行以用户为中心，不断提升服务品质和用户体验，以创建开放、高效、可持续的移动出行新生态。滴滴出行的战略目标是成为一个世界级的科技公司，推动和引领全球交通和汽车产业的变革；在出行平台的基础上，滴滴出行将朝着全球最大的汽车运营商和智能交通技术的引领者的方向前进。为了更好地支撑战略落地，聚焦资源协同发展，滴滴出行不断升级和优化内部组织结构，形成了两个事业群、一个智慧交通FT团队、多个事业部协同高效发展的独特架构。

电子商务的发展催生了基于共享的经济形态和经济概念，共享经济的发展也势必会产生新的消费观和消费文化。目前，共享经济是推动社会服务行业发展的一股重要力量，共享经济的模式对人们的生活观念已经产生了深远的影响。在我国共享经济的发展中，共享出行是引导者之一，而除了共享单车外，滴滴出行是我国共享出行的另一种重要实践。如今，共享已成为一种文化，给人们的日常生活带来了很多变化。

本案例将围绕滴滴出行所处的生态环境、产品发展与技术革新、发展战略及电子商务战略，探讨滴滴出行对共享经济的推动作用和对电子商务的影响，使电子商务朝着移动化、延展化和智能化的方向发展。

8.1 案例分析思路

滴滴出行是全球最大的一站式、多元化移动出行平台。滴滴出行如今已经在我国 400 余座城市开通了出租车电召、专车、快车、顺风车、代驾、试驾、公交、在线租车等出行服务，惠及近 3 亿用户。滴滴出行在共享经济中践行互联网创新战略，与行业伙伴和不同的社群进行协作互助，实现互利共赢。此外，滴滴出行与时俱进，不断利用新兴技术，如大数据驱动下的深度学习、人工智能等技术提高服务质量，在我国出行、环保和就业等领域发挥着重要作用。2016 年，滴滴出行入选《财富》杂志“2016 年改变世界的 50 家公司”榜单；同年，被《麻省理工科技评论》膺选为全球五十大创新企业之一。

移动互联网开放、自由、互动、共享的特点，使得滴滴出行与用户之间的信息交流更加便捷，信息更加透明。滴滴出行以用户需求为导向，通过移动定位连接司机与乘客，对闲置资源重新进行配置，缓解了人们出行难的问题。滴滴出行正是互联网环境下人们生活方式变革的一种体现，它通过

O2O 模式精准锁定共享经济这个广阔的市场，在当今互联网时代发挥着重要的作用。

中国互联网络信息中心发布的第 43 次《中国互联网络发展状况统计报告》显示，截至 2018 年 12 月，我国网民数达 8.29 亿，其中手机网民数达 8.17 亿。2017 年，滴滴出行完成的订单总量为 74.3 亿，用户数为 4.5 亿；截至 2018 年 3 月，滴滴出行的日单量为 2 600 万 ~ 2 700 万，成为仅次于淘宝网的全球第二大在线交易平台。滴滴出行改变了人们传统的出行方式，使打车用户有了更好的出行体验。

本案例首先分析了滴滴出行所处的生态环境，探讨共享经济的商业模式；其次，通过对滴滴出行产品发展与技术革新的介绍，展现"互联网 +"在电子商务中的运用，以及共享经济带来的新的电子商务文化；最后，通过对滴滴出行发展战略进行解读，探讨滴滴出行对电子商务发展的影响。

在共享经济的大背景下，滴滴出行所形成的共享文化对人们出行的影响越来越大，更多的人开始使用这种共享模式。本案例分析了传统出租车行业的运营模式，并将其与共享出行方式进行了比较，进而对滴滴出行的发展战略及其对电子商务的贡献和影响进行了分析。

图 8.1 所示的是本案例的分析过程。

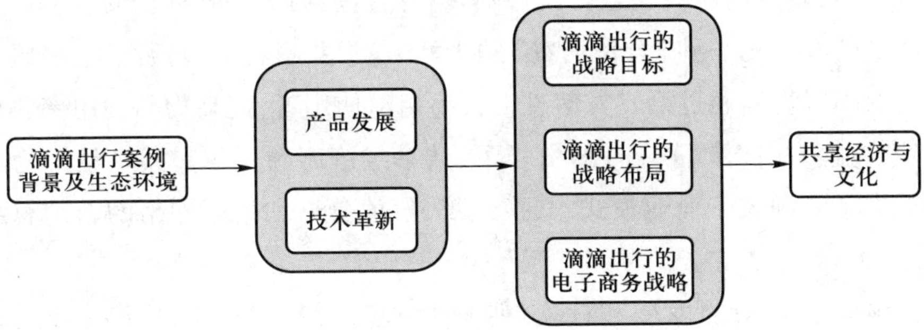

图 8.1 滴滴出行案例的分析过程

8.2 案例背景及生态环境

滴滴出行是随着科技进步和人们的出行需求不断增长而产生的,因此要了解滴滴出行,首先需要清楚它产生的背景,以及它所处的包括政策环境、经济环境、社会环境和技术环境在内的生态环境。

8.2.1 案例背景

随着信息技术,尤其是无线接入技术和移动互联网技术的快速发展,移动设备开始广泛应用,互联网产业呈现出“移动为先”的发展趋势。随着“互联网 +”的兴起,各个互联网企业为赢得市场先机在产品发展、技术革新、发展战略等方面展开了激烈的竞争。

与此同时,共享经济开始在全球兴起。共享经济是指基于互联网和移动支付,具有本地化、社交化等特性,通过线上平台对需求进行匹配,在线下进行交易,最后返回线上进行支付确认和消费反馈等一系列交易过程。共享经济的本质是一种“合作消费”的生活方式,共享者将包括汽车、房屋等在内的闲置物品通过第三方信息平台出租给使用者,提高物品利用率并且产生收益。在优步(Uber)的引领下,共享经济席卷全球。共享经济为人们提供了一种关于商业模式、交换经济、价值分享和社区网络的新的思维方式。

移动互联网的发展和社交网络的崛起,为基于线上线下融合的共享经济带来了前所未有的发展空间,可以说是 O2O 模式的最佳实践之一。O2O 电子商务是一种新型的电子商务模式,它将线下的商务活动与互联网相结合，让互联网成为线下交易的平台。O2O电子商务模式，使得庞大的信用体系以及与移动化的本地服务充分融合的新社交网络得以建立。

在上述背景下，滴滴出行应运而生。2012年北京小桔科技有限公司开发及推出了嘀嘀打车APP，并在北京上线。经过多次版本升级，2014年5月嘀嘀打车正式更名为滴滴打车，同年8月滴滴专车上线，开启了对商业化模式的探索。2015年2月，滴滴打车和快的打车成功进行战略合并，合并后其在出租车市场占有率高达99.8%，并陆续推出了快车、顺风车、代驾等业务。2015年9月，滴滴打车进行全面的品牌升级，更名为滴滴出行，明确要依托移动互联网技术构建庞大的出行生态。2016年8月，滴滴出行宣布与打车软件鼻祖Uber全球达成战略合作协议，滴滴出行收购Uber中国在全球的品牌、业务、数据等资产。滴滴出行从一个出租车打车软件，在短短几年时间迅速发展，变成了一家独角兽级别的互联网企业，其出行模式既提高了交通资源的利用率，又有效地解决了“人等车，车找人”的传统难题，实现了司机与乘客的双赢。

8.2.2 生态环境

前面介绍了滴滴出行的发展背景，接下来从政策环境、经济环境、社会环境和技术环境这几个方面分析滴滴出行所处的生态环境。

1. 政策环境

滴滴出行在相关政策的支持下迅速发展起来，但是也曾多次遭到相关部门的约束。2013年5月，深圳、北京相继多次叫停滴滴打车，之后政府开始规范打车市场。2014年7月，交通运输部印发《关于促进手机软件召车等出租汽车电召服务有序发展的通知》，指出手机软件召车能够为乘客提供高效便利的出行服务。2015年1月起，交通运输部颁布的《出租汽车经营服务管理规定》正式实施，该规定指出各地应当根据实际情况，发展出租汽车电召服务，建立完善的电召服务管理制度等。2015 年 10 月，在滴滴出行主办的“共享经济下的约租车（专车）模式上海创新和探索”论坛上，上海市交通委员会正式向滴滴出行专车平台颁发网络约租车平台经营资格许可。2016 年 3 月，国家发改委、中宣部、科技部等十部委联合出台了《关于促进绿色消费的指导意见》，明确指出支持发展共享经济，鼓励个人闲置资源有效利用，有序发展自有车辆租赁，创新监管方式，完善信用体系，这是国家首次发布针对共享经济的指导及鼓励措施，同时也在有意加强监管层面对创新模式的支持，并通过完善的信用体系助力创新模式的健康发展。共享租车模式迎来空前政策利好。同年，共享经济被首次写入国务院《政府工作报告》。2016 年 7 月，因为网约车导致的安全事故接连发生，引起了监管部门的重视，交通运输部、工业和信息化部等七部委联合发布《网络预约出租汽车经营服务管理暂行办法》，旨在更好地满足社会公众多样化的出行需求，促进出租汽车行业和互联网融合发展，规范网络预约出租汽车经营服务行为，保障运营安全和乘客合法权益。根据国家有关法律及行政法规的规定，滴滴出行对其服务做出了进一步的规范。2016 年 7 月，《国家信息化发展战略纲要》发布，强调要发展共享经济，建立网络化协同创新体系，共享经济成为国家信息化发展战略的重要组成部分。2017 年 3 月，国家信息中心分享经济研究中心与中国互联网协会分享经济工作委员会联合发布《中国分享经济发展报告 2017》，报告显示 2016 年我国共享经济市场交易额约为 34 520 亿元，比前一年增长 103%，贯彻共享经济精神的汽车共享模式等共享租车平台将成为推动经济发展的新动力。在这样的大背景下。2017 年 5 月，北京市交通委员会正式向滴滴出行颁发了网络预约出租汽车经营许可证。

2. 经济环境

在我国，共享经济为供给侧和需求侧改革提供了重要的途径和方法。

如图 8.2 所示，2013—2018 年我国的经济总量一直保持上升态势，规模很大。经济的发展使得人们的可支配收入提高，而随着人们可支配收入不断提高，人们对服务行业的要求也越来越高。在这种背景下，传统出租车与互联网相结合是必然趋势，电子商务成为出租车行业快速发展的引擎。用户需要更加舒适、便捷、安全的出租车服务，对打车软件的依赖性更大。

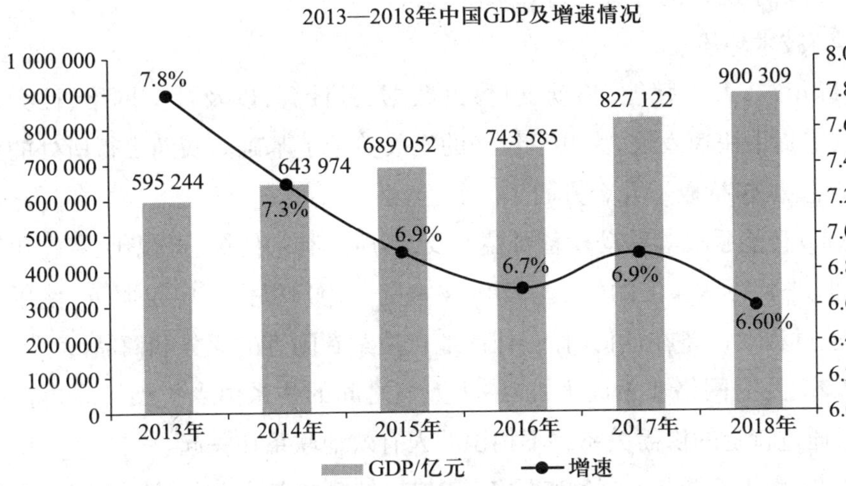

图 8.2 我国近年来国内生产总值和其增长率趋势

2014 年之后共享经济曾出现爆发式增长。国家信息中心发布的《中国共享经济发展年度报告（2019）》显示，2018 年我国共享经济市场交易额为 29 420 亿元，比前一年增长 41.6%；平台员工数为 598 万，比前一年增长 7.5%；共享经济参与者数量约为 7.6 亿，其中提供服务者数量约为 7 500 万，同比增长 7.1%。共享经济在推动服务业结构优化与快速发展，以及消费方式转型方面的新动能作用日益凸显。2015—2018 年，出行、住宿、餐饮等领域的共享经济新业态对行业增长的拉动作用分别为每年 1.6 个百分点、2.1 个百分点和 1.6 个百分点。目前，在市场选择、政策调控等因素的作用下，共享经济市场增速逐渐放缓，但是其增长模式更加合理，发展速度更加合理，互联网使共享经济更加高效。

3. 社会环境

这里的社会环境主要是指社会文化环境，它已经成为影响企业发展最复杂、最深刻、最重要的因素。在人们可支配收入大大提高的情况下，消费观念迅速朝着国际化、多样化的方向发展。在互联网时代，基于电子商务的服务已成为人们日常生活中必不可少的一部分。如今人们更加追求出行品质，使得共享出行的方式流行开来。

4. 技术环境

近年来，人工智能、移动支付、大数据、云计算，以及社交网络、社会征信、数字货币快速发展，为共享经济的发展奠定了基础。滴滴出行所处的技术环境主要包括以下几个方面。

（1）智能手机等移动设备日益普及，其所具有的便捷、可视化、智能化等特点促进了共享经济的发展。GPS 技术则为用户提供了定位服务，使用户可以通过移动设备在任何时间、任何地点搜索到附近的服务和商品。

（2）社交网络非常庞大，能够将人们之间的联系由点扩展到线再扩展到面，通过特定的供需关系将不相识的人有效地联系在一起。

（3）由于智能电子商务需要安全、快速、便捷的交易计价和支付系统，众多电子支付产品和数字货币应运而生，信用卡支付、支付宝、微信支付等支付方式被广泛应用，并且产生了更加便捷的支付入口，如 NFC、二维码、电子钱包等。

在这样的背景下，滴滴出行抓住发展契机，依托大数据、云计算、机器学习等新技术，凭借其资金、人才和管理实力，对产品进行变革，注重用户体验，成为共享经济时代的一个佼佼者。

8.3 产品发展与技术革新

近年来，滴滴出行始终保持着快速增长态势。究其原因，不仅仅是因为它有强大的资金支撑，更为关键的是滴滴出行能够坚持创新，不仅推出新产品，还不断对老产品进行更新换代，而且在技术研发和创新中投入大量的人力和物力，在相关领域拥有大量的专利。

8.3.1 产品发展

滴滴出行在短短几年内飞速发展，产品从单一的打车软件到如今的一站式多功能出行平台，滴滴出行不断革新，迅速掌握市场的主动权。

滴滴出行产品的发展趋势，为人们呈现出一幅基于用户定位及商业布局的产品发展蓝图。根据滴滴出行用户规模的增长情况，可以将滴滴出行的产品发展历程分为以下 4 个阶段。

1. 2012 年 9 月至 2014 年 1 月——探索积累期

在这一阶段，滴滴出行处于市场培育期和探索期，整体增长较为缓慢。滴滴出行根据用户体验和反馈不断对产品进行更新和迭代。一直到 2013 年年底，用户对滴滴出行产品功能方面的负面评论减少，用户 APP 下载曲线平缓上升。

2. 2014 年 2 月至 2014 年 9 月——加速增长期

在这一阶段，滴滴出行完成了产品发展的第一次突破和加速，用户数量开始显著上升。同时，滴滴出行在其 APP 2.0 版本中接入微信支付功能，配合市场运营为用户提供了大量红包补贴，用户规模迅速扩大，在其专车产品上线前安卓用户数已达 1 亿，一度位居同类产品下载量的榜首。

3. 2014 年 10 月至 2015 年 2 月——爆发式增长期

在这一阶段，滴滴出行在不到半年的时间内用户数量几乎翻了 5 倍，呈现出爆发式增长。同时，滴滴出行 APP 3.1 版本开放专车功能，并大力开展品牌营销活动，自此进入了质变期。

4. 2015 年 2 月至今——业务多元化发展期

在这一阶段，滴滴出行用户数量的增长速度有所放缓，其业务开始朝着多元化的方向发展，以推动用户数量的增长。2015 年 2 月，滴滴打车与快的打车合并，并相继推出了顺风车、代驾、快车、大巴等业务；至同年 11 月，其安卓用户数达 7 亿，在国内稳居同类产品的首位。

通过以上分析可以看出，滴滴出行产品发展的每个阶段都有明确的目标，这种产品发展方式使得滴滴出行得以快速发展。

8.3.2 技术革新

在信息技术快速发展的今天，滴滴出行顺应时代潮流，力求拓展技术边界，在大交通和智能汽车等新兴市场上建立领先地位。从滴滴出行推出的动态调价、拼搭合乘及基于用户行为分析的上车地点推荐功能不难发现，滴滴出行产品布局的核心是“数据”。滴滴出行总裁柳青曾说过，靠市场补贴过日子是不可持续的，数据和用户体验在未来更是滴滴的发力点。

滴滴研究院应运而生，作为滴滴出行的创新性研究机构，它的目标是将工程目标与先进技术结合起来，合理规划路线，提高交通资源的利用效率，缓解城市交通压力，为用户提供贴心并且智能的出行方案。目前，滴滴研究院已经在分布式计算、最优化理论、数据挖掘、人工智能、机器学习、计算机视觉等前沿研究方向取得了一定的成果，并且将研究目标与业务线紧密结合，使得研究成果能够快速应用到产品之中，在技术的支持下用户能够获得更好的出行体验。

滴滴研究院有诸多投入应用的研究成果。例如，智能分单技术通过学习司机和乘客的历史数据，建立接单概率模型，能够在分单时提高司机和乘客的匹配度，在保障用户良好出行体验的基础上，使交通运输效率最优化；拼车技术通过高效的拼车订单实时匹配算法，在不断提高拼车模型准确率的同时，优化乘客的拼车体验，提升服务效率；ETA（estimated time of arrival，预计到达时间）技术是解决订单高效匹配和司机运力调度的关键技术，它利用海量的历史数据，对未来路况进行预测，实现最佳的路径规划，大幅度提升了到达时间预估的准确率；运力调度技术基于供需预测结果，大规模有序调动全城所有可用运力，实现资源最优化分配，力求解决正在发生的以及潜在供需失衡状况,在提升平台效率的同时最大化利用交通运力,缓解城市拥堵。

案例小结

本部分首先介绍了滴滴出行产生和发展的背景,并围绕着政策环境、经济环境、社会环境和技术环境阐述和分析了滴滴出行所处的生态环境。在政策环境方面,政策的支持和规范为电子商务与出租车行业的结合打下了基础。在经济环境方面,我国经济的发展为滴滴出行营造了良好的发展氛围。在社会环境方面,互联网的发展促进了共享出行方式的流行。在技术环境方面,人工智能、移动支付、大数据、云计算等技术的快速发展为共享出行提供了技术支持。

接着,本部分介绍了滴滴出行的产品发展与技术革新。本案例将滴滴出行的产品发展分为4个阶段,分别为探索积累期、加速增长期、爆发式增长期和业务多元化发展期,并对每个阶段的发展情况做了分析。滴滴出行之所以能够快速发展壮大,原因之一就是滴滴出行能够始终把握用户和市场的需求,目标明确,而且一直坚持产品创新,将前沿技术运用到产品之中。

8.4 滴滴出行的发展战略分析

8.4.1 滴滴出行的战略目标

2016年,滴滴出行在各个垂直领域呈突破式发展态势,成为全球最大的一站式出行平台。但是此时共享出行的大幕才刚刚拉开。对于未来,滴滴出行的目标是:要成为一个世界级的科技公司,推动和引领全球交通和汽车产业的变革；在出行平台的基础上，滴滴出行将朝着全球最大汽车运营商和智能交通技术的引领者的方向前进。

8.4.2 滴滴出行的战略布局

2017年，滴滴出行提出了五大战略关键词：修炼内功、智慧交通、专车决胜、全球布局和洪流落地。

第一，修炼内功。滴滴出行是被资本催熟的行业，是早熟的。为了避免早衰，必须尽早摆脱对资本的依赖。滴滴出行对内要夯实发展的政策环境、品牌形象及组织架构。滴滴出行在2017年着重考虑如何在没有外在资金支持的情况下生存。在这样的背景下，滴滴出行十分重视成本结构，逐步实现了盈利。滴滴出行修炼内功，实际上也是对自身的电子商务模式的优化升级。

第二，智慧交通。智慧交通是指滴滴出行与各个地方政府协作共同打造的智慧交通体系，这一体系能够在大数据的支持下，让整个城市的交通脉络更加通畅，用户体验更好。另外，滴滴出行积极落实国家的相关政策，为打造智慧城市做出贡献。目前，滴滴出行已经向各地的交通管理部门免费开放“滴滴交通信息平台”，即相关部门在通过滴滴出行授权之后，可以查看当地的交通运行指数、实时路况等，有利于提高城市的交通管理水平。也可以将滴滴出行的智慧交通战略，理解为一种针对司机和乘客的电子商务推荐系统。具体来说，是指滴滴出行通过推荐算法将乘客的订单推送给司机，司机在获得推送的订单的同时获得滴滴出行推荐的规划路线，这样大幅度提高了交通运行效率，有利于缓解交通压力。

第三，专车决胜。滴滴出行大力发展专车服务，目前在国内专车市场上占据着很大的份额。滴滴出行的竞争对手有神州专车、首汽约车等，这些企业的优势在于专车服务，因此滴滴出行将专车作为重点发力的业务之一。专车决胜战略同时也意味着滴滴出行开始重新审视自身所提供的电子商务服务的品质，以为用户带来更好的体验和保障。

第四,全球布局。全球布局是指滴滴出行坚持走全球化的道路。滴滴出行在合并 Uber 中国之后整体估值上涨 60 亿美元。全球布局旨在拓宽滴滴出行的电子商务市场,即在中国网民的基础上,吸纳世界各地的网民成为其服务对象,该战略一直被视为滴滴出行的重要战略。

第五,洪流落地。滴滴出行要成为全球最大的汽车运营商,就要沉淀汽车资产管理及运营能力,推动洪流战略落地,汇聚所有力量以全面发展。

为了更好地支撑这五大战略落地,聚集资源协同发展,滴滴出行调整了内部组织结构,如图 8.3 所示。滴滴出行内部形成了两个事业群、一个智慧交通 FT(feature team)团队、多个事业部协同高效发展的独特架构。

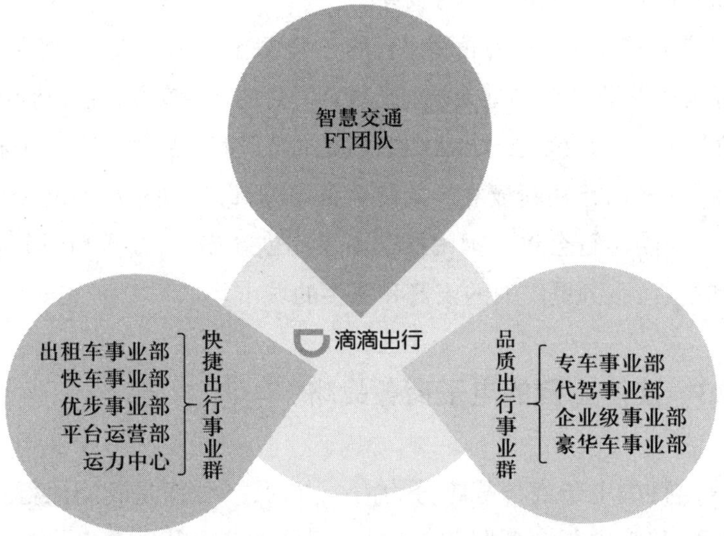

图 8.3 滴滴出行调整后的内部主要组织结构

快捷出行事业群,下设出租车事业部、快车事业部、优步事业部、平台运营部和运力中心。在发展过程中,滴滴出租车、快车、优步三大业务全方位融合,关注乘客出行安全和体验,建立健康的司机生态,不断提高交通效率,为全社会提供安全、快捷、高性价比、可信赖的出行服务。在持续利用技术手段提高出租车运营效率、减少空驶、提高出租车司机收入的同时,滴滴出行也在加速推进出租车和网约车的多元化融合。快捷出行事业群还投入了更多的资源为传统出租车企业提供转型升级及更深层次融合发展的解决方案，进一步加速了出租车、网约车两种业态的融合发展进程。

品质出行事业群，下设专车事业部、代驾事业部、企业级事业部、豪华车事业部。在发展中，滴滴出行一直致力于打造服务品牌，该事业群以“打造世界级的品质出行服务”为目标，为滴滴出行注入服务基因，以使滴滴出行成为世界领先的优质服务平台。未来，滴滴出行将可以满足用户的多样化需求，除了为用户提供优质的车内环境、训练有素的司机以及标准化的服务外，还将为用户提供个性化的定制化服务。同时也让司机真正感受到职业的尊严，进而为乘客提供更好的服务。

智慧交通 FT 团队，作为滴滴出行的五大战略之一，下设公交事业部（原巴士事业部）。该团队不断与地方政府协作共同打造智慧交通体系，利用大数据助力城市交通治理，为成为全球最大的智慧交通综合服务提供商这一目标而努力。

此外，滴滴出行还新成立了国际业务事业部，启动实质性的全球业务拓展。未来，滴滴出行会将在国内探索出来的创新产品、技术和服务向全球市场输出和推广，服务更广大的人群和更多的城市。

8.4.3　滴滴出行的电子商务战略

滴滴出行的电子商务战略分为两个方面，一方面是滴滴出行打车服务等所依赖的移动电子商务服务，另一方面是滴滴出行针对自身的用户群展开的与汽车相关的传统电子商务服务。

在移动电子商务服务方面，在介绍滴滴出行的战略布局时，曾提到其修炼内功、智慧交通、专车决胜、全球布局和洪流落地这五大战略。其中，修炼内功实际上就是滴滴出行对自身的电子商务模式进行优化升级，以提高自身的盈利能力，摆脱对资本的依赖；而为了实现智慧交通这一战略目标，滴滴出行则需要一个功能强大的电子商务推荐系统，通过该推荐系统来对乘客和司机进行匹配,再进一步对路线进行规划和推荐;而专车决胜则是关于电子商务中所出现的用户对服务质量不满意问题的有效解决方案,可以有力地保障其服务质量,这实际上是对滴滴出行所提供的移动电子商务服务品质的升级;全球布局则旨在拓展滴滴出行O2O电子商务模式的服务群体,以使更多的乘客和司机加入其中。而最终的洪流落地,从电子商务的角度分析,则是对滴滴出行电子商务模式的细化和落实。由此可见,也可以将滴滴出行提出的五大战略,理解为其电子商务战略。

除了移动电子商务服务之外,滴滴出行还凭借着自身在移动电子商务服务中积累的经验、口碑、资本以及广大的用户群体,涉猎传统的电子商务服务。滴滴出行在传统电子商务方面的布局可以追溯到2015年,在当年的“双十二”网购热潮期间,滴滴出行开展了售车活动,向终端用户卖车,购车用户还可以享受高额试驾返现,以此强化厂商和车主的连接,这也是滴滴出行试驾车业务的延伸。因为该活动反响很好,滴滴出行在2016年年初上线了汽车电子商务平台,但是由于该平台的销售模式与其他汽车电子商务平台没有什么差别,而且不够重视用户的消费体验,因此其诞生不到一年便夭折了。之后,滴滴出行选择了发展与其出行业务更为契合的电子商务服务。

因此,滴滴出行的电子商务战略是在发展和升级既有移动电子商务服务的基础上,利用其资本、经验、口碑以及用户优势,不断拓展新的电子商务业务。

案例小结

本部分首先从战略目标和战略布局两个方面分析了滴滴出行的发展战略,其中着重探讨了滴滴出行的战略布局。在战略布局方面,本部分逐一分析了其修炼内功、智慧交通、专车决胜、全球布局、洪流落地这五大战略,以及滴滴出行为实现这些战略所采取的措施。滴滴出行所确立的战略目标以及相应的措施更好地适应了移动互联网时代用户的需求。如何进一步提高市场份额,夯实政策环境,塑造良好的品牌形象,并与地方政府协作共同打造智慧交通体系是滴滴出行当前发展的关键。除此之外,开拓国外市场,实现滴滴出行的全球化发展,也是滴滴出行的重要战略。

在讨论滴滴出行的战略目标和战略布局之外,该部分还解读了滴滴出行的电子商务战略。在大力发展以打车服务为主的移动电子商务的基础上,滴滴出行还利用自身的优势,在传统电子商务方面有所作为。

8.5 共享经济与文化

滴滴出行推动了共享出行在我国的发展。共享出行有助于解决我国交通、环保、就业等相关问题,有利于交通资源的合理配置,从而创造了更多的社会价值。滴滴出行发布的《2016年度企业公民报告》显示,2016年滴滴出行为全社会创造了1 750.9万个灵活就业和收入机会,其中238.4万个机会来自去产能行业;滴滴出行平台每天直接为207.2万名司机提供人均超过160元的收入;另外,报告显示滴滴顺风车和专快车全年直接或间接减少了144.3万吨二氧化碳排放,有助于空气质量的改善。

共享出行引领了我国共享经济的发展,共享经济已成为推动服务行业发展的一股重要力量,深深地影响着人们的生活观念。共享已成为一种文化,正在改变着人们的生活方式。目前,共享经济已渗透到单车、房屋、餐饮、物流、金融、教育、家政等各行各业。

共享单车在2016年风靡全国。正如前面介绍的,由于共享单车符合低碳出行的理念,又能解决人们"最后一公里"的出行问题,受到了政府的大力支持。但是共享单车所产生的被随意丢放妨碍道路交通、被随意毁坏造成资源浪费、被个人私用等问题,使其在发展的同时也面临着考验。

共享住宿目前发展平稳，但未来的市场潜力巨大。旅游业快速发展带动了人们对住宿的需求，尤其近年来，以家庭、朋友乃至“驴友”为团队组合出游的模式成为新的潮流，这些出行者对住宿的需求也是更加多样化和个性化。与酒店相比，越来越多的房东愿意分享自己的时间、技能、知识、生活经验，以为用户提供深层次的社交体验。此外，共享平台也为出行者提供了交流社区，以实现知识共享和经验交流，促进人与人之间良好关系的形成，有利于和谐社会的构建。

共享物流是指通过共享物流资源实现整个物流体系的资源优化配置，提高物流系统的效率，降低物流成本，并推动整个物流系统的变革。共享物流目前主要是指全民快递服务，即个人利用空闲时间，进行快递配送，也是一种新的生活体验。

共享金融是指以信息技术为支撑，公众平等、有偿地共享一切社会资源，彼此以不同的方式进行付出和获得收益，共同分享经济红利。共享金融是去中介化的过程，其典型模式是 P2P 网络借贷形式和互联网众筹形式。随着我国互联网金融相关政策的出台、监管的加强，以及市场竞争的演化，共享金融将面临严峻的挑战。

8.6 启示与总结

本案例通过介绍和分析滴滴出行所处的生态环境、产品发展与技术革新、发展战略，折射出滴滴出行对电子商务产生的重要影响。

第一，滴滴出行推动了我国共享经济的发展。共享经济这种新兴的商业模式改变了人们的消费观念，优化了社会资源配置，同时建立了新的信用经济体系及人际关系。发展基于共享经济的电子商务，将使电子商务更有活力。

第二，滴滴出行提供的服务主要采用基于移动端的 O2O 电子商务模式，推动了我国电子商务朝着移动化的方向发展,即更多的电子商务交易是通过手机等移动端来完成的。

第三,滴滴出行使得互联网与传统出租车行业融合起来,体现了电子商务的延展化发展趋势,即越来越多的传统企业引入电子商务运作,同时越来越多的电子商务企业向传统行业进军。在国家“大众创新,万众创业”的号召下,越来越多的传统行业向互联网转型,电子商务将向更多的领域延展。

第四,滴滴出行利用大数据、人工智能等技术发展智慧交通,体现了电子商务的智能化发展趋势,即电子商务基于大数据、人工智能等技术对用户、物流等信息进行分析、优化和重新配置,进一步促进智能仓库管理和配送管理,以及人工智能机器人、人工智能客服等的发展。

第五,在滴滴出行发展过程中,既有政府的政策支持和鼓励,又有政府的管理和约束,体现了电子商务的规范化和法制化发展趋势,即随着电子商务的发展,国家将出台更多的相关政策法规,完善电子商务法律法规体系。与电子商务市场的发展相比,电子商务的法律法规体系还有不完备的地方,电子商务立法也是一个不断发展的过程。电子商务立法将影响电子商务的发展,电子商务的发展同样也影响电子商务法律法规的制定和完善。

综上所述,滴滴出行的发展,对我国电子商务的发展有着重要的影响,也推动了我国共享经济的发展。

案例总结

本案例首先介绍了滴滴出行的产生背景及其所处的生态环境。滴滴出行是涵盖出租车、专车、快车、顺风车、代驾及大巴等多项业务的一站式出行平台,滴滴出行的发展改变了人们传统的出行方式,提高了人们的出行效率,改善了人们的出行体验。之后,本案例从产品和技术的角度对滴滴出行的发展进行了解读。滴滴出行之所以能够保持不断增长的发展态势,最重要的原因是滴滴出行坚持技术创新,不断完善其服务产品,提高其服务品质。接着,本案例从滴滴出行的战略目标、战略布局和电子商务战略三个方面对滴滴出行的发展战略进行了探讨,着重分析了其五大战略。最后,从共享经济和文化层面分析了滴滴出行的价值,以及共享经济和文化对人们日常生活的影响。

总的来说,本案例思路清晰,视角独特,富有启发性。本案例还运用了相关图表来说明案例背景和滴滴出行产品的发展历程,并采用由小见大的分析方法,从滴滴出行的战略目标讲到其电子商务战略,从对滴滴出行的讨论延伸到共享经济对电子商务和人们社会生活的影响。

8.7 研究与思考

1. 思考滴滴出行收购 Uber 中国的原因。

2. 滴滴出行在发展过程中曾暴露出不少问题,它采取了哪些措施对这些问题加以解决?试从电子商务的角度进行分析。

3. 滴滴出行依靠其本身庞大的用户群体,建立了汽车电子商务平台,为什么没有成功?试从电子商务的角度进行分析。

4. 分析滴滴出行有哪些优势和劣势,如果你要建立一家打车服务公司,你会从哪些角度来超越滴滴出行。

5. 思考滴滴出行有哪些核心的竞争力,其所采用的电子商务模式与其他打车服务企业相比有何不同。

6. 共享经济的发展改变了人们的生活,同时也带来了一些挑战,思考应该如何面对这些挑战。

7. 思考技术革新和市场营销在企业发展中的地位和对企业发展的影响。

第 9 章　O2O 租车案例

案例导读

“互联网 +”使人们在日常生活中有了多样化的选择，也改变着人们的行为方式。O2O 租车就是“互联网 +”带来的变化之一，它作为一种灵活的出行方式被越来越多的人所接受。

2013 年，O2O 租车模式开始兴起，这种模式减少了社会中的汽车总量，实现了“小资源”的“大统筹”“大配置”；物尽其用，以双方互利的方式开启了租车模式的变革。

O2O 租车颠覆了传统汽车租赁行业人工下单、人工预约、人工调度的模式，使用户租赁汽车更加快捷、方便，对传统租车行业产生了极大的冲击。

本案例将围绕着商业模式和发展现状对 O2O 租车模式进行分析，并进一步探讨 O2O 租车的发展策略，总结 O2O 租车与电子商务的联系及其对电子商务的影响。

9.1 案例分析思路

随着共享经济理念的发展,O2O 租车成为市场上最活跃和最富有生机的创新力量之一。

在传统的租车模式中,租车公司自行够买车辆并建立线下门店提供租车服务,其营业收入主要来自租车业务收入及二手车销售收入。这种租车模式属于重资产模式,企业业绩的提升高度依赖其车辆规模的扩张,而车辆规模的扩张无疑需要投入大量资本,因此传统的租车模式对融资贷款的需求很大。此外,还有一种基于 P2P 模式的租车服务。在这种模式中,租车平台将私家车主的闲置车辆和租车者的用车需求连接起来。私家车主可以在租车平台上将自己的车辆标价出租,租车者可以搜索查找距离自己最近的待租车辆并向其车主发出请求。P2P 租车模式的优点是轻资产,盈利空间大,扩张性强,但 P2P 租车模式存在的问题也很明显。如何保证下单的成功率和服务的标准化,是 P2P 租车模式进一步发展需要解决的问题。由于上述租车模式存在一些不足,O2O 租车模式逐渐进入人们的视野。O2O 租车模式让线上线下紧密结合起来,租车者通过线上(包括网站和手机客户端)进行咨询、预订,通过线下实体店实现取车、还车等。在 O2O 模式中,租车者可以在任何时间通过网络预订车辆,也可以根据自己的出行需要,选择取车和还车地点,这不仅节约了人力成本,还提高了租车服务效率,改善了租车者的租车体验。

本案例的分析过程如图 9.1 所示。

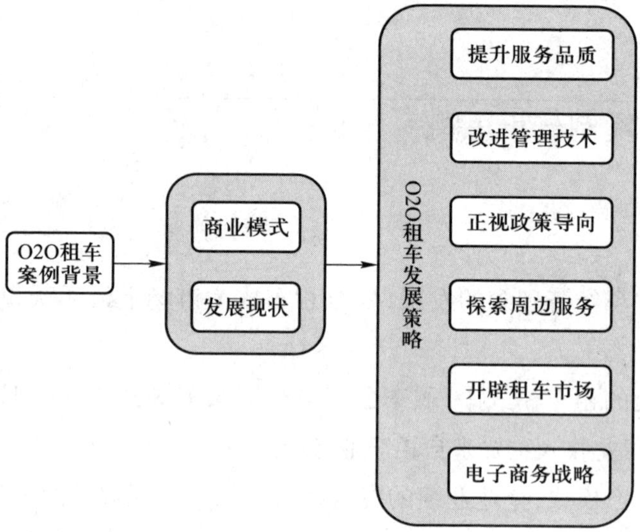

图9.1 O2O租车案例的分析过程

9.2 案例背景

随着经济的发展、生活品质的提高，人们对出行的要求越来越高，出行的方式也更加多元化。而传统租车模式和P2P租车模式存在不足，无法满足人们日益增长的出行需求。在这种背景下，O2O租车作为一种新型的租车模式应运而生。O2O租车能够充分利用已有资源，更好地满足人们的出行需求。一些传统租车公司也开始向O2O租车模式转型。

O2O模式一方面充分利用互联网所具有的跨地域、无边界、海量信息、海量用户等优势；另一方面充分挖掘线下资源，促进线上用户与线下商品或服务的交易。对于消费者来说，O2O模式提供了丰富、全面的商家信息,使消费者可以便捷地筛选并购买到合适的商品或服务。对于商家来说,O2O 模式方便商家了解消费者的购物信息,使其可以精准营销,更好地维护和拓展客户。对于服务提供商来说,O2O 模式可以为其带来大量高黏度的消费者,进而为其带来更多的商家资源,达到多赢的结果。

企鹅智酷在 2014 年移动互联网年度报告中发布了消费者对 O2O 模式下高档商务租车的看法,如图 9.2 所示。

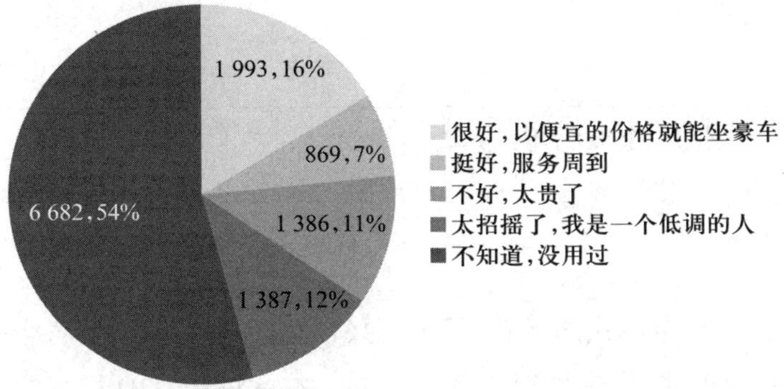

图 9.2 消费者对 O2O 模式下高档商务租车的看法

案例小结

本部分对 O2O 租车产生的背景进行了介绍,一方面介绍了以往租车模式存在的一些不足,另一方面介绍了通过 O2O 模式来提供租车服务的优点,并结合图表说明用户对 O2O 租车服务的相关看法。

O2O 租车作为一种新的租车模式,与其他租车模式有许多不同。传统的租车模式“重资产”,依赖租车规模的扩大,而租车规模的扩大则需要大量的资金投入;此外,租车和还车的方式也很不方便,用户体验不佳。P2P 租车模式虽然利用了互联网技术,弥补了传统租车模式的一些不足,有轻资产、盈利空间大、扩张性强等优点，但是 P2P 模式的特点导致产生了新的问题，这种租车模式仅仅提供了一个租车平台，缺乏技术和服务质量的保证。O2O 租车模式结合了传统租车模式和 P2P 租车模式各自的优点，并且在一定程度上弥补了两者的不足。该租车模式借助互联网，利用算法高效分配出行资源，大大提升了用户租车的效率。O2O 租车平台起着监管和统筹的作用，只要有符合要求的车辆即可加入租车团队，改善传统租车模式重资产的问题，同时在平台的监管下服务品质也得到了保障。

9.3　O2O 租车分析

随着 O2O 租车模式的兴起，很多新兴企业投入这一领域，各个企业采用了不同的商业模式，发展情况也各不相同。本章将从 O2O 租车的商业模式和发展现状出发，对其进行分析。

9.3.1　商业模式

在基于 O2O 模式的商品交易中，消费者在线上确认交易信息并完成支付，商家在线下向消费者提供服务，这种模式既具有电子商务的优点，又具有传统交易的优点，既方便了消费者，又拓展了商家的业务。图 9.3 所示的是 O2O 模式中各个成员之间的关系。

O2O 模式之所以能够快速发展，主要原因有以下 4 个：一是线上支付和移动通信技术的发展；二是线下交易成本的提高和线上交易成本的降低；三是线上企业向实体企业扩展的趋势；四是消费者对线上线下服务的需求。

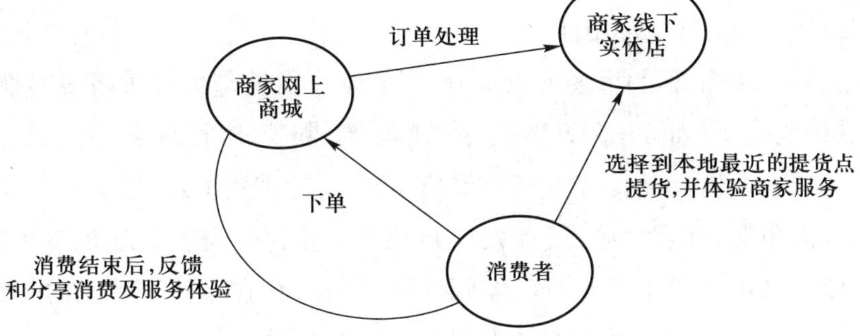

图 9.3 O2O 模式中各个成员之间的关系

9.3.2 发展现状

网络租车平台是近年来出现的依托互联网的新型租车服务平台,这类平台利用所收集的数据进行信息共享,实现资源整合。网络租车平台通过和汽车租赁企业开展合作,整合线下资源,充当信息媒介,为消费双方提供服务,从中获取利润。

下面以易到用车网为例进行介绍。易到用车网是 2010 年由北京东方车云信息技术有限公司建立的,它并非传统意义上交通管理部门管辖的汽车租赁企业。易到用车网的合作对象主要是中小型汽车租赁企业,因为这类企业规模小,客户量小,希望能够通过互联网推广自己的服务,因此易到用车网能在短时间内就成功地签约几十家汽车租赁公司。

易到用车网主要提供配备司机的租车服务,但其本身并不招募司机,而是通过劳务公司派遣,或者将私家车主挂靠到汽车租赁公司名下的方式,提供司机服务。司机配备了易到用车网的终端设备之后,就可以根据自己的时间决定何时为有需求的用户提供服务。另外,需要注意的是,易到用车网的司机为用户提供服务时通常不收取现金,而是由易到用车网在通过统一的支付平台收取劳务费之后,再和司机、当地汽车租赁企业进行利润分配。

从 2013 年起，一些线上汽车租赁企业相继推出了 O2O 租车应用软件，其中包括一号专车、AA 出行等。

虽然 O2O 租车的市场前景美好，但其未来发展却面临着诸多困难。第一，受相关政策（如“三限政策”，即汽车限购、限牌、限行政策）的限制，一些 O2O 租车平台选择与传统汽车租赁公司合作，这使得 O2O 租车平台未来转型的压力和阻力很大；第二，有关 O2O 租车的监管办法还不完善，对 O2O 租车的监管高度依靠平台本身的监管体系；第三，存在运营不规范的问题，如准入门槛不高，租车信息真伪难辨，用户维护困难等。

毋庸置疑，O2O 租车满足了租车市场多样化、高品质、差异性的需求，有效地缓解了人们出行难等问题。作为一个新生事物，需要用更好、更加规范的监管方式来管理和鼓励 O2O 租车的发展，以更好地满足用户的需要。

案例小结

本部分对 O2O 租车的商业模式和发展现状做了进一步的介绍，分析了 O2O 租车商业模式的优势，探讨了 O2O 租车在未来发展中需要解决的问题。

O2O 模式作为一种新型的消费模式开始获得大众的认可，这种模式可以将线上和线下有机地结合起来，用户主要在线上完成诸如选购商品、下单、支付、退货退款等操作，而在线下几乎不需要进行任何操作。在线上进行操作方便了用户，而且拓宽了用户的消费视野，保障了用户的消费安全，也确保了在线下进行的物流业务可以顺利进行，从而降低了成本，提高了效率。而 O2O 租车正是利用了 O2O 模式的这一优势，使得用户可以通过网络随时随地租借到合适的车辆，非常便捷。

不过 O2O 租车的发展还面临着一些困难，如受相关政策的限制、监管办法不完善、运营不规范等，这就需要各方共同努力，使 O2O 租车得到良好的发展。

9.4 O2O 租车发展策略

O2O 模式为租车市场注入了新的活力，基于 O2O 模式的租车企业也获得了快速的发展，体现出新技术与传统商业结合的巨大优势。不过，O2O 租车想要保持快速发展，还需要做到以下几点。

9.4.1 提升服务品质

租车行业是一个同质化比较严重的服务，O2O 租车行业也是如此。在这种情况下，补贴成为很多 O2O 租车企业进行市场竞争的手段，其中易到用车网、一号专车和滴滴专车等都曾为用户发送过高达 100 元的红包。但是仅靠补贴大战而不能提高企业的核心竞争力，则最终的结果会是没有赢家。因此，补贴大战只能是暂时的，O2O 租车服务的目标用户是对服务敏感而对价格不太敏感的人群，这就要求 O2O 租车企业通过多种方式来提升服务品质，增强用户黏度。具体而言，O2O 租车企业一方面要做到标准化与个性化，其中标准化意味着服务品质可控，以及更高的效率，个性化则有利于企业和用户之间形成弹性的社交化服务关系；另一方面是要做精和做广，即 O2O 租车企业先以一些城市为试点，对用户体验进行优化，完善运营模式，然后再向更多的城市甚至国际市场扩展，不断地发展壮大，提高盈利能力。

9.4.2 改进车辆管理技术

如果只是简单地用线上租车的方式取代传统的线下租车方式，还不能算是 O2O 租车。互联网对传统车辆租赁方式的颠覆，主要是对车辆管理技术的改革与创新。以优步为例。优步开发的算法，可以既使其在城市道路上行驶的车辆最少，又使车辆能在最短的时间内到达用户所在地。高效的管理技术既可以为 O2O 租车企业吸引更多的用户，又可以使其更加高效地利用闲置车辆，提高服务品质。

在 O2O 租车所采用的车辆管理技术中，推荐算法主要用于车辆部署，利用推荐算法，可以为车辆提供最佳的服务区域，也可以为用户推荐最佳的服务车辆。对线下沉淀数据进行数据挖掘则是提升 O2O 租车运营效率的一个重要举措。通过对用户用车地点、行车路线等数据进行聚合，可以提高车辆的使用效率。而车辆调配算法则可以根据数据分析的结果调配和安排车辆，提高目标用户的转化率。可见，O2O 租车企业只有不断进行技术升级与创新，才能在竞争中保持优势。

9.4.3 正视政策导向

车辆安全一直是决定 O2O 租车是否能健康发展的重要因素。2015 年 1 月，国家开始出台政策对私家车专车服务进行限制，这使得 O2O 租车的发展受到冲击，一些 O2O 租车平台的私家车供给大幅减少，但这也让传统租车企业成为 O2O 租车企业的“宠儿”。传统租车企业有着多年的车辆租赁经验和大量有营运性质牌照的车辆，O2O 租车企业和它们合作，可以借助其丰富的车辆资源与完善的管理体系来提高自身运营的安全性与规范性。2015 年 3 月 16 日，合并后的滴滴快的发布了《互联网专车服务管理及乘客安全保障标准》，提出了互联网租车行业的安全管理标准，同时使租车服务做到事前严格准入、事中实时监控、事后全程可追溯。通过互联网和 GPS 等技术，O2O 租车企业可以对服务车辆的服务路线、服务态度、驾驶员连续工作时长进行全面实时监管。此外，该标准还明确了先行赔付保障机制，以解除用户的后顾之忧。

政策旨在促使 O2O 租车企业不断地完善运营和管理模式,更好地为用户服务。O2O 租车企业要正视政策导向,遵循相关的标准和规范,更好、更健康地发展。

9.4.4　拓展周边服务

O2O 租车企业除了可以为用户提供出行服务外,还可以为用户提供汽车试驾、二手车交易、代驾等汽车周边服务。例如,优步涉足了搬家、送餐、送货等多个领域;易到用车网与河狸家合作推出上门美甲服务,与海尔旗下的融资租赁公司合作为租赁公司提供汽车融资租赁服务等;滴滴出行也在开拓智能公交、同城配送等出行相关业务;神州租车则开拓了二手车 O2O 交易业务,而且该业务成为其重要的盈利增长点。可以预见的是,O2O 租车企业会对租车服务与产业链中的其他服务进行整合,这种整合不仅能使租车行业的上游供应商和下游客户进行有效的信息协同,还能使租车行业的盈利模式得到进一步完善。

9.4.5　开辟租车市场

O2O 租车企业要想得到进一步的发展,开辟租车市场是一种有效的方法,而境外租车市场则是一个非常有潜力的租车市场。

2017 年 2 月 27 日,租租车联合 Analysys 易观发布了《中国互联网境外租车行业白皮书 2017》。该报告基于我国境外自驾用户的大数据,深入解读了我国当前的互联网境外租车市场,对我国互联网境外租车行业的发展背景、行业现状及发展趋势进行了研究,对境外租车用户的兴趣偏好及用户画像进行了分析,展现了境外租车行业在消费升级趋势下的新发展。

该报告指出,2016 年上半年我国居民人均可支配收入为 11 886 元,居民消费能力提升,消费结构升级,正在由生存型消费向发展型、享受型消费转型,更加注重生活质量的提升。而近年来我国出境游客境外消费总额持续高位增长，2015 年增长率达 30.5%，出境游客境外消费总额居世界第一，远超世界上其他主要客源国家境外消费总额。2016 年我国出境旅游达 1.22 亿人次，比前一年增长 500 万人次，未来 5 年，我国出境游人次预计达 7 亿人次，出境游将成为更多人的度假选择，出境游人数的增长将使出境自驾游市场健康稳定地发展。

随着出境旅游人数的增加，以及人们自我意识的提高，越来越多的人不再将旅行团作为出行方式，他们考虑的重点是在外旅游的便捷性，因此境外自驾游成为不错的选择。

目前，境外自驾游通常有两种方式，一种是用户与旅游企业联系，旅游企业作为代理和租车企业联系，另一种是用户直接与租车企业进行租车交易。这两种方式也与 O2O 租车企业在境外租车市场的两大发展方向相对应：O2O 企业一方面要加强与旅游企业的合作，从旅游企业那里获得用户，另一方面还要针对个体用户提供量身打造的租车服务。不过，由于国内外交通法规存在差异，汽车牌照、驾驶员驾驶资格不能通用等，还存在着许多制约境外自驾游发展的因素，需要租车服务采取积极的应对措施，充分激发市场活力。

9.4.6 电子商务战略

电子商务战略主要包含两个方面：一个是提高电子商务服务质量，另一个是对电子商务模式进行优化和升级。其中，提高电子商务服务的质量可以分为质和量两部分。“质”，顾名思义，就是指电子商务服务的品质，而提高电子商务服务品质的方式有很多，包括进一步规范电子商务的服务标准、加强对服务质量的监督。对于 O2O 租车而言，首先要提高 O2O 租车的服务品质，具体来说，O2O 租车企业要对 O2O 租车的服务车辆及驾驶员进行严格挑选，同时要加强对服务质量的监管，避免因为服务质量问题而影响用户体验。此外,还可以利用智能交通技术提升服务品质。“量”,就是指电子商务服务的种类和数量。扩大电子商务服务的种类和数量也有多种方式:第一,可以拓展电子商务服务的内容,增加服务项目。例如,在O2O租车行业,利用闲置的待租车辆开展代驾、打车等服务,使车辆资源得到最大化利用;第二,可以开辟新的电子商务市场,如境外市场,扩大服务人群。

而要对电子商务模式进行优化和升级,首先就要整合已有资源,提高现有电子商务系统的运行效率,其次要与时俱进,不断对电子商务模式进行更新换代。O2O租车本身就是对电子商务模式优化和升级的有力诠释,O2O租车正是传统电子商务模式变革的结果,而O2O租车模式的出现也带动了租车行业的发展。

9.5 启示与总结

O2O租车是时代快速发展和人们快节奏生活的产物,它将线上和线下巧妙地结合起来,极大地方便了人们的生活。O2O租车充分利用互联网的优势,将租车过程的主要环节放在线上进行。这些环节如果完全由人工处理不仅效率低,而且错误率高,但如果利用互联网和计算机进行处理,则可以大大提高效率,降低企业的经营成本,同时也保证了服务质量。

O2O租车有着与传统电子商务相似的经营理念以及服务宗旨,即以用户为中心,为用户提供高质量的服务,可以说O2O租车是电子商务在新时代的产物。

案例总结

本案例首先介绍了O2O租车产生的背景。传统租车模式属于重资产,便捷性不足,也不利于企业扩大规模;P2P模式租车虽然属于轻资产,但是依然不够便捷,同时服务品质缺乏保障,而O2O租车则弥补了上述租车模式的这些缺点,并得到了快速发展。其次,本案例对O2O租车的商业模式和发展现状进行了研究。O2O租车是一种在线上达成交易、在线下获取服务的模式,基于O2O模式的租车服务,提高了租车的便捷性,但是还存在着对租车服务管理不足的问题。最后,分析了O2O租车企业的发展战略。O2O租车企业需要从服务品质、车辆管理技术、政策导向、周边服务、租车市场和电子商务战略等方面,推动O2O租车行业的发展。

O2O租车脱胎于O2O电子商务,是电子商务在新时代下的产物,O2O租车的发展也会推动电子商务的不断进步。

9.6 研究与思考

1. 分析O2O租车还有哪些不足,未来应该如何弥补这些不足。

2. 分析在O2O租车市场中,车辆提供者、租车平台和监管部门各自扮演什么角色,它们的职责各是什么。

3. O2O租车服务产生的收益被车辆提供者和O2O租车企业分摊,思考这是否会影响O2O租车企业的效益。

4. 分析在O2O租车服务中可能会发生哪些意外情况,这些意外情况所产生的损失应该由谁来承担。

5. 共享汽车也是当前发展的热点，分析共享汽车的发展会不会影响O2O租车的发展，两者各有什么优势和劣势？

6. O2O租车是电子商务与传统租车行业相融合产生的新兴产业，思考除了O2O租车之外，还有哪些电子商务与传统行业结合的例子。

7. 传统租车企业，可以通过挂靠在O2O租车企业下获取利益，思考在这种情况下，传统租车企业如何做到不因O2O租车企业的发展波动而导致自身受到严重损失。

第10章　京东案例

案例导读

京东自2004年涉足电子商务领域以来，凭借着其在计算机、通信、消费电子产品销售领域的优势，在竞争激烈的电子商务领域占据了一席之地，成为我国最大的自营式电子商务企业。

京东靠着保证正品、价格低廉、方便购买等优势，不断扩大规模。京东采用自营模式，可以为生产商提供产品的具体销售数据，而且免除了其进场费等费用，因此各大生产商纷纷与京东达成战略合作协议。目前京东已从计算机、通信、消费电子产品网络零售商转型为综合性网络零售商，并启动了基于移动互联网的发展战略。

京东获得成功的原因主要有以下几点。第一，其市场定位精准，找准了投资，获得了快速发展；第二，与供应商长期合作，在实施低价策略的同时保证品质，以真货、真心面对用户；第三，自建物流体系，提升服务质量，让用户买得踏实；第四，不断创新商业模式，紧跟电子商务发展的潮流。

本案例将从京东的发展历程、布局与理念、电子商务战略以及与天猫的对比等方面，分析京东所具有的独特优势，这对于读者理解我国电子商务的发展具有重要的意义。

10.1 案例分析思路

为了分析京东的电子商务发展,本案例首先列出了京东的发展历程及其发展过程中的重要时间节点。接着从其经营状况、机遇和挑战三个方面对京东进行了比较全面的分析,并分析了京东“五环”战略生态——电子商务战略生态、物流战略生态、O2O 战略生态、金融战略生态和技术战略生态,以及与之相关的企业愿景与价值观。之后,本案例从用户定位、价格战略、大数据精准营销的角度对京东电子商务战略进行了分析。最后,本案例从商业模式的角度对京东和天猫进行了分析。

本案例的分析过程如图 10.1 所示。

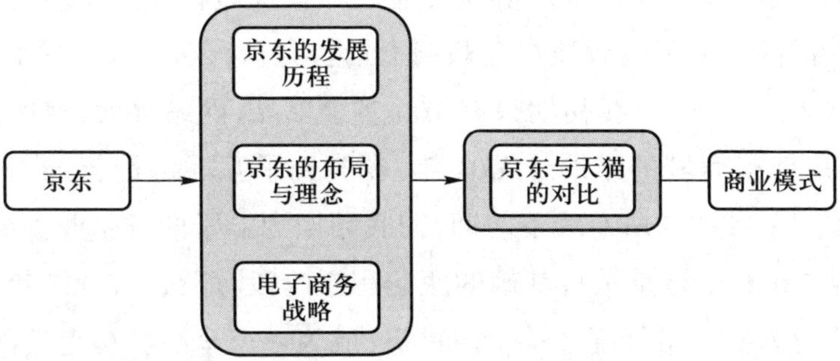

图 10.1 京东案例的分析过程

10.2 京东的发展历程

京东创办于1998年，其创始人是刘强东。当时京东的主要业务是售卖光盘、刻录机和录像机等。京东在转型为电子商务平台后，很长一段时间内其主打的产品是3C数码产品，这也和刘强东早期的创业经历有关。

2003年，北京爆发了非典疫情，全城的零售业遭受重创。京东产品大规模积压，资金亏损严重。为了将产品顺利出售，京东的员工通过在网上发帖的形式销售产品。因为京东在长期经营的过程中形成了低价、正品、高质量的口碑，很多用户开始找京东订购光盘。京东的员工最开始用纸和笔把订单记录下来，收到用户汇款后通过邮政快递将光盘寄出，但是这种方式效率很低。为了高效地在互联网上销售光盘，2004年1月1日，京东多媒体网正式上线，上线初期只有100多个单品，网站界面设计也十分简陋，这就是京东商城的雏形。2004年，在尝到了互联网销售的甜头之后，刘强东关闭了京东的所有线下店面，彻底转型为电子商务企业。如果说从1998年到2006年是京东打基础的原始积累阶段，那么从2007年开始，京东就借助资本的力量打开了一个新世界，成为一个全品类综合性的电子商务企业。

2007年6月，京东多媒体网正式更名为京东商城，以全新的面貌屹立于国内B2C电子商务市场。2008年6月，京东在成立10周年之际完成了3C产品的全线搭建，成为名副其实的3C产品网购平台。此后，京东发展迅猛，其用户和销售的商品种类急剧增长。2013年4月23日，京东宣布注册用户数已突破1亿。2017年8月3日，2017年“中国互联网企业

100强”榜单发布,京东位列第4名。2018年《财富》世界500强排行榜发布,京东位列第181名。作为一家从零开始逐渐发展壮大的企业,京东在成立20周年之际就能取得如此巨大的成绩,是和其布局与理念、电子商务战略等分不开的。作为一个典型的电子商务企业,京东的发展有很强的借鉴意义。

10.3 京东的布局与理念

10.3.1 京东的经营状况分析

下面对京东的经营状况进行分析,包括基本情况、市场发展机遇、发展过程中面临的挑战三个方面。

1. 基本情况

目前,京东的用户数量和交易量在我国的电子商务企业中位居前列。商品质量有保障,商品数量多、种类齐全使得京东获得了良好的口碑,受到了消费者的欢迎。在物流方面,京东选择自建物流体系,以在最短的时间内处理用户订单,实现商品的快速配送。此外,在管理方面,京东积极推动人才队伍建设,实施人才战略,保证了京东的可持续性发展。

2. 市场发展机遇

近年来,我国电子商务的市场规模不断扩大,网络购物环境和相关法律制度日益完善,外部环境逐步优化,越来越多的消费者选择网络购物,这为京东的发展带来了机遇。

3. 发展过程中所面临的挑战

京东在发展过程中所面临的挑战来自内部环境和外部环境。来自内部环境的挑战是不断提高的成本压力。京东主要是通过低价来获得市场份额的，在获得市场份额的同时也降低了利润空间。而且随着高端人才的引进和员工薪酬的不断提高，京东的低价策略必然会面临着更大的挑战。来自外部环境的挑战是大量竞争对手带来的，随着各类电子商务平台（如天猫、网易严选、唯品会、每日一淘等）不断涌现和快速发展，许多传统实体企业也开始在网上销售产品，京东所面对的竞争对手越来越多。

10.3.2　京东的“五环”战略生态

中国互联网络信息中心发布的第 42 次《中国互联网络发展状况统计报告》显示，截至 2018 年 6 月，我国网络购物用户数达 5.69 亿，与 2017 年年底相比增长 6.7%，占网民总数的 71.0%。手机网络购物用户数达 5.57 亿，与 2017 年年底相比增长 10.2%，使用率高达 70.7%，如图 10.2 所示。2018 年上半年，我国网络零售市场交易额达 40 810 亿元，同比增长 30.1%，继续保持稳健增长势头。在这种形势下，京东快速发展，并逐渐形成了独特的“五环”战略生态。京东的“五环”战略生态主要包含五大战略板块，即电子商务战略、物流战略、O2O 战略、金融战略和技术战略。

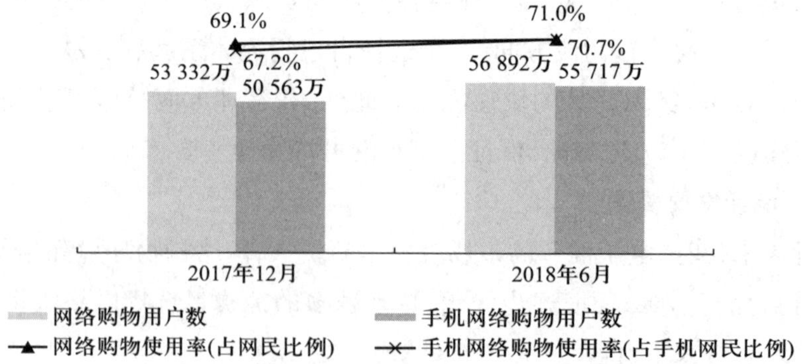

图 10.2　2017 年 12 月至 2018 年 6 月网络购物 / 手机网络购物用户数及使用率

1. 电子商务战略生态

京东采用B2C电子商务模式,但与同样采用B2C电子商务模式的天猫不同,京东以自营为主、平台为辅。京东直接从各大供应商处购买商品,然后自主销售,同时自建仓库和物流体系,并提供商品配送和售后服务,因此商品质量高和送货速度快一直是京东的两大优势。由于京东与供应商的合作主要采用自营的方式,即京东出钱买断供应商一定数量的某类商品,将其放在自己的仓库中,然后进行销售,供应商无须支付进驻费、促销费等费用,这在保证供货商利润空间的同时也提高了京东的议价能力,使得京东可以以较低的价格向消费者出售商品。除了自采和自营外,京东还采用类似天猫的第三方卖家的方式与供应商合作。例如,京东从2010年开始发展平台业务,允许供应商作为第三方卖家入驻京东,这些第三方卖家提供商品的售后服务,大部分商品仍由京东送货,小部分商品则由第三方物流完成送货。

由于京东采用以自营为主、平台为辅的商业模式,因此京东的经营收入主要由商品销售收入和供应商返点组成;此外,由于京东在提供平台业务时,还为第三方卖家提供仓储和物流服务,因此京东的经营收入也包括仓储运输费用、广告费用、技术服务费用等。

在电子商务战略方面,京东细分了针对多种零售场景的商业模式。除了京东商城、京东超市之外,京东的电子商务体系还包括海囤全球、POP平台、京东生鲜、京东旅行、京东通信、京东无线、京东县级服务中心、京东帮、京东地方特色馆、新通路、翼采平台、京东慧采等。在此基础上,京东还投资或并购了永辉超市、穿衣助手、拇指阅读、友好速搭、聚胜万合(MediaV)、买卖宝、QQ网购、易迅网、千寻网络、1号店、沙米、爱回收网等。从京东的电子商务战略生态可以看出,京东的电子商务战略涵盖了从国内购到海外淘、从线上到线下、从一线城市到县级城市、从企业到个人等多种零售场景,并涉及电子、服装、护肤、通信、旅行、生鲜、地方特产等各类产品。此外,京东还注重配套服务和周边服务的开拓,如服装穿搭助手、废旧电器回收、图片处理等。由此,京东建立起一个全面且完善的电子商务战略生态。如图 10.3 所示。

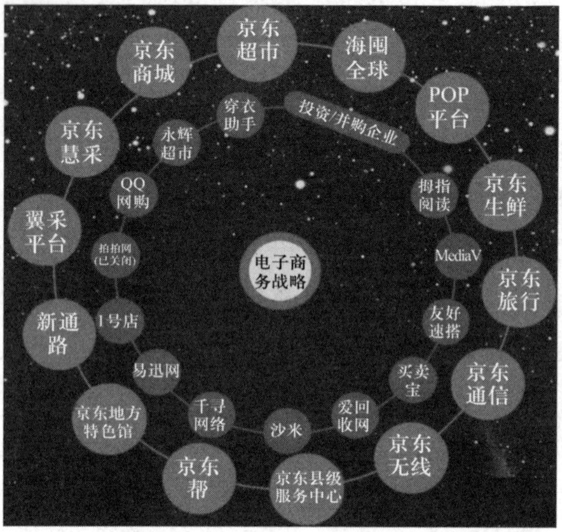

图 10.3　京东的电子商务战略生态

2. 物流战略生态

众所周知,对于电子商务平台而言,物流是十分重要的一环。电子商务平台虽然将"购物"这一活动从线下搬到了线上,减少了实体店面成本,但却增加了物流成本。控制物流成本,提高物流效率,是电子商务平台成功的关键因素之一。为了解决这个问题,京东投入巨资自建仓库和物流体系,并提供采购、仓储、配送、售后等一条龙服务。京东在全国各大城市都建立了快递配送站,为用户提供物流配送、货到付款、上门取件等服务,京东自营商品一般在 24 小时内就能送达。图 10.4 所示的是京东的物流战略生态。京东从青龙系统、"亚洲一号"物流中心、无人机、第三方物流、仓储 5 个方面着手,并在此基础上发展出了 211 限时达、次日达、极速达、夜间配送、自提柜、仓储机器人等服务。此外,京东并购了达达物流,进一步完善了其物流体系。

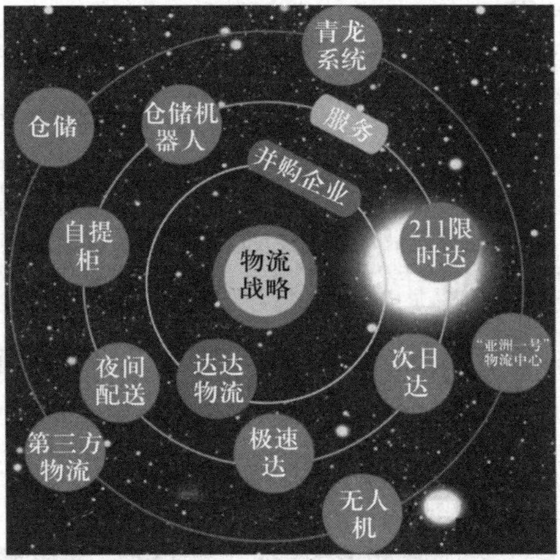

图 10.4 京东的物流战略生态

京东在物流方面还采用了"物流无界"策略。2018 年 4 月 9 日,京东物流 CEO 王振辉出席了博鳌亚洲论坛。他在"物流的变革"分论坛中说到,无界零售正在到来,在无界零售的背景下,未来物流发展将达到"无界物流"这一终极状态。王振辉称,随着无界零售时代的到来,消费场景将变得"无处不在""无时不有",消费者希望获得"所想即所得"的极致体验,如图 10.5 所示。如果说传统零售是"所见即所得",那么"所想即所得"则是消费大数据、敏捷供应链和快物流的深层次融合,而其实现最终需要通过物流来推动,因此物流也将面临深刻变革,达到"无界物流"这一终极状态。无界物流将以用户为中心,通过短链、智慧、共生,将产业端和消费端无缝连接,带来"快""精""喜"的极致服务。

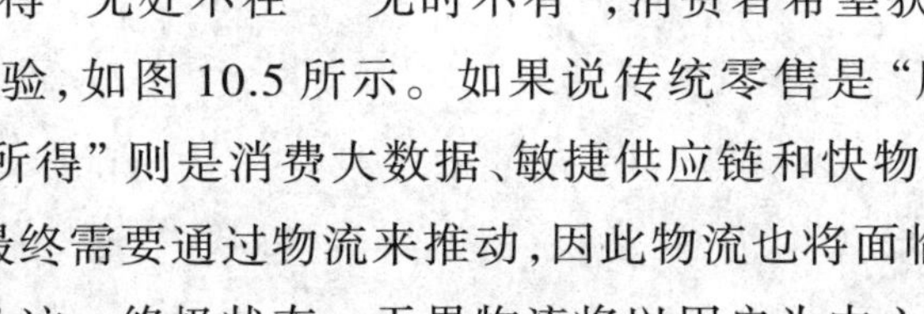

图 10.5 京东无界物流的定义——"所想即所得"

3. O2O 战略生态

线上线下一体化对于电子商务的发展来说十分重要，京东也十分注重线上线下一体化发展，用优质的线下产品或服务弥补一些服务无法在线上提供的不足。京东的 O2O 战略主要包括京东到家、旅行服务、京东快点、车管家、京东宝宝五大部分。为了丰富其 O2O 战略，京东主要的投资企业包括达达物流、夹克厨房、下厨房、上药云健康、i 烘焙、智趣生活爱助家、好狗狗、来客 IPOS 收银系统、酷鸟旅行、邮轮海旅行网、上海医药、今夜酒店特价、饿了么、到家美食会、途牛、易车、天天果园等，如图 10.6 所示。

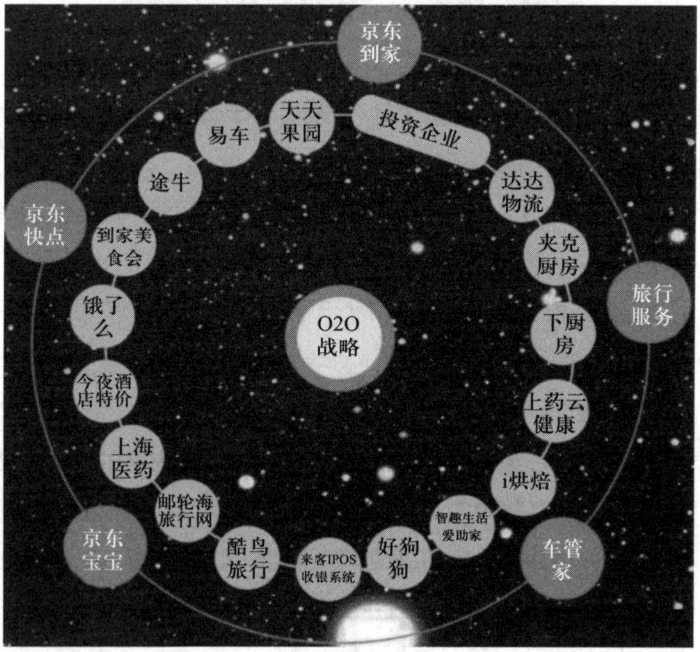

图 10.6 京东的 O2O 战略生态

4. 金融战略生态

图 10.7 所示的是京东的金融战略生态。从图 10.7 中可以看到，京东金融战略生态的最外围主要包括供应链金融、农村金融、消费金融、征信、众

筹、财富管理、支付、保险、证券,这些都是京东金融最重要的业务。京东其他的金融产品还包括京东东家平台、京东钢镚、京东金采、京农贷、股权众筹、权益类众筹、京小贷、小金库、京东钱包、京东白条、京保贝等。在此基础上,京东投资了很多金融类企业,包括网银在线、分期乐、金融一号店、易鑫金融等。丰富的金融产品保证了京东金融战略的稳步发展。

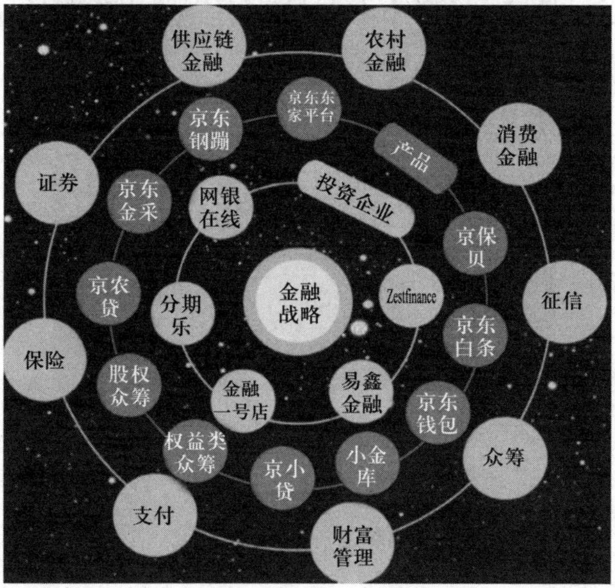

图 10.7 京东的金融战略生态

5. 技术战略生态

在互联网高速发展的今天,企业的发展在很大程度上取决于技术的进步。先进的技术是为用户提供稳定、高质量服务的基础。只有建立起可持续发展的技术战略,企业才能在激烈的市场竞争中立于不败之地。对于京东而言,云服务、大数据、人工智能等都是其需要布局的核心技术。

为了提高技术方面的竞争力,京东建立了技术战略生态。目前,京东研发的技术主要包括京东云、京东智能、无人机、X 事业部、无线研发、大数据挖掘、认知感知实验室、青龙系统等。此外,京东还投资或并购了许多技术企业,以引进人才，获得先进技术。京东投资或并购的企业主要包括谛听科技、聚合数据平台、缤刻普锐、古北、Misfit（可穿戴设备）、金蝶软件、有品 PICOOC 等，如图 10.8 所示。

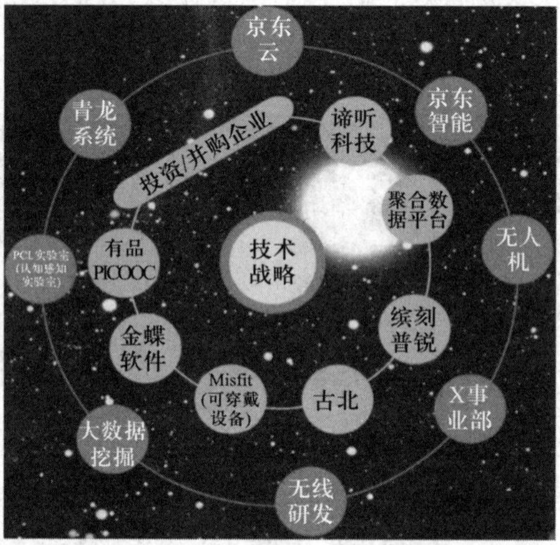

图 10.8　京东的技术战略生态

10.3.3　企业愿景与价值观

1. 企业愿景

目前，京东提供的商品越来越多，提供的服务也越来越完善。为了使企业更快、更好地发展，京东树立了长远的愿景：成为世界上最值得信赖的企业。选择以用户为导向的愿景，比选择将超越竞争对手作为目标更加明智。因为对于京东而言，用户决定了企业的未来，只有诚信才能赢得用户的信任。

2. 核心价值观

京东的核心价值观是一体两翼 T 型文化价值观——正道成功、用户为先、只做第一，如图 10.9 所示。正道成功是京东基业长青的价值信仰，用户为先是京东一切工作的价值标准，只做第一是京东持续引领的价值驱动。需要注意的是，京东对用户的定义也发生了变化。用户不仅包括消费者，还包括供应商和销售商。京东的发展，不仅是因为消费者的喜爱，还依赖于供应商和第三方卖家的大力支持。

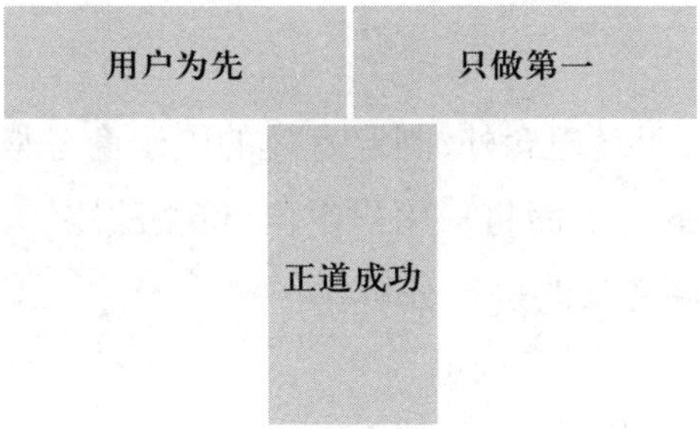

图 10.9　京东“T”型文化价值观

案例小结

本部分首先分析了京东作为一个电子商务企业所具有的高质量、物流快、口碑好的优势，以及其在发展过程中所面临的挑战。然后介绍了目前京东的“五环”战略生态——电子商务生态战略、物流生态战略、O2O 生态战略、金融生态战略和技术生态战略。京东采用自营为主、平台为辅的商业模式。在自营模式中，京东充当的是采购商的角色，因此可以降低商品供应的成本，进而降低商品价格。京东的销售场景包括诸多零售场景、购物方式以及商品类型，这些共同构成了京东的电子商务生态圈。高效的物流体系是京东的另一大特色。京东投入巨资自建仓库和物流体系，用户当天购买的商品当天即可送达，切实为用户打造了“所想即所得”的完美物流服务。另外，京东在电子商务和物流领域的布局非常符合京东一贯坚持的 T 型文化价值观，即正道成功，用户为先，只做第一。

10.4　京东的电子商务战略

除了做好布局，明确理念外，制定有效的电子商务战略对于京东的发展来说也是十分重要的。下面将从用户定位、价格战略、大数据精准营销三个方面对京东的电子商务战略进行分析。

10.4.1　用户定位

作为我国最大的自营式电子商务企业，京东销售 3C 产品、家居百货、服装、母婴、图书、食品、旅游等多个品类的数以百万计的商品，力争在将自己打造一站式综合购物平台的同时，为用户提供物流服务等一系列增值服务。

京东的目标用户群如下。

第一，从年龄上看，京东用户的年龄主要集中在 18 ~ 45 岁。这些人有着较强的消费欲望和消费能力。一旦成为京东的忠实客户，就可以给京东带来更多的经济利益。

第二，从性别上看，京东的目标用户主要是男性消费者，他们更注重商品的质量和购物的便捷性。

第三，从职业上看，京东的主要用户是公务员、企事业单位员工等。他们收入稳定。

10.4.2　价格战略

“低价”是促使用户购买的有效手段，京东很好地运用了这一手段，一步步赢得了用户的认可和关注。京东之所以能够提供低价的商品,有以下几个方面的原因。第一,在京东的自营模式中,京东直接从供应商(品牌制造商或经销商)处购买商品,用户选购完商品后京东直接将商品从京东仓库发送给用户。第二,和其他电子商务企业一样,京东没有传统实体商店所需要的店铺租金、水电等费用。第三,京东一直坚持控制相关成本,并将节约的成本以低价的形式返还给用户,因此得到了用户的信任和支持。第四,从账期来看,由于具有规模效应,京东有能力为供应商提供更短的回款周期。例如,家用电器的回款周期可以缩短到 10 天,而在传统商店,供应商收到回款至少需要 40 天。

10.4.3 大数据精准营销

京东作为一家电子商务企业,在经营过程中收集了大量的数据,对这些数据加以应用能够为京东带来更多的收益。

1. 数据收集与处理

近年来,京东的用户数量快速增长,用户在京东商城中浏览和购物的过程中会产生大量的数据。京东要想实施精准的营销策略,就需要对用户所产生的数据进行收集、存储、管理和分析。目前,京东主要采用并行数据库的方式来收集、存储、管理和分析用户数据。并行数据库是高性能的数据库系统,其可以处理大量的数据,而且处理数据所需要的时间较短。此外,需要说明的是,京东所采集的数据除了用户数据之外,还包括营销、交易、仓储、配送、售后等各个电子商务环节所产生的业务数据。

2. 大数据应用

大数据应用主要包括三个阶段,即对用户信息的总体描述,对用户信息进行补充和完善,为企业制定精准的营销策略。在第一阶段,要对用户信息进行总体描述,这是大数据技术在 B2C 电子商务企业中应用的基础。例如,京东通过用户的购买记录来对用户的特征进行描述。这一阶段中的用户信息是由大数据网络提供的模糊信息,需要对其进行补充和完善。京东非常重视用户在其网站上发布的内容数据和网络行为数据。通过这些数据,京东可以更深入地了解用户,明确用户的潜在需求。在推出新的商品或服务时,京东可以利用大数据技术对相关的用户浏览、点击、购买、评论等信息进行分析,以判断这些商品或服务是否受到广大用户的欢迎,其优势和缺点有哪些,再据此制定相应的营销策略。

通过大数据技术,京东能够获得全面的用户信息,并在对用户信息进行持续分析的基础上制定精准的营销策略。

案例小结

本部分从用户定位、价格战略、大数据精准营销这几个方面探讨了京东的电子商务战略。准确的用户定位使得京东的电子商务之路越走越清晰。低成本、低价格是京东一贯坚持的理念,独特的低价战略使得京东能够迅速占领市场,赢得用户的喜爱。大数据的应用使得京东可以准确地为用户推荐其喜好的商品,基于大数据的精准营销策略推动着京东更快、更好地发展。

10.5　京东与天猫的对比

10.5.1　广义虚拟经济下的商业模式

在实体经济中,人们使用货币从商家购买实实在在的商品,而随着社会的发展,为了解决人们贸易中出现的一些难题,一些金融产品陆续出现,如为了分担风险而出现的股权和股票;为了对冲商品价格变化的风险而出现的期权等，这些关于现期或者跨期权利与未来收益风险的配置形成了各具特色的金融产品，进而演变成了被称为虚拟经济的金融体系。这种为了解决实体经济发展所遇到的问题而产生新的经济模式称为“实体经济的虚拟化”，通俗地理解，就是虚拟经济不再是线下交易且交易的商品并非是实实在在的物品。

随着计算机和网络技术的不断发展，越来越多现实中的交易活动开始移植到网络中进行，如网络购物、网络游戏、网络直播、网络社区等，人们在网络中也可以进行和在现实中一样的工作和生活，但是与现实生活不同的是，网络突破了时间和地域的限制，因此可以把这种经济模式称为“虚拟经济的实体化”，如虚拟世界中的游戏装备、账号等已经成为现实中可以进行交易的商品。随着电子商务的发展，人们从开始追求商品质量逐渐变成追求个性化和多样化的消费体验，这就促进品牌商、制造商、流通企业在生产制造环节、营销环节、流通环节等方面做出创新，注重品牌和企业形象的建立，为消费者提供更好的购物体验和服务保障，进而催生了一个新的经济模式——广义虚拟经济。广义虚拟经济是一个新的经济学理论体系，它是一种基于生活价值论的以人为本的经济。而电子商务则是广义虚拟经济的一个重要组成部分，其商品交易均通过互联网完成，与传统实体经济注重商品质量、价格不同，广义虚拟经济中的交易更加突出品牌、题材等信息态的虚拟价值，交易的内容更加丰富，包括产品、服务、整体解决方案、盈利工具、交易平台等。广义虚拟经济在继承传统实体经济注重人们物质需求的基础上，十分注重人们的精神需求。京东和天猫都在品牌、形象、服务等方面为消费者提供了高质量的物质和精神产品。

10.5.2 京东与天猫商业模式的对比分析

京东与天猫最大的差别在于定位不同，京东的定位是以自营为主、平台为辅,而天猫则只做平台业务。定位不同就导致了与之相关的利益相关者的作用、承担的责任、盈利模式的不同。京东自营业务系统如图 10.10 所示,京东从供应商处采购商品,自己建立仓储并完成物流配送,因此京东拥有非常完整的仓库和物流体系,这使得京东可以准确地掌握每一件商品的详细信息,如入库时间、货架位置、保质期等,在给用户带来质量保证的同时也给用户提供了快速的物流服务,这使得京东成为高质量和正品的代名词。由于京东选择从供应商处采购商品而后自主经营并完成售后服务,所以京东可以与供应商建立长期合作关系,而且这种长期合作关系极大地提升了京东的议价能力,使得京东可以低价购入商品,在线销售并获得差价收入。与京东不同,天猫则是全面的平台型服务平台(其业务系统如图 10.11 所示),其自身并不参与商品的买卖,也没有自己的物流体系,但是天猫和第三方物流企业合作,共同创建了菜鸟物流体系,这反映了无论是在商品的买卖方面还是在商品的配送方面,天猫一直都起着平台的作用:商家入驻天猫建立自己的旗舰店或者专营店,通过该平台向用户出售自己的商品;而在物流方面,第三方物流企业以天猫为平台为用户提供物流配送服务。天猫通过整合各方利益的诉求,建立起了一个价值共享网络,以达到同时满足各方利益的目的,而自身则充当这个价值共享网络的媒介。

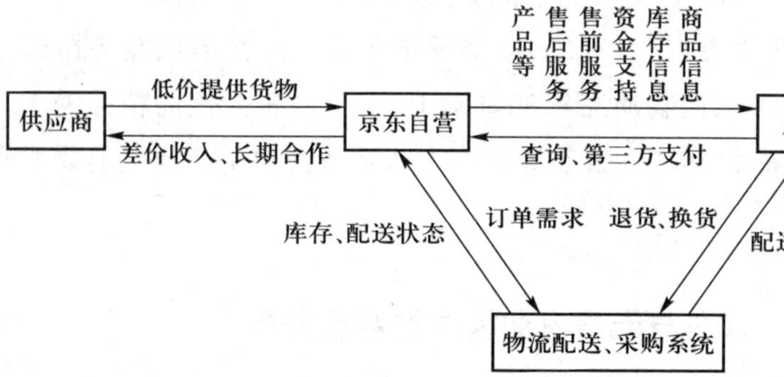

图 10.10 京东商城自营业务系统

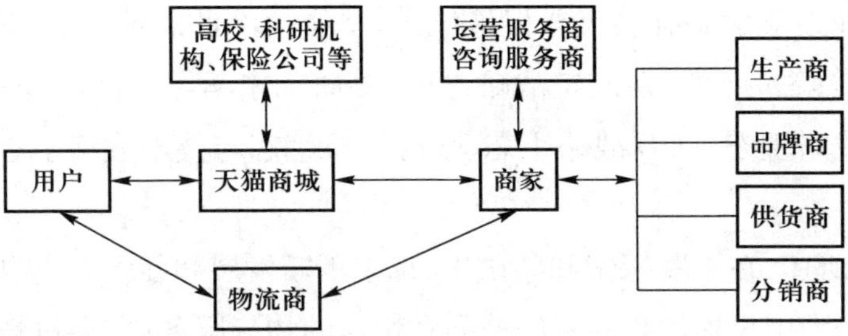

图 10.11 天猫商城业务系统

由于京东和天猫的定位不同,它们的盈利模式也不同。京东主要采用自营模式,其主要收入来源于商品销售的差价,京东以低价从供应商处采购商品并以低价出售。除此之外,京东通过其平台业务也可以向供应商收取入驻费用、仓储和物流费用、技术服务和广告费用等。与京东不同,天猫不参与商品的买卖,天猫的盈利则以商家入驻费用、各种佣金费用、广告费用为主。京东由于是自建仓储和物流体系,所以京东需要承担大量的物流成本,这种方式前期投入极大,但是后期的收益会迅速增长。

10.6 启示与总结

随着计算机和网络技术的发展,电子商务逐渐渗透到人们的生活中。越来越多的企业开始进入电子商务市场。在京东创成立之前,淘宝网已成为消费者最受欢迎的网络购物平台。在这种情况下,要想进入电子商务市场,必须制定全面的企业战略。因此,对于新进入市场的电子商务企业来说,需要综合考虑多个方面,包括:目前及未来的全球政治、经济、文化、社会环境适合于怎样的平台发展;随着社会的不断进步,用户的需求会有怎样的变化；企业发展的基础和天花板是什么；企业的愿景是什么，要实现的目标是什么；等等。此外，在制定战略方面，要向京东学习，从电子商务战略生态、物流战略生态、O2O 战略生态、金融战略生态与技术战略生态 5 个方面综合考虑。

综上所述，在不断探索和尝试中，京东不断发展和壮大。它自建仓储和物流体系，为用户提供高质量的商品和快速的物流服务；它通过精准的用户定位、低价格战略，以及大数据精准营销战略，逐渐获得了用户和社会的认可，并努力为社会创造更大的价值。

案例总结

如今，网络购物已成为社会热点。京东、天猫等电子商务平台日趋成熟。然而，自 20 世纪 90 年代 B2C 电子商务诞生以来，全球和我国的网络购物行业都经历了巨大的变化。我国电子商务企业需要对此进行反思和总结。

京东作为一个综合性网络零售商，是我国电子商务领域受消费者欢迎和影响力较大的电子商务平台之一，因此京东是一个有价值的电子商务案例。在本案例中，作者对京东的发展历程、京东的布局与理念、京东的电子商务战略等进行了研究，并对京东区别于其他电子商务平台的独特之处进行了分析。

京东和天猫是广义虚拟经济中的代表，本案例从商业模式的角度分析了京东和天猫这两大电子商务平台的区别。

本案例逻辑清晰，分析的切入点独特，为读者展现了京东在发展过程中的独特之处。但是如果本案例能够再对京东的各个电子商务战略以及“五环”战略生态做进一步的挖掘，则能为读者提供更多有价值的信息。

10.7 研究与思考

1. 思考京东“五环”战略生态中各“环”之间的联系。

2. 从用户定位的角度分析，思考为什么京东将其标识由“金属狗”改成了更圆润、扁平的狗形象。

3. 除了本案例提到的几个电子商务战略外，思考还有哪些电子商务战略对于京东而言是十分重要的。

4. 思考“无界物流”和“所想即所得”这两个概念的含义及其在其他电子商务平台中是否有所体现。

5. 思考京东在低价战略下是如何逐步盈利的。

6. 思考京东与天猫各自的发展前景。

第11章 微商案例

案例导读

基于移动互联网的电子商务是指通过移动互联网进行的商务活动,它对传统电子商务产生了巨大的冲击。2011年出现的微信打破了人们传统的交流方式,为人们的交流沟通提供了新的体验。随着以微信为主的移动社交平台的用户规模的增长,微商已经成为商家拓展产品销售渠道、提升自身价值的有效方式,是当今移动电子商务的代表之一。

微信等移动社交平台为微商提供了得天独厚的生存土壤与发展空间。以微信为例,其产品定位、用户定位和文化定位都为微商的出现提供了基础。微信的技术革新优化了微商的用户体验,微信的运营模式促进了微商的业务增长。微商凭借特有的平台环境,获得了大量的客户群体。2014年,京东、超市发等强势入驻微信朋友圈,富贵鸟、奥康等传统鞋服企业也纷纷开通微信分销渠道。2015年,永辉超市、中粮、招商银行、建设银行等一大批企业也开始搭建自己的微商城。随着微信等搭建的生态逐渐完善,微商的商业模式不断演化,吸引着传统企业布局微商,开辟新的市场,朝着规范化、品牌化的方向发展。

本案例将围绕着微信生态环境对微商的作用、微商的商业模式、微商的优势与劣势以及微商的发展趋势,探讨微商是如何促进网络经济的繁荣与发展,成为电子商务发展的新动力的。

11.1 案例分析思路

微商是基于移动互联网的空间，以社交软件为工具，以人为中心，以社交为纽带的新商业，是移动电子商务的一种表现形式。微商的发展高度依赖社交平台，以微信为主的移动社交平台的出现和发展，推动了微商的发展。而微信作为我国用户规模最大的移动社交平台，依托于微信的微商成为微商的主要力量。

微商在互联网高速发展的环境下，取得了快速发展，但是微商在发展过程中存在一些争议。之所以存在争议，主要是因为微商作为新兴的电子商务形式，缺乏相应的标准和监管措施，微商经营者的良莠不齐使得许多消费者对微商产生了偏见。

本案例以微信生态中的微商为例，对微商进行了分析。本案例首先从微信讲起，微信作为微商主要依靠的社交平台，其生态对微商的影响很大，本案例对微信生态进行了研究，分析了微信生态对微商的作用。在了解了微信生态之后，本案例对微商的商业模式、发展现状以及其优势和不足进行了分析。最后，本案例对微商未来的发展趋势进行了探讨。

图 11.1 所示的是本案例的分析过程。

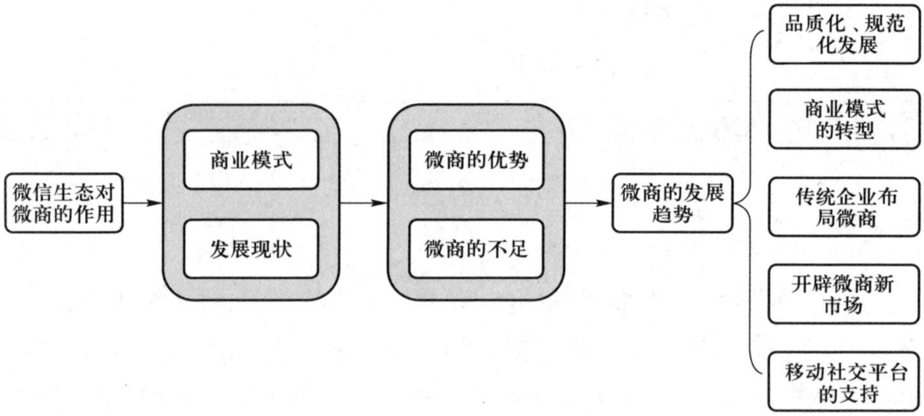

图 11.1　微商案例的分析过程

11.2　微信生态对微商的作用

要分析微商对电子商务的影响，首先需要了解微商产生的背景，即微信等社交平台是如何为微商提供生长土壤的。微信生态有三层含义：第一，它体现了微信的产品定位不只是用于实现通信和社交功能，更希望涉足支付、购物、缴费等人们生活的各个方面。第二，它体现了微信的用户定位不只是面向城市白领，而是面向更为广泛的人群，这也和微信用户群体的年龄分布一致。第三，它体现了微信不只是创建了一个产品，更是促进了一种现象级文化的形成。

第一，产品定位。微信诞生于 2011 年，其功能从即时通信到摇一摇、朋友圈，再到微信支付、微店购物等，不断发展。微信的基本功能是通信和社交功能，包括即时聊天、朋友圈、摇一摇、附近的人等功能，这些功能建立了一个庞大的基于微信的社交网络，加强了人们在线上的联系。人们在线上联系的加强,有利于基于利益关系的商务模式的形成,于是微信衍生出了支付、购物、缴费等功能,以及众多的第三方服务。微信提供的功能给人们的生活带来了很多便利,潜移默化地改变着人们的生活方式。这些都为微商的发展提供了良好的环境。

第二,用户定位。微信最初的目标用户是城市白领。城市白领在碎片化的时间里,会选择和朋友聊天、刷朋友圈或者阅读公众号,而这一过程也是微信完成信息传递和推送的过程。恰当地出现在一条聊天信息或者朋友圈消息中的广告,就可能会产生一个购买行为或激发一个购买欲望。如今,微信已经不仅仅面对城市白领这个单一的用户群体了,而是发展成为一个全民使用的现象级社交媒体,使得微商能够面向更广泛的人群。

第三,文化定位。微信已走入每个人的生活,成为一种文化。人们过去见面,彼此先交换名片,现在则是互加微信。微信能够促进人们之间的信息沟通,正在影响和改变着人们的交流和相处模式。微信在不同的人群之间形成了复杂的社交网络,也因此产生了微信群。微信群作为一种新型的社交方式,是社会文化体系的一部分。人们之所以加入各种微信群,不断地进行社交连接,是因为他们渴望社交、渴望找到和自己有共同兴趣的人,并找到自己所需的各种信息。这样的场景为微商发现新用户、沉淀用户、转化用户、促使用户主动传播,形成口碑效应提供了机会。

微信的这三种特性,为微商提供了电子商务的平台、广泛的用户群,以及品牌的传播渠道,使微商有了适合生长的土壤。但微商想要不断发展壮大,仅凭借适合生长的土壤还是不够的。微信的技术革新、运营模式以及我国对电子商务的扶持,对微商的发展也有很大的影响。下面具体分析微信是如何从这三个方面促进微商发展的。

（1）在技术革新方面

随着4G的普及以及5G的应用,智能终端越来越普及。在智能终端快速普及的背景下,微信支付作为移动支付的重要平台,以其便捷性、多元性、及时性和安全性，为微商提供了快速、高效的收付款手段。而且在技术创新的助力下，微信支付在不断提高安全性的同时，不断加大对不同支付场景的渗透，让支付更加便捷，更加容易，对微商的发展起到了推动作用。

（2）在运营模式方面

基于微信的营销包括内容推送式营销和互动式营销。内容推送式营销，是指利用微信朋友圈和公众号推送营销信息。互动式营销主要是指在微信群中发送营销信息。利用微信，微商可以直接了解用户的需求，并根据用户的需求发送产品信息，使宣传效果获得大幅度提升。

（3）在政策方面

近年来，我国针对电子商务相继出台了相关政策，包括电子商务投资政策、电子商务税收政策等，为电子商务的发展提供了政策支持和保障。国家对电子商务的支持与重视、对相关市场的规范，有利于包括微商在内的整个电子商务行业的发展。

案例小结

本部分内容主要介绍了微信生态及其对微商的作用。微信的产品定位、用户定位以及文化定位为微商的产生提供了良好的条件。而微信的技术革新和运营模式，以及我国对电子商务的扶持政策，则使微商有了更大的发展空间。每一个现象级产品的产生都与其所处的时代和生态环境密不可分，也就是所谓的“时势造英雄”。互联网的发展造就了微信，而微信的壮大也推动了微商的发展。微信为微商提供了良好的生态环境，使其以独特的方式生存，成为一种不同于传统电子商务的新型商务模式。

11.3 微商分析

从狭义上讲,微商是指以微信为平台来进行电子商务交易。开展微商的商家借助微信提供的社交网络,利用微信提供的功能进行电子商务交易,如利用朋友圈、公众号等进行产品宣传,利用微信支付收取货款等。从广义上讲,凡是基于移动社交平台,如微信、QQ、微博等进行产品或服务交易的商业模式都可以称为微商。下面从商业模式和发展现状来对微商进行分析。

11.3.1 商业模式

微商为中小创业者提供了良好的创业机会,使它们可以采取“熟人经济”的社会化营销方式开展产品和服务交易。经过多年的发展,微商在促进产品创新,品牌传播,渠道建设,以及带动社会再就业方面,发挥了积极的作用。

根据零售终端代理主体的不同,可以将微商分为 B2B 模式、B2C 模式、C2C 模式等,其中 B2C 模式和 C2C 模式是微商的主要模式。简单来讲,企业基于微信公众号开设微商城属于 B2C 模式;而个人基于朋友圈开微店则属于 C2C 模式。

根据主体参与环节的不同,可以将微商的商业模式分为品牌微商、平台微商和个人微商三类。

(1)品牌微商

品牌微商是指开展微商的商家与品牌厂商高度关联,这些商家主要包括官方直营店和代理店两类。品牌厂商通过微商渠道建立专门的商店销售产品，这种专门的商店被称为官方直营店。除此之外，品牌厂商通常还会成立分销团队，经过层层代理，最终通过微信等移动社交平台进行营销并实现产品销售，其中对品牌厂商产品进行代理的商家称为品牌代理商。

（2）平台微商

平台微商是指企业建立专门的平台，上游厂商、品牌商和中游微商家、个人商家及下游参与者都在该平台上开店，并通过社交分享实现对上游产品的分销。

（3）个人微商

个人微商是指个人基于朋友圈或微信群销售商品的商业模式，个人商家通过朋友圈或微信群来对产品进行宣传，并通过个人转账的方式来达成商品的交易。

根据粒度的不同，可以将微商的商业模式划分为以下6类。

（1）典型的代理模式

典型的代理模式，是指商家或者成为厂商的直接代理商，或者成为上级代理商的下级代理商，从厂商或上级代理商处获取商品然后销售商品。这种模式对代理商的规模有一定的要求，因此资金门槛较高。其盈利方式主要通过向终端消费者销售商品，或者发展下一级代理商赚取商品差价；此外，厂商或者上级代理商通常还会对商家有相应的奖励机制。

（2）自营微商模式

自营微商包括个人自营微商和企业自营微商。个人自营微商，是指用某种商品去改变用户的日常生活，然后利用用户对该商品的依赖取得盈利。企业自营微商，则是指通过平台分销、团购、微商城、自媒体变现等方式进行经营的微商模式。

（3）实体店微商模式

随着互联网和电子商务的发展，单纯依赖线上获取客源越来越难，一些纯粹在线上销售商品的商家开始开设实体店，将线上线下融合起来，既可以通过线下实体店引流为网店增加客源，也可以将网店用户引向实体店，从而达到互相促进的效果。

（4）平台分销商模式

平台分销商是去中心化和去流量化的交易平台，如云集、环球捕手、萌小店等。平台分销商模式是代理模式的一种升级形式，具有完善的交易机制，从上游的上架选品，到中游的代销分销，再到下游的购买返佣等，形成了完整的链条。

（5）网红＋短视频＋直营微商模式

网红＋短视频＋直营微商模式是社交电子商务的一个分支。如今，抖音、快手等短视频十分流行，短视频社交电子商务也成为社交电子商务的一种形式。此外，通过网红吸引用户注意力，带动用户消费成为一种新的微商盈利模式。

（6）共享微商模式

共享微商模式是指使用资源共享、门店共享、团队共享的模式打造微商生态圈，提高微商产业的竞争力，使其获得更大的市场，起到微商之间互相促进、互相补充的作用。

11.3.2 发展现状

微信在全球范围内拥有着规模庞大的用户群体，其中活跃用户的比例很高。基于微信也形成了庞大的微商市场，这个市场，以女性用户居多，年轻用户在学历和收入方面总体呈现出学历不高、收入中等特点。以女性和年轻人为主的用户结构影响着微商市场主营商品的品类，年轻女性带动了美妆、服装、生活、母婴等商品的销售，女性的消费特征得到了放大，形成了微商市场以美妆和生活类商品为主导的销售格局。

如今，随着传统电子商务流量红利逐渐消失，移动与社交相结合的微商市场成为各电子商务企业及品牌企业竞相布局的渠道之一。信息咨询机构新思界发布的《“十三五”期间电商行业发展环境预测及投资策略分析研究报告》显示，2016 年我国微商行业市场交易规模约为 3 287.7 亿元，2019 年微商行业市场交易规模为近 1 万亿元，如图 11.2 所示。

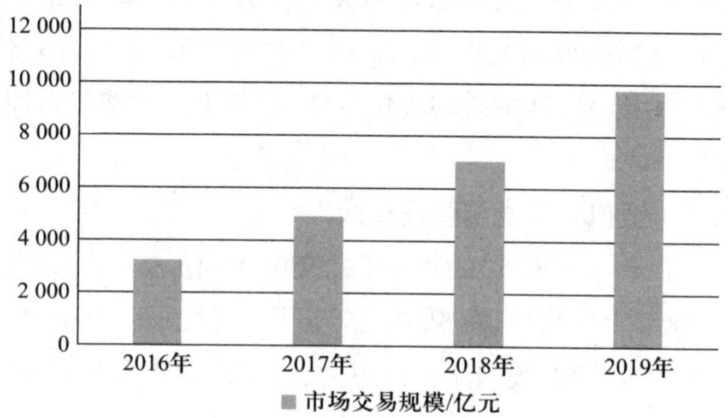

图 11.2 2016—2019 年中国微商行业市场交易规模分析

从事微商行业的人群主要有三类：工资较低的打工者、在校学生及全职妈妈。有关数据显示，2016 年我国微商从业人员数量达 1 523.2 万，随着微商在社交群体中的认知度和认可度逐步提高，以及领先微商商家的经营规模和品牌影响力快速扩大，越来越多的人参与到微商的队伍中来，2017 年我国微商从业人员数量达到 2 018.8 万，如图 11.3 所示。

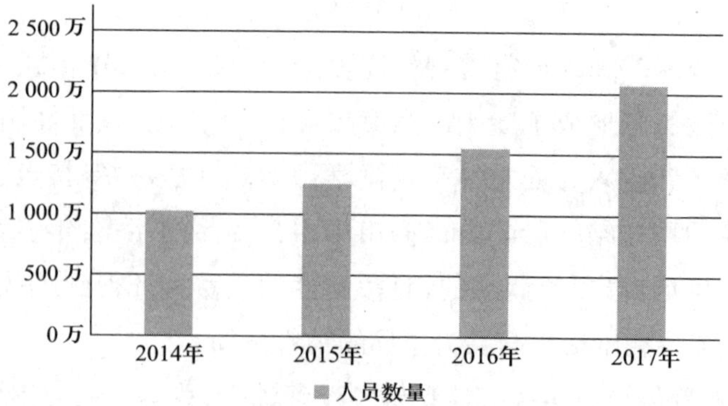

图 11.3 2014—2017 年我国微商行业从业人员数量分析

在“互联网+”时代，创新的商业模式不断涌现，很多传统的商业模式逐渐被取代，微商行业利用社交渠道的优势，突破了传统电子商务的流量瓶颈，是电子商务的一种发展趋势。

11.4 微商的优势和不足

利用社交渠道开展电子商务活动的微商一产生便迅速发展，其无论是在市场交易规模方面还是在从业人员数量方面都取得了巨大的发展。但是，微商却饱受争议，人们对于微商有着不同的态度和观点，下面围绕微商的优势与不足，分析导致这种状况出现的原因。

11.4.1 微商的优势

微信等社交平台拥有大量的用户，通过这些社交平台开展电子商务活动，不仅能降低成本，还能获得用户的关注。具体地说，微信等移动社交平台可以给微商带来以下优势。

1. 微信等移动社交平台有利于微商维护与用户的关系

微信公众平台集成了基本的客户关系管理（CRM）功能。微商商家利用微信公众平台可以便捷地对用户进行分组管理。此外，微商利用微信可以轻松地受理用户咨询，为用户提供服务等。在用户关注商家的微信公众号或者从商家处购物之后，该用户就会成为CRM中的一员，商家可以通过微信向用户推送新品和活动信息，而且因为建立在微信上的交流具有较强的互动性，因此商家和用户之间更容易建立起双向、持久的连接关系。

2. 微信等移动社交平台有利于微商传播口碑

微信是基于熟人关系的移动社交平台,在微信上面人与人之间的关系具有强连接的特点,因此微信用户彼此之间的影响力更大,信任感更强,当用户的好友在微信群或朋友圈中推荐了某种商品时,用户会对该商品有更高的信任度,进而会进行购买。在按照生活、工作、兴趣等形成的微信群中,用户有很多共同的需求。只要微商商家成功开发了一个微信用户,通过这种基于强连接关系的口碑传播,就有可能引发一群用户的购买行为。

3. 微信等移动社交平台有利于微商进行精准营销

微信等移动社交平台具备基于位置的服务功能,可以利用后台的数据分析,对用户进行地域划分和分组管理,从而更加准确地推送消息。

4. 微信支付等第三方支付工具可以使用户获得更好的体验

微信支付等第三方支付工具为用户购物提供了很大的便利。如果用户从微商那里购买商品,那么可以使用微信支付等第三方支付工具支付货款,这样既使支付更便捷,又使支付更安全。

11.4.2 微商的不足

微商的不足表现在以下几个方面。

1. 很多用户还不习惯通过微商进行网络购物

对于很多用户来说,微信等移动社交平台只是单纯地用于社交,并不是网络购物的平台,因此对使用微信等移动社交平台进行购物的接受度不高。由于先入为主的原因,用户要进行网络购物,首选的是各种电子商务平台。这种观念已经成为一种心理定势,微商想要后来居上比较困难,这是微商存在的先天不足。

2. 微商对移动社交平台的过度使用会给用户社交带来困扰

微商对商品的宣传依赖于微信等移动社交平台。以微信为例,大量的微商商家主要通过朋友圈和公众号推送等渠道进行商品宣传。由于通过这些渠道推送商品信息的成本极低,为了加大对商品的宣传力度,不少微商商家频繁地在朋友圈和公众号中推送商品信息,有的微商商家甚至为了吸引人们的注意发送一些无价值的内容和虚假信息,引起了用户的不满。而且大多数微商商家没有对用户的相关数据进行分析,发送的内容缺乏针对性,难以真正被用户关注。

3. 微商的水平参差不齐,管理较为混乱

微商准入门槛低,获利方式简单,为了使销量最大化,微商商家往往会发展大量的代理,在没有健全管理机制的情况下,微商商家销售商品的重叠度高,而且经过层层代理加价商品价格虚高,损害了消费者的利益。此外,还有一些微商商家在利益的驱使下,通过虚假宣传的方式诱使用户消费,更谈不上为用户提供高品质的售后服务。

4. 微商的配套服务不完善

以微商物流为例。不同于大型电子商务企业拥有配套的物流企业,或者与大型物流企业有密切的合作关系,不少微商商家为了降低物流成本,选择服务质量没有保障的物流服务,而且在商品包装上偷工减料,难以保证商品完好。除了物流之外,微商因为起步晚,其他配套服务也不完善,在一定程度上影响了微商的发展。

5. 对微商的监管比较困难

微信等移动社交平台与电子商务平台不同,其本身对微商不负有监管责任,而且微商商家的数量很多,难以对其进行有效的监管。

6. 微商的用户流量有限

微商商家的用户基础是其本身的社交网络,其用户以熟人为主,并不会从微信等移动社交平台之外获取用户流量,销售渠道比较单一,一旦以熟人为主的用户流量被用完,微商商家的销售渠道就被消耗殆尽了。

11.5　微商的发展趋势

前面分析了微商的优势和不足，微信等移动社交平台给微商带来的既是机遇又是挑战，微商一方面要继续发挥自身的优势，挖掘潜力，另一方面还要从自身的不足下手，扬长避短，才能不断走向成熟。下面介绍微商的几大发展趋势。

11.5.1　品质化和规范化

微商从 2012 年开始出现，之后得到了高速发展，但是微商作为新兴的电子商务载体，由于缺乏相应的监督和规范，许多不具有生产资质的厂商，开始盯准了微商，导致微商中充斥着大量的劣质产品。

2017 年 1 月，《微商行业规范（征求意见稿）》公布，标志我国第一部微商行业法规即将诞生。2018 年 8 月，我国第一部电子商务领域的综合性法律《中华人民共和国电子商务法》发布，该法将微商纳入电子商务经营者的范围。与此同时，阿里巴巴、网易考拉及小米等传统电子商务企业竞相涉足微商行业，将电子商务领域成熟的线上运营管理经验带入微商行业。随着更多电子商务企业、品牌企业的涉足，微商商品的质量将得到更好的保障，微商行业将逐步走向品质化和规范化。随着商品口碑的建立，微商将会吸引更多的消费者和商家，使得微商市场不断扩展。在这种情况下，微信等移动社交平台也会为微商提供更有针对性的服务，并且起到一定的监管作用。

11.5.2 商业模式的转型

随着微商的发展进入瓶颈期,它会通过商业模式的转型,进入发展的新阶段。微商商业模式的转型涉及商品推广形式、商品种类以及市场格局等的变化。

以微信微商为例。微信微商主要是通过微信公众号、朋友圈来推广商品。而这些推广形式或多或少都会对微商所依托的社交平台产生影响。未来微商的商品推广形式会更加多样化,将不再局限于线上推广,而会将线上推广和线下活动结合起来。

微商所销售的商品种类将会发生变化。长期以来,微商的用户以女性为主体,而且其经营者也多为女性,对女性消费者的消费习惯也更加了解,因此与女性相关的商品是微商的首选,如护肤品、减肥用品、食品等。不过实际上,对于任何商品,只要对其做好定位,进行精准化营销就可以为微商带来可观的收益。因此,微商在未来的发展中,所销售的商品将不再集中于某几个大类,而会朝着多元化的方向发展。

微商的市场格局将发生变化。随着微商的市场规模不断扩大,进军微商市场的品牌厂商越来越多,产品同质化现象日益严重。为了抢占市场各大微商开始打价格战,最后资金雄厚的品牌微商将在价格战中胜出,获得大量的市场份额。因此,未来的微商将主要由大型的品牌微商和部分有特色的个体微商组成。未来的微商市场必定是以专业、系统、正规的品牌化经营模式为主体。

11.5.3 传统企业布局微商

微商具有较大的发展潜力,很多传统企业开始进驻微商平台。华北制药、广药集团、格力、娃哈哈、蒙牛、拉芳等都已布局微商销售渠道。传统企业有强大的品牌效应、专业的研发团队、过硬的产品质量、雄厚的资金、强大的供应链资源和渠道资源保驾护航，它们开展微商的优势非常明显，将推动微商行业进入新的发展阶段。

传统企业一般采用创立企业子品牌的形式布局微商，选择几种商品进入微商渠道。例如，蒙牛推出新品“慢燃”纤维奶昔牛奶进军微商；洋河针对微商打造了一款无忌健康酒；森田药妆为微商定制了燕窝肽润雪漾肌面膜投入微商；浪莎则推出了自己的微商品牌“金浪莎”。

与传统电子商务渠道相比，微商渠道的成本更低，利润空间更大。未来将会有更多的品牌企业进驻微商平台，微商行业将加速进入稳定成熟的发展期。

不过，传统企业布局微商还存在着一些问题。例如，传统企业长期采用传统的经营模式，很容易形成“惯性思维”，它们难以改变原有的推广模式，认为只要产品好就能卖出去，不易把握社交电子商务的核心本质；此外，它们通常没有合适的经营团队，内部决策机制反应较慢；等等。这些问题最终导致在微商行业，一些传统企业来得快，去得也快。

为了解决这些问题，传统企业布局微商应注意以下几个方面：一是在品牌选择方面，要创立有针对性的子品牌，使线上渠道和线下渠道无缝衔接，防止乱价；二是在产品选择方面，要选择用户体验好、特色鲜明、决策成本低、物流成本低、利润空间大、复购率高的产品进行销售；三是在宣传方面，要避免夸大宣传；在分销渠道方面，要符合国家政策，避免进入传销模式，确保规范经营。

11.5.4 开辟微商新市场

开辟新市场，是微商进一步发展所采取的重要措施之一。微商开辟新市场主要包括拓宽销售渠道、深挖国内市场、拓展国际市场三个举措。

微商开辟新市场的一个重要举措是拓宽销售渠道。微商是利用各种社交平台进行商品销售的电子商务，微信是微商进行电子商务活动的主要渠道。除了微信以外，微商可以在更多的社交平台上开展销售活动。例如，抖音出现后，短视频在短时间内便火遍了大江南北，而利用抖音这样的新型移动社交平台开展微商活动，扩大了微商的市场规模，未来微商还将有更多新的销售渠道出现。微商要拓宽销售渠道，就要与时俱进，随着新兴移动社交平台的不断出现，不断发展新的销售渠道。

微商要开辟新市场，还可以采取深挖国内市场的举措。例如，随着我国经济的发展，我国农村居民的收入不断提高，农村市场具有较大的发展空间。资本和诸多电子商务企业的进入，使农村市场成为电子商务发展的新高地，但是面向农村市场的微商的发展还比较弱，农村市场将成为微商发展的一个重要的新市场。

此外，拓展国际市场也是微商开辟新市场的重要举措。易观发布的《中国跨境进口零售电商市场季度监测报告（2018 年第二季度）》中的相关数据显示，2018 年第二季度，我国跨境进口零售电子商务市场规模为 1 005.2 亿元，环比上涨 22.4%。跨境电子商务仍处于高速增长的红利期。跨境微商作为跨境电子商务的一种形式，应该紧紧抓住这个机遇，尤其是个人海外代购模式，将成为未来跨境微商发展的一大趋势。

11.5.5 移动社交平台的支持

微商这种电子商务形式对移动社交平台的依赖程度较高，移动社交平台的支持会极大地推动微商的发展，反过来移动社交平台也能从微商的发展中获益。但是，如果微商的发展不规范，就会影响移动社交平台自身的发展，由于微商水平参差不齐，一旦移动社交平台降低微商的准入门槛，大量低素质的微商就会涌入移动社交平台，从而会破坏移动社交平台原来的生态环境，甚至严重影响移动社交平台的发展。

因此，微商和移动社交平台之间如何互相促进、协调发展将会是微商健康发展需要解决的问题之一。微信等移动社交平台将来可能会设立专门的微商板块,使微商在销售商品时,不会影响人们在移动社交平台上的正常社交活动。移动社交平台将来对于微商会起到监管者和中介者的作用。一方面,移动社交平台会对微商进行监管,如提高微商准入门槛,防止虚假宣传、侵占消费者权益的产品出现在平台中;另一方面,在微商进行交易的过程中,移动社交平台还可以担当中介者,以维护交易双方的权益,并且从中获得收益,促进自身的发展。这样移动社交平台用户基数大的优势就能够充分表现出来,它可以为微商输送更多的用户,同时规范的微商能够获得更多用户的青睐,从而为移动社交平台吸引更多的用户。

案例小结

本部分首先分析了微商的商业模式和发展现状,然后分析了微商的优势和不足,最后对微商的发展趋势进行了分析,微商的发展将有助于解决微商目前存在的问题。

微商市场缺乏监督和规范一直是微商饱受争论的原因所在,因此微商会朝着品质化和规范化的方向发展。微商的商业模式还面临着转型,其商业模式的转型涉及商品推广形式、商品种类以及市场格局等的变化。微商巨大的发展潜力使得许多传统企业纷纷布局微商,传统企业的进入有助于微商市场重新洗牌。随着越来越多的商家涌入微商市场,微商市场趋于饱满,开辟微商新市场势在必行。微商要开辟新市场,可以通过拓宽销售渠道、深挖国内市场、拓展国际市场三个举措。微商的健康发展必将受到越来越多用户的关注,也会受到其所依托的移动社交平台的重视,两者可以建立合作关系,互相促进,共同发展。

11.6 启示与总结

随着智能手机的普及,人们进入移动互联网时代,移动电商将来必然会是电子商务的主要形态。微信作为当前我国用户数最多的移动社交平台,自然地成为基于熟人关系的电子商务——微商最好的载体之一。

如今,微商生态已经初具雏形,但是由于参与其中的销售商和生产商众多,微商在规范化和标准化等方面还存在着许多问题。随着微商的进一步发展,微商所面临的问题将会逐步得到解决。

微商给人们带来的启示有许多。第一,除了传统电子商务平台外,像微信这样的用户规模大、用户黏度高的移动社交平台也是一个很好的电子商务载体。因此,开展电子商务活动时,要充分地利用现有的各类平台。第二,移动电子商务将成为电子商务的主流。随着5G网络的应用,移动电子商务将会得到更大的发展,甚至会超越传统电子商务成为电子商务的主体。第三,微商是电子商务的一种模式,依然符合电子商务的一般规律,因此微商想要得到进一步发展,品质化和规范化势在必行。除此之外,商业模式的转型、传统企业的布局、新市场的开辟都能促进微商的发展;同时,社交平台的支持也是微商进一步发展的基础。

未来微商可能会像传统电子商务一样,成为消费者购物的主要渠道之一。微商会与微信等社交平台相互促进,共同发展。此外,更多的移动电子商务模式会如同雨后春笋般出现,移动电子商务市场会不断发展壮大。

案例总结

本案例首先介绍了微信生态对微商的作用，作为我国用户规模最大的移动社交平台，微信凭借着自身的社交性质，为移动电子商务的发展打下了基础。接着，本案例分析了微商的商业模式和发展现状。其中，在商业模式方面，从不同的角度对微商进行了分类；在发展现状中，引用数据说明微商市场规模庞大，具有很大的发展潜力。然后，本案例对微商的优势和不足进行了分析。最后，对微商未来的发展趋势进行了展望。

整个案例结构严谨，逻辑严密，清晰地展现了微商的发展脉络。本案例从微商主要依赖的移动社交平台——微信说起，讲到微商的发展现状，然后进一步分析了微商的优势和不足，最后给出微商未来的发展趋势。在整个分析过程中，案例用辩证的眼光去看待饱受争议的微商。微商作为移动电子商务的一种模式，势必会在移动电子商务快速发展的大环境中取得更为耀眼的成绩。

11.7　研究与思考

1. 微商所依托的移动社交平台众多，而微信微商却最受关注，思考其原因。

2. 本案例介绍了微商的许多优势，思考传统电子商务相对于微商有哪些优势。

3. 对于移动社交平台而言，微商的存在比较敏感，思考应该如何协调两者之间的关系，以使它们互相促进，共同发展。

4. 在传统企业纷纷布局微商的情况下，思考资本和口碑都处于弱势的个体微商商家应该如何应对。

5. 与传统电子商务平台不同，微商缺乏配套的服务，思考应该如何解决这一问题。

6. 随着微商逐步品质化和规范化，激烈竞争之后的微商市场可能会日趋平静，思考在这种情况下，微商的价格优势是否会不复存在。

7. 微商的发展容易陷入传销的陷阱，思考微商的发展模式和传销的区别，以及微商的发展如何规避陷入传销的风险。

第12章　小米案例

案例导读

北京小米科技有限责任公司(以下简称“小米”)成立于2010年,是一家专注于智能硬件和电子产品研发的移动互联网公司。“为发烧而生”是小米的产品概念。小米开创了用互联网模式开发手机操作系统,发烧友参与开发改进的模式。小米的发展历程如下:2010年4月6日,小米正式成立,并入驻银谷大厦;8月小米基于Android深度优化、定制、开发的第三方手机操作系统MIUI的首个内测版推出。2011年8月,小米第一代手机发布,一年之后第二代手机发布。2013年4月,小米连续发布四款新品;8月,小米完成新一轮融资,估值达100亿美元,成为当时我国仅次于阿里巴巴、腾讯、百度的第四大互联网企业。2014年5月,平板电脑发布;7月,沿用高配置设计的小米4和手环发布。2015年5月,小米NOTE顶配版发布,这款手机搭载高通64位八核处理器骁龙810;10月,60英寸小米电视3和九号平衡车发布。2016年7月,红米Pro和小米笔记本Air发布;10月18日小米手机销量遭遇滑铁卢,内忧外患。2016年10月,全面屏概念手机小米MIX发布。2017年4月,小米6发布;5月,小米Max2发布,主打大屏大电量。2018年小米出货达1.2亿台以上,逆势上扬32.2%。

小米在苹果和三星垄断手机市场、国产手机存在大量劣质山寨机的年代，冲破重重压力成立，凭借着产品质量、性价比等方面的优势和独特的营销模式迅速在手机市场上站稳了脚跟。

小米如今的发展也遇到了诸多困难。例如，销量下降，某些质量问题饱受诟病。在危机之际，小米管理层迅速做出调整，不断提高手机的性价比以提升口碑，并且开辟了更多的业务和产品，如平板电脑、电视、手环、平衡车等，使得其发展更全面，抗风险能力更高。

12.1 案例分析思路

小米是一家专注于智能硬件、智能家居以及软件开发的企业，总部位于北京。《2018 年 BrandZ 中国出海品牌 50 强报告》显示，小米在我国出海品牌中排名第四，仅次于联想、华为和阿里巴巴。截至 2018 年 3 月 31 日，小米员工数近 1.45 万。

2010 年 8 月和 12 月，小米发布了 MIUI 及首个移动应用米聊。2011 年 8 月，小米正式推出了其第一代硬件产品——小米手机，开创了在互联网线上抢购高配置、低售价智能手机的销售模式。

通过旗下生态链品牌 MIJIA（米家），小米的产品线从智能手机，耳机、移动电源等手机周边产品，以及音箱、手环等移动智能硬件，扩展到智能电视、机顶盒、路由器、空气净化器、电饭煲等家用消费电子产品。截至 2018 年 3 月，小米已进入全球 74 个国家和地区的市场，并在其中 15 个市场中智能手机出货量名列前五。

小米之所以能够不断发展壮大，并且在诸多领域都能窥见小米产品的身影，一方面与其产品质量过硬、性价比高有较大的关系，另一方面也离不开小米的营销策略，尤其是小米所使用的多样化的电子商务销售模式。因此，本案例将在介绍小米发展历程和文化定位的基础上结合电子商务知识对其营销策略等进行分析。

图 12.1 展示了本案例的分析过程。

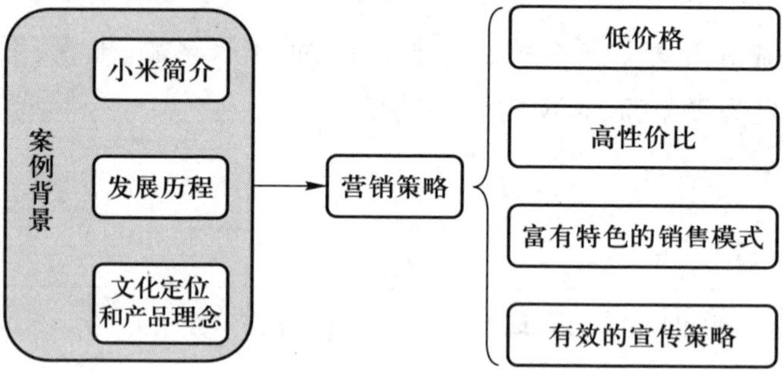

图 12.1　小米案例的分析过程

12.2 案例背景

12.2.1 小米简介

小米是一家专注于智能产品自主研发的移动互联网公司。它有着“为发烧而生”的产品理念，并开创了用互联网模式开发手机操作系统、发烧友参与开发改进的模式，其创办人是雷军。小米在成立之后发展迅速，如今在包括手机在内的诸多领域都有所涉猎。

小米这个名字看似普通，实际上有着深层次的含义。一方面，在小米公司的商标（如图 12.2 所示）中，MI 是 mobile 和 internet 两个英文单词首字母的缩写，意为移动互联网；另一方面，将此商标倒过来是“心”字少一点，寓意用户在使用小米产品时能够比较省心。此外，小米这个名字非常亲民，容易被用户记住，这也契合了小米自身的理念：价格实惠，能够被广大用户接受。

图 12.2 小米品牌商标

小米从 2010 年成立到现在，一直与时俱进，保持着快速发展的节奏。

12.2.2 小米的发展历程

2010 年 4 月，小米正式成立。小米在成立之初主打 MIUI 操作系统和跨平台、跨运营商的手机社交工具——米聊，并分别在 2010 年 8 月和 12 月相继推出了 MIUI 内测版，以及米聊 Android 内测版和米聊论坛。

2011 年 7 月，小米宣布进军手机市场；8 月发布了第一代小米手机；9 月 5 日小米开放了网络预订，半天之内小米手机的预订量就超过 30 万台；12 月小米正式开放网络销售，5 分钟内 30 万台小米手机售卖一空。小米手机给广大用户留下了深刻的印象，尤其受到在校大学生的欢迎。这一年，小米以 MIUI、米聊、手机为三大核心的产品格局基本成型，网络销售成为小米最富有特色的营销模式。需要指出的是，小米社区也在这一年正式上线。

2012 年，小米的手机业务进一步发展，其网络销售模式以及售后服务渠道也进一步完善；同时，小米也完成了新一轮融资，并且发布了第二代小米手机。

2013 年，小米除了进一步发布新版本的 MIUI 操作系统和新一代手机外，小米盒子、小米耳机等产品也相继上线销售。2013 年 8 月 23 日，小米又完成了新一轮融资，估值达 100 亿美元，意味着小米仅次于阿里巴巴、腾讯、百度，成为当时我国第四大互联网企业。

2014 年，小米先后发布了小米路由器 mini 牌、小米盒子增强版、小米平板电脑、小米手环。2014 年 7 月，小米开始进军印度市场；8 月进军印度尼西亚市场。2014 年 10 月 30 日，小米超过联想公司和 LG 公司，成为当时全球第三大智能手机制造商，仅次于三星公司和苹果公司。

2015 年 9 月，小米宣布进军虚拟运营商业务，推出了“任我行”和“吃到饱”两种电话卡，还发布了智能跑鞋、小蚁运动相机等产品。

2016 年 7 月，小米笔记本电脑正式亮相。此外，小米还发布了新一代的手机，投资小白单车，进入共享单车领域。

2017 年 11 月 11 日，小米数据显示，当年“双十一”购物狂欢节小米天猫官方旗舰店总销售额达 24.64 亿元，破历史纪录，比 2016 年提升了近 100%，其中，小米手机连续 5 年夺得天猫“双十一”手机销售额第一。相关数据显示，2017 年第三季度小米在印度的手机出货量为 920 万台，市场占有率达到 23.5%，成为印度第一大手机品牌。此外，小米的智能设备、电视、笔记本电脑也都有不俗的销量。

2018 年 7 月 9 日，小米在香港证券交易所正式挂牌上市。

12.2.3　小米的文化定位和产品理念

1. 小米的文化定位

可以从很多视角来对小米文化进行诠释。下面分别从色彩文化、服务文化、员工文化、科研文化、营销文化对小米的文化定位进行介绍。

（1）色彩文化

前面已经介绍过小米商标的含义，这里主要介绍小米商标的色彩。小米商标所使用的橙色作为一种欢快、活泼的色彩，能够给人留下充满希望和活力的色彩印象，而小米所属的互联网行业正是一个充满希望和活力的朝阳行业。

（2）服务文化

小米不仅关注产品品质，更关注为用户提供的服务品质。小米拥有大量的忠实用户，这与其追求极致的、个性化的优质服务是分不开的。小米提供24小时在线客服，而且小米客服回复用户的评论非常灵活，既体现了对用户的关心，又不失幽默，还拉近了与用户的关系，真正做到"和米粉，交朋友"。此外，小米成立以来，通过建立官方网站、开设官方微博、开辟论坛社区等搭建起与用户交流的平台。利用这些平台小米一方面能够及时把握用户的需求，另一方面能够与用户建立起稳固可靠的信任关系，为向用户提供高品质的服务打下良好的基础。

（3）员工文化

小米内部不强调上下级之间的等级观念，力求营造自由、平等、轻松的伙伴式工作氛围。在这种工作氛围中，员工能够更加高效地工作。即便是小米的创始人雷军也经常参与员工活动。

（4）科研文化

移动互联网发展快速，只有坚持创新，才能在激烈的竞争中占有一席之地。小米在科研方面不断进行创新与研发。小米将互联网的效率和体验优势赋能制造业领域，重视设计，重视核心技术创新，用线上线下相结合的新零售模式提升商业效率。此外，小米还通过运用大数据和人工智能技术，将企业和消费者紧密连接起来，做到互通互联，实时互动，极大地激发了消费活力。

（5）营销文化

"因为米粉，所以小米"。小米最成功的一点就是塑造了自己的粉丝文化，让粉丝成为产品的代言人，去宣传小米的优点和维护小米的品牌形象。在营销方面，小米创始人雷军也起到了较大的作用，他将自己的个人魅力与品牌相结合，成为小米最好的代言人。

2. 小米的产品理念

"为发烧而生"是小米的产品理念。"为发烧而生"是指小米的配置高、价格低，受到发烧友的喜爱。"让每个人都能享受科技的乐趣"是小米的愿景。小米应用互联网模式开发产品，用极客精神做产品，减少中间环节，让每一个用户都能享用优质的科技产品。

案例小结

本部分从小米的简介、发展历程、文化定位和产品理念三个方面对小米进行了介绍。

小米成立于2010年，最初推出了一些应用软件，2011年正式推出了自己的手机品牌。小米手机主要面向中端和低端市场，并通过网络销售的方式快速占据了一定的市场份额。在介绍小米的发展历程时，本部分列举了小米发展过程中的主要事件。在介绍小米的文化定位和产品理念时，介绍了小米的色彩文化、服务文化、员工文化、科研文化、营销文化以及产品理念。

12.3　小米的营销策略

小米的营销策略是互联网时代最成功的营销策略之一。小米利用互联网渠道将其营销推到了高峰，其用户数量和产品销量都说明了其营销策略的成功。下面分别从低价格、高性价比、富有特色的销售模式、有效的宣传策略这几个方面介绍小米的营销策略。

12.3.1　低价格

一提到小米产品，很多人的第一反应就是它亲民的价格，大多数用户都能够负担得起这样的价格。

小米在新产品上市之初将价格定得较低，以吸引大量消费者购买，扩大市场占有率。价格低可以使小米产品尽快为用户所接受，同时小米还通过扩大销量来降低成本，以获得稳定的市场地位。

在通过低价格占据了大量的市场份额后，小米将盈利点放在了软件服务上。从整体来看，小米通过低价格策略获得了庞大的用户保有量和较高的用户黏度，然后在此基础上布局包括软件服务在内的智能生态体系。

12.3.2 高性价比

小米发布的每一种产品性价比都很高，用户可以用购买一线品牌产品的价格购买到相同品质，甚至更好品质的小米产品。例如，小米手机的操作系统是 MIUI，MIUI 的每次升级都有质的提升。好用的操作系统加上较高的硬件配置，使小米手机具有较高的品质。但是，从第一代手机起，小米手机就一直保持着较低的定价，使得小米成为性价比最高的手机之一，并在我国智能手机市场上长期占据着较大的市场份额。2012—2017 年小米手机的销售额及增速变动如图 12.3 所示。

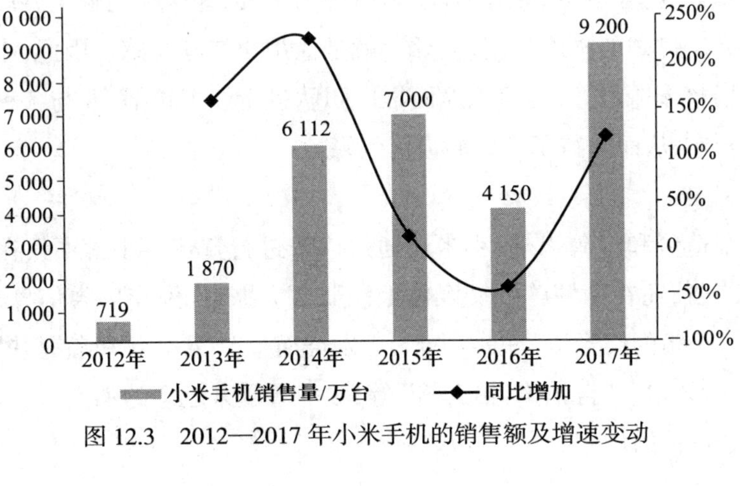

图 12.3 2012—2017 年小米手机的销售额及增速变动

12.3.3 富有特色的销售模式

小米的销售模式非常有特色。小米主要采用网络销售的模式，节省了开设大量实体店的费用。在物流与库存方面，小米与其他公司进行合作，充分利用现有资源，形成了低成本、高效率、快整合、互相促进的模式。例如，小米与富士康、苏宁等签订合约扩增销售渠道，通过以线上销售为主、线下销售为辅的销售模式，拓宽了小米手机的销售渠道。

12.3.4 有效的宣传策略

1. 造势

以小米手机为例。小米创始人雷军在推出小米手机时，慢慢放出与手机相关的信息，引起消费者的关注，激发他们的购买欲望。通过这样的“造势”，小米手机在正式销售前就已经在消费者群体中积累了很高的关注度，再加上手机本身质量过硬，更使得小米手机销售势头良好。

2. 口碑

小米认为，互联网思维的核心是口碑为王，因为今天用户主要以口碑来选择产品。口碑的本质是用户思维，就是让用户有参与感。因此，小米除了进行市场整体造势外，还组织地面推广团队进行线下传播，并与各种销售渠道进行合作，从而获得了良好的宣传效果。

3. 广告

除了造势和口碑以外，小米还通过广告进行宣传。小米不仅在各大网站上做广告，还在微博等社交媒体上注册官方账号，发布广告信息，并和大众互动。小米的广告语——“小米，为发烧而生”“小米手机就是快”“一面科技，一面艺术”“自拍美，拍人美”等，吸引着越来越多的消费者，潜移默化地起到了宣传的作用。

案例小结

本部分围绕小米的营销策略，包括价格、性价比、销售模式、宣传策略4个方面对小米的快速发展进行了分析。

在价格方面，小米采用低价策略，使得大多数用户都能负担得起其产品价格。在性价比方面，小米产品具有较高的性价比，用户以较低的价格就能够购买到配置不错的小米产品，小米产品的高性价比，为其赢得了巨大的市场。在销售模式方面，小米以网络渠道为主，线下门店为辅，通过网络销售产品降低了经营成本，使得小米可以进一步向消费者让利。在宣传策略方面，小米在发售产品前会通过各种渠道造势，同时会利用广告进行大规模宣传，并让用户有参与感，此外还通过树立良好的口碑，使得其产品被口口相传，从而获得更多消费者的青睐。

12.4 启示与总结

小米紧跟时代的发展、技术的进步，依托互联网，开创了小米智能产品品牌。小米从一开始就抛弃了高成本、低效率的实体店运营方式，直接转向高效率、低成本的网络营销，这无疑给传统企业的发展提供了思路，通过探索更加高效的运营模式，不仅可以减少运营成本，还可以为用户提供更加优质的服务。

小米始终坚持“高性价比”的路线，让大多数消费者都能够购买到高品质的产品。小米定位精准，可以为特定的人群提供定制化的产品与服务，最大限度地吸引消费者。小米案例说明，准确把握大众的消费信息与消费能力、制定针对不同用户的策略，是电子商务发展的一个重要推动力。

小米最开始专注于MIUI操作系统和小米手机的研发，随后在更多的领域都有所涉猎，其相继推出了小米盒子、小米耳机、小米路由器、小米平板电脑、小米手环等一系列小米产品，这证明小米所销售的产品是多元化的，并不局限于小米手机。多元化的产品与服务为小米注入了强大的生命力，使其受众面更广，从而提高了小米的影响力和知名度。

小米自创建以来，一直茁壮成长，得到了大量消费者的青睐，这与其发展思路和营销策略有着密切的关系。此外，小米的发展还与电子商务关系紧密，电子商务在小米的发展壮大中扮演着重要的角色；同时，小米也推动了电子商务的发展，为传统电子商务企业的转型与变革提供了许多可供借鉴的思路。

案例总结

本案例首先介绍了小米的基本情况、发展历程、文化定位和产品理念。然后从价格、性价比、销售模式和宣传策略4个方面，对小米的营销策略进行了分析。最后，讨论了小米对电子商务的影响，为传统电子商务的发展和变革提供了可供借鉴的思路。

总体来说，该案例论据充实、条理清晰。小米一直定位精准，并且专注于产品的品质，吸引了大批的忠实用户；同时小米注重营销，通过多种渠道宣传产品，为其产品树立了良好的口碑。小米的发展也从一个侧面反映了电子商务的发展。

12.5 研究与思考

1. 阿里巴巴、亚马逊和京东等都是典型的电子商务企业，为什么小米、苹果等公司也经常被称为电子商务企业？

2. 小米自上市以来，由于其手机的利润空间很小，盈利能力遭到人们的质疑，股价不够理想，试分析如何解决这一问题。

3. 如今小米的模式已经被越来越多的企业所借鉴，相关产品的竞争日益激烈，小米应该采取哪些举措来应对？

4. 结合小米和雷军，思考企业领导者对企业产品战略的影响。

5. 小米产品的涉及面很广，思考小米是如何进入新市场的。

6. 分析小米在国内外的营销策略有何差异。

第13章　短视频案例

案例导读

科技的进步、社会的发展使得人们的生活质量不断提高，人们不仅追求物质上的温饱还追求着精神上的富足。但在信息技术飞速发展的时代，人们更加忙碌，公司、住所两点一线的生活方式似乎已经成为广大上班族的“标配”，因而碎片化时间的利用成为一个非常有挖掘潜力的市场。抖音和快手是两种运营模式不同、理念不同的短视频分享平台，它们顺应了移动互联网和4G网络乃至5G网络发展的潮流，可以用节奏轻快、内容愉悦的短视频内容来填补人们碎片化的时间，使得人们在日常忙碌工作和生活的间隙能得到一丝轻松愉悦的感觉。

短视频是信息技术飞速发展以及人们日常工作和生活的节奏不断加快的产物，其迅猛发展的势头也给遭遇流量红利逐渐消失困境的互联网企业带来了生机。优质的视频故事与企业品牌相结合的营销方式，在给用户带来视觉盛宴的同时也使其乐于从观看者的身份向消费者的身份转化。

本案例将围绕短视频的独特优势及其与电子商务的完美结合，探讨短视频出现的背景、快速成长的原因以及其对电子商务发展的影响。

13.1 案例分析思路

随着移动互联网、4G乃至5G的快速发展,智能手机得到广泛应用,人们可以随时随地使用智能手机进行各种娱乐活动,而与此同时网络的内容也变得更加丰富、质量更高。

本案例从4G普及和移动互联网的发展,以及流量红利消失两大背景出发,分析短视频分享平台诞生的前提条件和促进其蓬勃发展的重要因素;随后从碎片化时间、低制作成本、独特的社交优势以及有利于社会文化与正能量的传播4个角度来详细分析短视频的独特优势,分析短视频能取得人们青睐的原因;接着对今天两个主要的短视频分享平台抖音和快手进行了介绍,并分析了这两个平台在理念和设计风格等方面的差异;最后本案例分析了短视频与电子商务相结合的原因,介绍了当前三种短视频与电子商务的结合方式,并总结和分析了短视频对电子商务企业发展的影响。图13.1展示了本案例的分析过程。

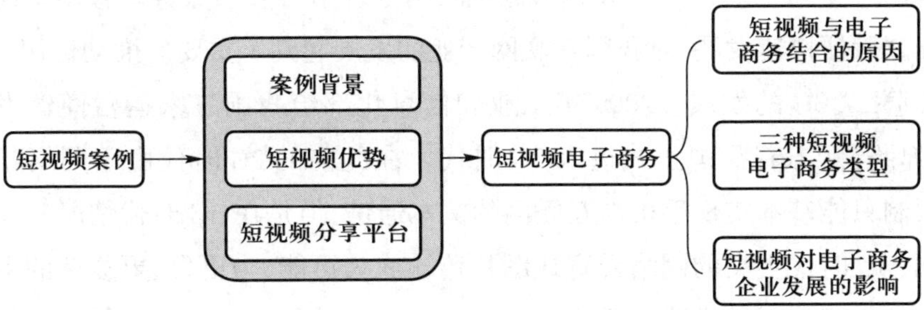

图13.1 短视频案例的分析过程

13.2 案例背景

短视频兴起与移动互联网的发展是密不可分的，因此本节将首先介绍移动互联网的发展；其次在移动互联网越来越普及的背景下，移动互联网的流量红利逐渐消失，并对短视频的发展产生了重要的影响。下面分别介绍这两个方面的背景。

13.2.1 4G 的普及与移动互联网的发展

移动互联网是移动通信和互联网结合的产物，给人们的生活带来了巨大的影响。我国移动互联网发展过程中的几个比较大的事件有以下几个。

第一，移动梦网计划。2001 年中国移动的移动梦网计划正式实施，这个计划为我国手机上网提供了平台。当时中国移动宣称手机用户可以利用移动梦网享受到包括移动游戏、信息点播、网上理财等多项服务。移动梦网自推出之后便快速发展，对我国互联网产业的发展起到了重要的推动作用。

第二，3G 的发展。2009 年工业和信息化部给我国三家运营商颁发了 3G 牌照，标志着我国正式进入 3G 时代。在此前的 2G 时代由于网络带宽的限制只能基本实现手机与互联网的文本通信，但是在 3G 时代情况却完全不同，3G 时代更高的网络带宽让图片传输成为可能，为更多、更复杂的手机应用的出现铺平了道路。用户可以互相发送图片信息，阅读小说，获取位置等。可以说，3G 从根本上实现了移动通信和互联网的融合，掀开了我国移动互联网发展的新篇章。

第三,4G 的发展和普及。如果说 3G 时代是移动互联网发展的新篇章,那么 4G 时代就是移动互联网的高速发展阶段。4G 是 3G 的进一步发展,它让移动网络的数据传输速率从约 100 Kbps 上升至超过 1 Mbps,同时也极大地减少了通信延迟,这使得在 3G 时代无法实现的视频传输成为可能。由于 4G 时代移动互联网通信费用大幅下降以及智能手机快速发展,移动互联网得到了高速发展,各大厂商也开始面向手机平台推出自己的应用。

移动互联网的发展使得各类手机端应用软件不断被推出,人们可以随时随地打开手机快速获取各类信息。而与此同时,人们的时间也开始变得碎片化。作为一种视频长度以秒计数、主要依托移动智能终端实现快速拍摄与美化编辑、可在社交媒体平台上实时分享和无缝对接的新型视频形式,短视频完美地满足了用户渴望在碎片化时间内获取更多信息的需求,因此短视频在短时间内获取了大量的用户。

13.2.2 流量红利的消失

移动互联网和智能手机的发展极大地降低了接入互联网的门槛,越来越多的用户开始接入互联网,产生了大量的流量。在有了巨大流量的情况下,通过广告等渠道变现获得的资金称为流量红利,因此企业获取流量红利的关键在于尽可能多地获得新用户,提高吸引流量的能力。但是随着互联网用户的增长率不断下降,新用户逐渐减少,电子商务企业要想获得相同的流量增长就要付出更多的成本进行推广,即流量红利将越来越少。新浪微博 2018 年第一季度的季报显示,新浪微博第一季度净利润为 1.13 亿美元,虽然其比 2016 年第一季度 1 600 万美元翻了 10 翻,但是增长率却在下降。还有很多类似的增长率下降的数据从多个方面反映了流量红利将到达瓶颈。

在互联网用户数量快速增长的时期,企业吸引新增用户的成本较低,变现收益较高,因此每个电子商务企业只需吸引新增用户中对自己产品感兴趣的用户即可。但是在流量红利消失的情况下,生产同质产品的企业之间必须进行用户的争夺,这使得电子商务企业必须选择其他方式来吸引更多的流量和推广自身的产品。在这种情况下,与内容优质且易于被人们接收的短视频结合显然是当今一种较好的引流方式。

案例小结

移动通信技术,从最初的数据传输速率不到 1 Kbbs 的 1G,发展至如今数据传输速率峰值可达 100 Mbps 的 4G,而数据传输速率高达 10 Gbps 的 5G 也已经商用,移动通信技术的迅猛发展使得传输更高质量的内容变为现实,人们可以随时随地观看视频、进行网络直播以及开展各种各样的娱乐活动。3G 开启了移动互联时代,4G 进一步推动了移动互联的发展,让人们的生活质量变得更高,而即将到来的 5G 时代则会开启万物互联时代。移动通信技术的发展必然会催生与之相适应的产品,而短视频则作为 4G 时代的产物,极大地丰富了人们在忙碌工作和生活的间隙碎片化的休息方式。

移动互联网的迅猛发展使得越来越多的人开始接触互联网,从而迎来了互联网流量红利,互联网企业借助这一契机向数量不断增加的互联网新用户推广自己的产品,以较低的成本获得了较高的收益。但是,移动互联网发展至今,普及程度已经非常高了,之前因流量红利而产生的互联网产品琳琅满目,随着流量红利逐步消失,如何能在激烈的竞争中推广自己的新产品,则是电子商务企业需要考虑的问题。短视频的出现给电子商务带来了又一个生机,通过与短视频的结合来树立自己产品的品牌成为一种新的引流方式,即以一种令人愉悦的方式来向用户展现产品的价值,从而达到让用户购买的目的。

13.3 短视频的优势

短视频自2011年出现以来，逐渐走进人们的生活，并开始越来越多地占据人们的手机娱乐时间。短视频行业之所以能够获得快速发展，并受到市场的欢迎，与其自身的优势有关。这些优势使得短视频能够契合当今社会快节奏的生活方式，其主要表现在碎片化时间、制作成本降低、社交优势以及社会文化与正能量的传播这4个方面。

13.3.1 碎片化时间

当今社会，无论是从经济发展来看，还是从科技发展来看，都处于前所未有的高速发展阶段，社会的高速发展也使人们的工作和生活节奏加快。人们的时间已经被工作和生活中的各种事务、活动分割成一个个碎片，因而对碎片化时间的利用变得十分重要。而观看短视频成为人们便于在碎片化时间进行的一项活动。

从受众的角度来看，都市青年是短视频应用最直接的受众。这部分人群在生活中有大量的碎片化时间。随着内容的不断优化、个性化推荐机制的不断完善，以及操作更简单、交互更便捷，短视频受到越来越广泛的人群的青睐。短视频根据人们的偏好向其推荐相应的内容，受到了人们的欢迎。

13.3.2 制作成本降低

短视频应用大多属于用户生产内容（user generated content，UGC），因此极大地提高了用户的参与度。用户不仅可以作为内容的接收者与传播者，还可以作为内容的生产者直接参与短视频制作，将自己希望表达的内容以短视频的方式传播出去。而实现这一切则只需要用手中的智能手机拍摄一个十几秒的视频片段，然后再对其进行简单的加工处理即可。视频片段的后期处理甚至可以由短视频分享平台来完成。用户也可以参与短视频上游和下游的制作工作。从创作者的角度来说，制作视频的成本变低了，内容与信息会更多地出现在视频分享平台上。同时，由于短视频的内容制作更加便捷，对于生活场景也更加容易记录，其中的突发事件与热点新闻能够为发布者带来更多的关注，因此进一步提高了用户的参与度。

13.3.3 社交优势

短视频的优势不仅在于其契合了人们的生活节奏，能够满足人们低成本、全方面参与视频内容制作和发布的需求，还在于其与社交特性的结合。秒拍与微博一直保持良好的合作关系，短视频“大 V”（如专家学者、明星艺人、网络红人等的账号）通过秒拍制作自己的短视频，通过微博等社交平台进行传播。同样，微信也提供了基于朋友圈的短视频传播方式，与微博不同的是，微信的短视频局限于朋友圈，具有隐私性。可见，社交平台都认识到了短视频在信息传递上的重要性。

除了依托社交平台进行传播推广，短视频也可以形成自己的社交网络。秒拍依托于微博的社交流量与用户关系链，搭建了自己的社区。通过社区化运作，用户可以直接在短视频分享平台上建立社交关系，通过“关注”等形式建立联系，订阅信息推送。而基于短视频社区的互动与社交，以明星、达人带动流量引发社交话题，以社交链为纽带，沉淀用户，活跃短视频社区，以促进用户留存。

13.3.4 社会文化与正能量的传播

短视频作为在互联网背景下产生的内容传播形式，对社会文化与正能量的传播也具有积极的推动作用。以抖音短视频应用为例，目前入驻抖音的政府机构和媒体超过500家，其中包括人民网、央视新闻、国资委等权威机构，中国陆军抖音号的视频播放量超过了2 000万。短视频作为当今社会人们喜闻乐见的一种移动应用，为政府提供了除电视、报纸、广播等传统渠道之外的一种全新的信息传播方式，而且这种方式更加简捷、灵活，也更接近人民群众。

2018年，清华大学官方抖音号认证上线，发布了第一条几十秒的短视频，内容是教授带领着学生、保安和厨师等在清华大学各地标建筑前欢快跳舞，表现了欢愉的校园生活，这条短视频一经上传，在短短的一天时间内就获得了725万播放量与43万次点赞。而在2018年12月，清华大学的快闪《我和我的祖国》也传遍了微信朋友圈。机构官方短视频账号的上线有助于信息传达与正能量传播。此外，还有众多名人学者、自媒体利用抖音进行文化知识的传播，让人们在娱乐的同时也提升了自己的知识素养。

短视频分享平台与政府、媒体机构合作，制定政务媒体账号成长计划，传播有价值、正能量的文化。人民网舆情数据中心发布的《短视频“正能量”传播研究报告——以短视频平台抖音为例》指出，当前社会的文化传播形式多样，以移动互联网为背景的文化传播方式体现出移动化、生活化、视频化的趋势，为短视频的发展提供了肥沃的土壤，短视频分享平台也肩负着传播优秀文化的重要使命，“正能量”是其中重要的组成部分之一。

短视频作为一种信息传播形式，与传统的信息传播形式一样，需要接受严格的监管，去除糟粕内容，弘扬优质文化，促进优质文化与正能量的传播。

案例小结

生活节奏快、工作忙碌、压力大可以说是现代人们生活的特点，很多人缺乏整块的闲暇时间进行娱乐活动，在这种情况下以内容轻快、时间短为特点的短视频,很好地填补了人们的碎片化时间。例如,在上班的途中、午休时间等,人们可以通过观看短视频来放松精神、缓解压力。此外,低制作成本的特性也加速了短视频的生产,每个人都可以便捷地拍摄出自己的短视频并分享给大家,而人们每天也都可以观看到许多新的具有不同内容的短视频。短视频在受到广大用户喜爱的同时,也在用户之间建立起了一定的社交关系。优秀的视频制作者还可以借助微信、微博等平台进行视频的分享,从而获取大量的关注和点赞,进而建立起一个基于短视频的社交网络。此外,短视频还可以向广大人民群众传播社会文化和正能量。

13.4 短视频分享平台

13.4.1 抖音

抖音是一款为用户提供娱乐短视频(时间长度为 15 s)的短视频分享平台,于 2016 年 9 月正式上线。抖音的特点是为用户推荐优质的视频内容,给予用户沉浸式观看体验。图 13.2 所示的是抖音的界面,其采用全屏播放模式,整个屏幕只显示一个视频,用户只要轻轻向下滑动手指就可观看下一个视频,对于自己喜欢的视频,用户可以全屏观看,而对于自己不喜欢的视频则可以将其快速过滤,从而给用户持续的沉浸式观看体验而不会使其有任何卡顿感。抖音界面的右侧有点赞、评论、转发等按钮,在用户进行评论时,视频的播放不会停止且评论界面只占据屏幕三分之二的位置(如图 13.3 所示),这种独特的设计也符合抖音沉浸式观看体验的风格。

在运营方面,抖音采用强运营、中心化的方式,通过政府机构、企业、专家学者、明星、网络红人等的抖音号为用户持续生产优质的视频内容，为用户提供视觉盛宴。抖音通过签约“红人”和设置内容的主题、玩法及音乐，主导视频内容的生产，而且其推荐算法会为用户不断推荐具有高点赞量的视频内容或者某个“红人”的视频，以保证用户看到优质视频。但是，这种做法在保证用户看到高质量视频内容的同时也会产生马太效应，使得普通用户上传的短视频难以吸引到流量。由于抖音的优质视频数量大，所以抖音主界面采用“单一视频的全屏播放模式”，使得用户只需轻轻滑动手指即可看到更多的优质视频而无须进行选择。

图 13.2　抖音界面

图 13.3　抖音评论界面

由海马云大数据与秒针系统联合发布的《2018 · 抖音研究报告》显示，抖音的月活跃用户数超过 3 亿，平均每人每月有 13.5 天都在使用抖音；抖音的优质视频辐射范围大，占其视频总数 2.7% 的头部视频获得了其 80% 以上用户的关注和参与，而占其用户总数 4.7% 的头部用户获得了其总流量的 97.7%。

13.4.2 快手

快手是北京快手科技有限公司旗下的产品，诞生于 2011 年 3 月，并于 2012 年 11 月从原始 GIF 图片制作、分享应用平台转型为用户记录、分享生活点滴的短视频分享平台。快手的界面如图 13.4 所示，其与抖音界面的风格完全不同。快手以视频封面列表的形式向用户展现短视频，用户只有单击进入视频播放界面才能观看视频，而且其评论界面会占据整个屏幕（如图 13.5 所示）。与抖音相比，快手的操作略显复杂，而且难以给人一种沉浸式的观看体验。在观看视频之前，用户需要先从快手主界面的若干个视频中选择自己想看的视频，这会花费用户一定的时间，而且进入观看视频和退出视频时存在界面跳转的情况，难以给用户抖音那种可无缝观看视频的沉浸式观看体验。

快手与抖音设计风格的差异，源于其与抖音平台设计理念的差异。快手与抖音最大的不同，就是快手一直致力于打造一个普通人分享自己生活的平台，因此对普通用户足够包容。无论用户自身是否受欢迎，以及用户生产的视频质量是否高，他们上传的视频被大家看到的概率基本相当。快手不干预视频内容的生产，只负责社区规则的制定，即视频内容的生产和推荐由用户主导。快手所采用的视频推荐算法也与抖音不同，在视频发布初期，其曝光度会随着用户关注度的增加而增加，但是当用户的关注度超过某一阈值（如 100 万次点赞）时，其曝光度会被立即降低，使得其他点赞量较小的视频能有更多的机会被大家看到，从而可以很好地抑制马太效应。因此，快手主界面以列表的形式呈现，这就是因为其展现的内容不像抖音那样以优质视频为主，而是将具有高点赞量和低点赞量的视频混合起来展示，用户可以自主选择视频观看。快手一直注重社区公平，强调每个人分享的视频都能被大家所看到；头部用户是从底部用户成长起来的，而每一个底部用户都有机会成为头部用户。

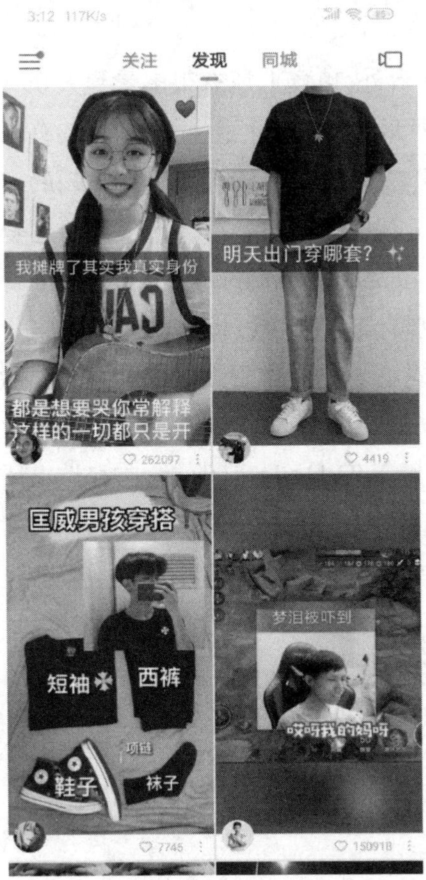

图 13.4 快手界面

图 13.5 快手评论界面

快手大数据研究院发布的《2018 快手内容报告》显示，快手每天上传的短视频超过 1 500 万条，短视频库存达 80 亿条，品类极其丰富，其中生活类视频所占的比重为 28%，可以看出快手用户以分享日常生活视频为主，与其普通人记录生活的定位相符。除了生活之外，快手小姐姐、美食、职业技能、技艺类别的视频所占的比重分别为 14%、11%、8%、8%，由此可以看出快手用户除了喜欢分享生活外，也喜欢分享改善生活的方式。

13.4.3 其他短视频分享平台

除了抖音、快手这两个短视频分享平台外，市场上还有很多受到大众青睐的短视频分享平台，像字节跳动系的西瓜视频，炫一下（北京）科技有限公司的秒拍视频、厦门美图网科技有限公司的美拍视频等。西瓜视频的定位为专业用户生产内容（professional user generated content，PUGC），即用户生产内容（UGC）和专业生产内容（professional generated content，PGC）的合体，它按类别向用户展现视频，其视频类别有影视、游戏、社会、VLOG、音乐、综艺、农人等；除此之外，它还有专门的直播频道，如“大成武艺中国 MMA 综合格斗超级联赛”直播。秒拍拥有全新的炫酷 MV 主题、清新文艺范的滤镜，外加个性化水印和独创的智能变声功能，可以让普通用户快速制作出精致的短视频并将其分享到微博、微信等社交圈中。美拍是一款可以直播、制作小视频的受广大年轻人喜爱的软件，其拥有高颜值手机直播和礼物系统功能，是有代表性的娱乐直播平台，其短视频频道主要是关于生活娱乐的，如舞蹈、音乐、美食、旅行等。

案例小结

抖音和快手是两款各具特色的短视频分享平台，两者从平台设计理念和界面风格等方面都存在着显著的差异。抖音希望在为用户提供优质视频内容的同时也为用户营造一种沉浸式观看体验，这种设计理念可以迅速吸引大量的用户，这也是抖音快速发展的原因之一。快手则致力于打造一个能够让每个普通用户都能记录、分享自己生活的平台，致力于维护惠及每个普通用户的公平的视频社区秩序。抖音利用政府、企业和高校，以及明星、网络红人等的入驻，以主导的方式为用户持续生产优质视频，虽然用户看到的大多都是头部用户发布的优质视频，但是这也会产生马太效应，普通用户的视频被大家看到的概率较低。快手则相反，其设计理念不会让任何一个用户拥有持续的高曝光率，所有用户的视频被大家看到的概率基本相当，所以与抖音以头部用户的优质视频为主相比，快手则更偏向于普通用户发布的视频，因为它更多的是记录普通人所经历的平凡世界。除了抖音和快手外，市场上还有很多短视频分享平台，诸如西瓜视频、秒拍、美拍等，这些平台也同样受到人们的喜爱。

13.5 短视频电子商务

随着互联网行业的发展，电子商务已经深入人们生活。电子商务与短视频的结合也越来越紧密，下面从三个方面对短视频电子商务进行分析。

13.5.1 短视频与电子商务结合的原因

在我国电子商务发展的初期，因为网民数量巨大，网购用户规模也较大，电子商务平台获得用户的成本极低，这个阶段称为我国电子商务的红利时代。但是随着各类电子商务平台的出现，电子商务领域的竞争日益激烈，获取新用户变得越来越困难。2017 年，我国电子商务网络购物 PC 端的增幅已经降至 12.9%，手机端也只有 29% 的增幅，创近年新低。这些数据表明了电子商务流量红利时代的结束。在这种环境下,基于移动互联网的电子商务的发展遇到了瓶颈,而短视频的发展则为电子商务提供了一种新的营销方式。短视频和电子商务成功结合的原因有以下几个。

第一,与传统的营销方式相比,短视频更加直观、生动,能够给观众带来临场感,而且形式更加多样,也能够承载更多的信息。在很多情况下,短视频在营销中可以起到类似电视广告的作用。直观生动的观看体验可以让卖家希望传达的信息更好地被买家接受。

第二,短视频可以通过各种社交平台进行传播,因而更容易带动流量。短视频节奏快、内容轻量化的设计,使得其很容易在社交网络上传播。目前,短视频除了可以在站内分享外,还可以通过QQ、微信、微博等进行传播,在传播过程中质量高、设计好的短视频更容易带来规模效应和眼球效应,从而带动流量。

第三,短视频给用户带来的愉悦感,可以让用户更容易接受卖家的广告行为和促销行为。对于传统的宣传和营销方式而言,如何在用户不产生抵触心理的前提下让用户主动地阅读和观看广告是很重要的。而短视频在这方面有着天然的优势。短视频营造的愉悦环境更能引发用户的"心动"和行动,从而促进用户的消费。另外,短视频易于带动用户的情绪,引起用户的消费冲动。目前,抖音的电子商务化尝试就是将消费群体、流行文化、购买需求三者结合起来,运用简单的蒙太奇搭配流行音乐,再加上优质的内容,充分调动用户的情绪,让用户产生消费行为。

虽然短视频和电子商务的结合有着独特的优势,但是两者结合也需要考虑很多问题。首先,用户登录短视频分享平台最主要的目的是休闲和娱乐,因此在向用户推送短视频形式的广告时必须要对用户感受和商业利益这两个方面进行权衡。边观看短视频边产生消费行为的逻辑只有在优质视频内容与商业广告完美结合的情况下才能够达成。以短视频的形式塑造商品品牌形象并不是指单纯地播放广告。例如,在一个经常分享各地美食的美食博主视频界面上加上商品橱窗的入口就是一个很好的内容与广告相结合的方式。

13.5.2 三种短视频电子商务类型

现阶段主要有三种短视频电子商务类型，分别是短视频分享平台 + 电子商务、电子商务平台 + 短视频以及短视频和电子商务平台。下面对这三种短视频电子商务类型进行介绍。

1. 短视频分享平台 + 电子商务

短视频分享平台 + 电子商务是指在短视频分享平台上接入电子商务接口，如抖音的商品橱窗、快手的我的小店等。这种短视频电子商务类型以短视频分享平台为主、电子商务为辅，需要首先打造一个良好的短视频生态。内容的产生、传播和接收这三个流程是短视频生态的重要组成部分。在内容生产方面，要产生优质的视频内容，就要吸引优质博主（短视频发布者）；另外，短视频分享平台要投入更多的人力和物力来主动生产内容。内容的传播是指短视频分享平台借助各种媒介，让更多的用户有机会接触到其短视频产品，庞大的用户通常意味着强大的消费能力。在内容接收方面，短视频分享平台要向不同的用户推荐个性化的视频内容，从而对用户产生更大的吸引力。可以说，只有短视频分享平台本身发展壮大了，才有可能在此基础上更好地将电子商务营销和短视频形式结合起来。

2. 电子商务平台 + 短视频

电子商务平台 + 短视频以电子商务平台为主，短视频为辅，是指以电子商务移动 APP、PC 客户端为平台，通过新增商品短视频窗口、搭建短视频子商城等方式，对短视频进行整合。在这种短视频电子商务中，短视频主要起着强化商品展示的作用，其主体仍是电子商务，旨在改善消费者的购物体验。它与短视频分享平台 + 电子商务的最大区别是主体不同。短视频分享平台 + 电子商务，强调短视频本身的娱乐效果，这就要求短视频分享平台首先要经营好视频内容；而电子商务平台 + 短视频则强调购物，短视频不能喧宾夺主，只有更好地引导用户选购商品，才符合电子商务平台的利益。

3. 短视频和电子商务平台

短视频和电子商务平台是指以短视频导购为核心,围绕"商品"创作和发布视频,强调短视频、电子商务的双重身份,电子商务和短视频合二为一,兼具视频观看与购物功能,如阿里巴巴的鹿刻、刷刷看、花卷商城等。目前,这种短视频与电子商务相融合的方式还有着很大的发展空间,因为用户进入短视频电子商务平台的目的不是很明确,只有将短视频和电子商务、娱乐和消费更好地结合在一起,找到两者的结合点,才能吸引用户,给用户带来更加新鲜和便利的体验。

上述三种短视频电子商务类型各有差异,适用的场景也不同,但是无论哪种类型的平台都要在其主体领域精耕细作,不断了解用户心理,理解用户需求,这样才能在短视频的助力下迎来电子商务的进一步发展。

13.5.3 短视频对电子商务企业发展的影响

在如今流量红利逐渐消失的背景下,传统电子商务的营销成本越来越高,激烈的竞争和越来越高的流量成本使得企业新推出的产品难以很好地吸引用户。短视频的博主与其"粉丝"之间是吸引的关系,他们之间有一定的情感关系,而电子商务企业与用户之间只存在交易关系,所以传统电子商务企业应借助短视频向"粉丝"型电子商务企业转型,通过优质的短视频内容与用户建立情感关系并塑造自身的品牌形象,进而推广自己的产品,而此时的用户作为"粉丝"也会非常愿意购买相关产品,整个过程轻松愉悦。由于短视频自身具备一定的社交属性,电子商务可以借助其社交功能吸引更多的用户,电子商务企业可以利用短视频与用户拉近距离,进行情感交流,与用户建立信赖关系,最终达成令双方都满意的交易,与此同时也传递了自身的品牌文化。由此可见,短视频能够使电子商务企业与用户之间单纯的交易关系,向着基于视频 + 社交 + 电子商务的新型卖家与买家关系发展,以更好地传递企业的品牌文化,引导用户消费。

案例小结

随着互联网流量红利的消失，电子商务企业需要寻找一个新的引流方式，而短视频则是一个很好的引流方式。短视频比传统的以图文形式表达的营销信息更加直观、生动，更能给观众带来临场感，而且短视频易于在各大社交平台（如微信、微博等）上分享，从而吸引更多的流量。与传统的电子商务相比，短视频电子商务则更注重用户的视觉感受，由于它并不是一个以广告为导向的宣传方式，而是在给用户输出优质视频内容和建立自身品牌形象之间寻找一个平衡点，所以更容易为广大用户所接受。

短视频电子商务一共有三种类型，分别是短视频分享平台＋电子商务、电子商务平台＋短视频，以及短视频和电子商务平台。但无论是哪种短视频电子商务类型，都要给用户带来愉悦的体验，并向用户提供高质量的产品。更重要的是，短视频是电子商务企业和用户之间建立信任与情感关系的纽带，而且其所具备的社交属性可以不断扩大电子商务企业的用户群体，为其树立良好的企业形象，为企业带来可持续的高收益；同时也使用户能够放心购买产品，形成一种双赢的局面。

13.6 启示与总结

短视频是4G发展的一个产物，随着5G的应用还将进一步发展出更加丰富的内容和形式。短视频诞生之初旨在填补人们日常工作和生活中的碎片化时间，使得人们能够在忙碌之余缓解压力。短视频凭借着其节奏快、易被用户接受、制作成本低，以及独特的社交优势逐渐赢得了人们的青睐并迅速发展起来。基于短视频，社会文化和正能量可以快速地传播开来，即以一种轻松愉悦、易于接受的方式向人们传播知识和正确的价值观。与传统图文形式的新闻信息相比，短视频的内容更加生动和丰富。

除了充分利用用户的碎片化时间和传播社会文化及正能量之外，电子商务是短视频的另一个应用领域。随着互联网流量红利的消失，以短视频的形式树立自身的品牌形象则是当今电子商务企业引流的新形式。为了避免用户对传统广告宣传方式的厌烦情绪，电子商务企业应在将短视频与电子商务结合的过程中使用户观看体验和商品宣传之间达成平衡。例如，电子商务企业可以先通过短视频的形式让更多的用户关注，并自然而然地接受企业的产品，再去引导用户进行消费，而并非直接以消费为导向。

综上所述，短视频将有助于建立起新型的电子商务与用户的关系，这种关系是一种基于情感和信任的持久关系，在通过短视频的优质内容与用户建立起这种关系之后，电子商务企业便可以很容易地通过短视频的社交属性不断扩大自己的用户群体，这不管是对电子商务企业自身的品牌形象、收益，还是对用户所获得的产品体验，都是有利的。

案例总结

本案例思路清晰，因果关系明确，首先从 4G 及移动互联网的普及和流量红利的消失两个方面介绍了短视频产生的背景，以及它们是如何催生短视频的并促进其蓬勃发展的；之后从碎片化时间、制作成本低、社交优势和社会文化与正能量的传播 4 个方面论述了短视频自身独有的优势，这也是短视频能够迅猛发展的重要因素。接着，本案例对当前两款主要的短视频分享平台——抖音和快手进行了介绍，对抖音和快手不同的界面设计风格和运营模式进行了深入分析。最后，本案例对短视频电子商务进行了介绍，分析了短视频与电子商务结合的原因、类型以及其对电子商务企业发展的影响。

总的来说,本案例细致地对短视频的发展状况进行了介绍,注重分析每种现象背后的深层次原因,使读者更加深入地了解了短视频对当今社会,尤其是电子商务发展所产生的影响。

13.7 研究与思考

1. 分析抖音和快手用户群体的区别。

2. 你觉得短视频和电子商务应以什么方式进行结合,并结合具体商品的例子进行说明。

3. 举出你最喜欢的一个短视频分享平台的博主,说说被其视频内容吸引的原因。

4. 流量红利消失,还会对电子商务企业造成什么样的影响?

5. 思考短视频在5G时代会发生怎样的变化。

6. 除了电子商务领域外,短视频还对哪些领域有着深刻的影响?

7. 除了短视频外,电子商务企业还有哪些引流方式?

第 14 章　百词斩案例

案例导读

说到电子商务,人们首先想到的是淘宝网、京东、亚马逊等电子商务平台,或者是支付宝、微信支付、苹果支付等电子支付产品,抑或是基于新技术的新兴电子商务产品。但实际上电子商务的影响远比人们想象的大得多,它已经广泛地渗透在人们的日常生活中。例如,“电子商务+农业”扩宽了农产品销售渠道,促进了农业经济的发展;“电子商务+政务”有助于政务工作更高效地进行;“电子商务+医疗”提高了患者就医效率,丰富了就医方式,使得远程问诊成为可能;“电子商务+教育”降低了学习门槛,增加了课堂的趣味性,丰富了学习形式。本案例将对“电子商务+教育”中的背单词软件——百词斩进行分析,展现了电子商务对这类软件的影响。此外,本案例还对百词斩与同类软件扇贝单词进行了对比分析。

14.1　案例分析思路

一提到电子商务,很多人就会想到购物平台,如淘宝网和京东,但其实电子商务的定义比“购物平台”更宽泛。电子商务(electronic commerce),

从狭义上讲，是借助信息技术以电子的方式来完成商品的交易，也就是将传统的商品交易活动电子化、网络化和信息化；而从广义上讲，一切依托互联网平台进行的商业活动均属于电子商务的范畴。商业活动不仅包括实物交易，还包括所提供的服务等，目前市场上背单词软件中的付费词典、付费课程也是电子商务的典型应用之一。

电子商务的蓬勃发展不但依赖相关技术的发展，还依赖政策的支持和市场的需求。电子商务活动需要在宏观政策的支持下，结合市场需求，为用户提供相应的产品或服务。以英语学习为例。英语在我国各个教育阶段都占据着举足轻重的地位，尤其对于高校的学生而言，不管是学习、科研、出国留学还是就业，英语能力都非常重要。此外，随着我国经济不断发展，人民生活水平不断提高，越来越多的人有了出国留学和与国际友人交流的机会，所以人们对英语学习更加重视。而信息技术的不断进步，使得其对人们英语学习的支撑作用增强，在这样的背景下，包括背单词软件在内的各种手机软件应运而生。

本案例首先分析了百词斩这款背单词软件的行业生态，然后详细介绍了百词斩的发展概况，以及其涉及电子商务的周边业务。由于百词斩和扇贝单词都是目前市场上比较受欢迎的背单词软件，而且这两款背单词软件在产品定位、用户、功能、盈利模式等方面比较接近，所以本案例对它们进行了对比分析。图 14.1 所示的是百词斩案例的分析过程。

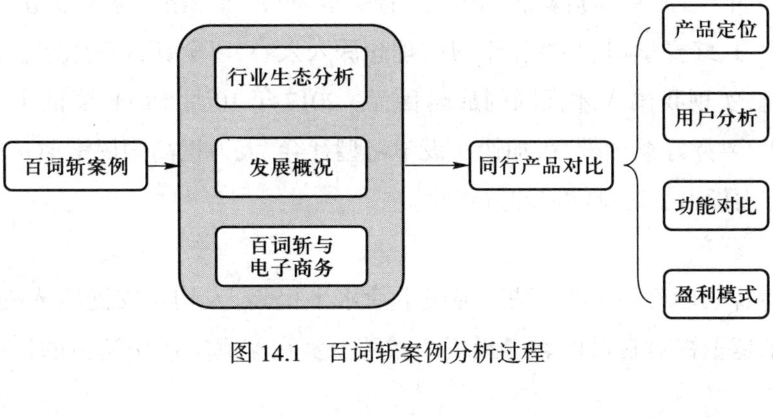

图 14.1　百词斩案例分析过程

14.2 行业生态分析

本节将从宏观环境和市场现状两个角度来分析百词斩这类背单词软件所处的行业生态环境，以分析这类软件产生的背景。其中，对于宏观环境，将从政策、经济、社会、技术 4 个方面进行分析；对于市场现状，将从市场规模和市场阶段两个角度进行分析。

14.2.1 宏观环境分析

下面从政策、经济、社会、技术 4 个方面对百词斩所处的宏观经济环境进行分析。

1. 政策

一方面，在我国外语教学，尤其是英语教学，在教育体系中占据着举足轻重的地位，从小学到大学乃至研究生阶段均设置了英语必修课程，而且无论是出国、科研还是工作，均有对英文能力的考查。另一方面，在国家层面，国务院于 2017 年 1 月 19 日颁发的《国家教育事业发展“十三五”规划》指出，促进全民学习、终身学习、个性化学习的理念深入人心，以全新的理念来引领教育现代化，实现我国人才强国的战略目标。2017 年 10 月 18 日，党的十九大报告指出，要办好继续教育，加快建设学习型社会，大力提高国民素质。这些在政策方面指出了终身学习的重要性。

2. 经济

随着我国经济不断发展、国民生活水平提高，人均可支配收入提高，人们越来越重视对自己的教育投资。教育投资在家庭支出中所占的比重逐渐提高。教育部发布的2018年全国教育经费统计快报显示,2018年全国教育经费总投入为46 135亿元,比上一年增长8.39%。教育投资成为人们的一项重要投资。此外,我国出国留学人数不断增长。据统计,我国出国留学总人数从2012年的14.49万增长到2017年的60.84万。英语是人们出国的必备语言之一,这使得越来越多的人加入英语学习的行列。

3. 社会

在全球化背景下,英语已成为当今主要的国际通用语言。英语不仅仅是一门语言和交流的工具,而成为人们必备的技能。从社会层面来看,社会对人们英语能力的要求不断提高。在这样的大背景下,英语教育越来越受到人们的关注。

4. 技术

移动互联网和移动设备的发展与普及,为互联网教育的发展提供了契机。在这样的背景下,英语教育也逐渐从线下课堂,向线上线下相结合的授课模式转变,让学习者足不出户就能享受到优质的师资和教学服务。背单词软件成为除纸质单词书外人们学习英语单词的一种新工具,使人们可以随时随地学习英语单词。

另外,人工智能的发展也使教育模式发生了变革。对于英语单词学习而言,利用人工智能可以智能地向英语学习者提示易忘单词,并对其进行一对一的辅导等。

14.2.2 市场现状

从宏观环境分析可知,英语学习是一件受到政策支持、由经济带动和技术推动、符合社会需要的事情,在这一背景下,英语学习类软件应运而生,这些英语学习类软件遵循循序渐进的教学原则,通过简洁、有趣以及便于记忆的方式来帮助人们高效地学习英语。目前,英语学习类软件的功能主要集中在线上教学、背单词、听说、词典和阅读这几个方面,为学习者提高英语能力提供了很大的帮助,因此这些软件赢得了广大英语学习者的青睐。由于单词是英语学习的基础,所以背单词的功能是英语学习类软件的基础功能,人们使用这些软件背单词的初衷是希望能够通过有趣且便捷的方式来加深对单词的记忆及拓展自己的词汇量。

1. 市场规模

中国互联网络信息中心(CNNIC)发布的第 40 次《中国互联网络发展状况统计报告》显示,截至 2017 年 6 月,我国网民数为 7.51 亿,其中手机网民数占 96.3%,图 14.2 展示了 2016 年 12 月和 2017 年 6 月我国网民的职业分布(数据来源于中国产业信息网)。假定学生是背单词人群的主体,那么背单词软件市场的用户数约为 1.9 亿。

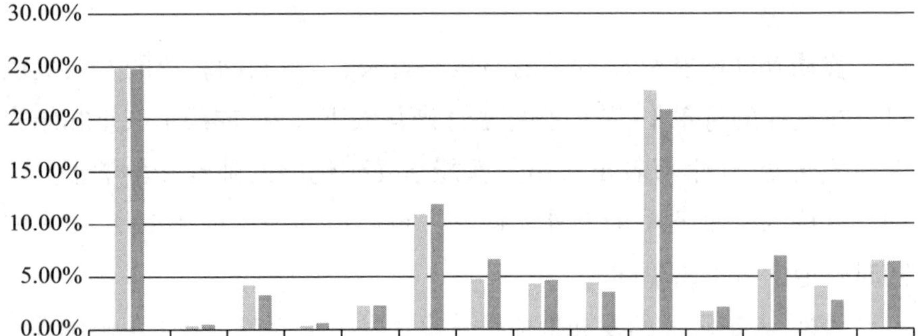

	学生	党政机关事业单位领导干部	党政机关事业单位一般人员	企业/公司高层管理人员	企业/公司中层管理人员	企业/公司一般职员	专业技术人员	商业服务业职工	制造生产型企业工人	个体户/自由职业者	农村外出务工人员	农林牧渔劳动者	退休人员	无业/下岗/失业人员
2016年12月	26.00%	0.40%	4.30%	0.50%	2.30%	11.90%	4.80%	4.40%	4.50%	22.70%	1.80%	5.70%	4.10%	6.60%
2017年6月	25.80%	0.60%	3.40%	0.70%	2.40%	12.70%	6.70%	4.70%	3.60%	20.90%	2.10%	7.10%	2.80%	6.50%

■2016年12月　■2017年6月

图 14.2　2016 年 12 月和 2017 年 6 月我国网民的职业分布

易观千帆发布的相关数据显示,我国外语学习类软件 2017 年 3 月的月活跃用户数为 3 500 多万。假设这些用户都会使用背单词软件,那么现阶段的活跃用户也只占背单词市场用户规模(约 1.9 亿)的 18%,由此可见背单词软件还有很大的市场空间，远达不到饱和状态，背单词软件的市场前景十分广阔。

2. 市场阶段

随着移动互联网的发展，人们可以利用日常工作和学习中的碎片化时间来做一些自己感兴趣的事情，而教育与移动互联网的结合使得人们可以利用教育类软件随时随地进行学习，因此教育类软件受到了人们的青睐。2011 年教育类软件开始发展，之后教育类软件呈爆发式增长，其内容也不再局限于英语教学，而网易、腾讯等互联网公司的加入进一步促进了教育类软件的发展。2017 年 8 月，教育类软件的市场规模已达 2.76 亿元。

与此同时，外语的重要性使得人们需要花费大量的时间进行外语学习，因此外语学习类软件发展迅速。易观千帆发布的相关数据显示，在其统计的 281 款外语学习类软件中，2017 年 3 月月活跃用户数排名前十的外语学习类软件的月活跃用户数，占总月活跃用户数的比例达 79.23%。这在一定程度上说明了外语学习类软件的市场已进入由少数几种软件主导的寡头竞争阶段。

14.3 百词斩的发展概况

百词斩是由成都超有爱科技有限公司开发的一款独具特色的“图背单词”APP，它为每个单词都配备了多张生动、有趣的图片来帮助人们快速理解并记忆单词。从 2012 年 9 月上线到 2017 年 3 月，百词斩的月活跃用户数已达 742.26 万之多，其成功之处在于使英语学习者能够以一种愉悦的方式去背词，让背单词成为一种乐趣。此外，百词斩的英语学习内容主要针对 12 ～ 24 岁的学生群体，其单词库包含从初高中、四六级考试、考研，到雅思、托福、SAT、GMAT、GRE 等全部英语考试涉及的单词。百词斩的产品定位十分明确，即学生是其主要的用户群体。

背单词软件只有富有特色才能占据市场，而如果其本身没有特色，仅仅是简单地罗列单词，显然难以吸引用户。背单词软件的核心功能是让用户记住单词，因此让用户轻松、快速地牢记每一个单词，是背单词软件设计者所需要考虑的。

作为一款背单词软件，百词斩有很多功能，如单词释义、单词变形、配图例句、单词象形图、详细释义、近义词、反义词、形近词、词根、英文释义（如图 14.3 和 14.4 所示）等。其中，近义词、反义词、英文释义等功能是背单词软件的基本功能。而配图例句和单词象形图则是百词斩所具有的独特功能，要实现这两个功能，就需要为每个单词及其例句设计相应的图片，而且这些图片也是百词斩独创的。这些特色功能使百词斩获得了一定的市场优势。

图 14.5 所示的是 2017 年背单词软件的活跃用户数排名。可以看到，百词斩、沪江开心词场、扇贝单词是活跃用户数排名前三的背单词软件，其中百词斩以显著优势稳居第一，沪江开心词场和扇贝单词则实力均衡。

2016 年 8 月至 2017 年 11 月，百词斩月独立设备数（即该月使用过该软件的设备总数）如图 14.6 所示。由百词斩月度独立设备数和环比增幅可知，在一个年度中，有两个明显的月独立设备数环比增长率峰值，分别出现在 2 月、3 月和 7 月、8 月，而这两个环比增长率峰值很明显地和学生寒暑假放假及开学的时间对应起来，说明百词斩的学生用户数很多；每次峰值之后下降的原因，可以推断是学生开学后可自主支配的时间变少，一部分用户无法坚持下来。

对于市场上的背单词软件，分别按照 2017 年 11 月 3 日至 2017 年 12 月 2 日的下载量、2017 年 11 月独立设备数、2017 年 11 月总有效时长取前五名进行分析（如图 14.7 所示）可知，目前背单词软件的市场竞争并不十分激烈，还有较大的盈利空间。

图 14.3　百词斩对 memory 的解释

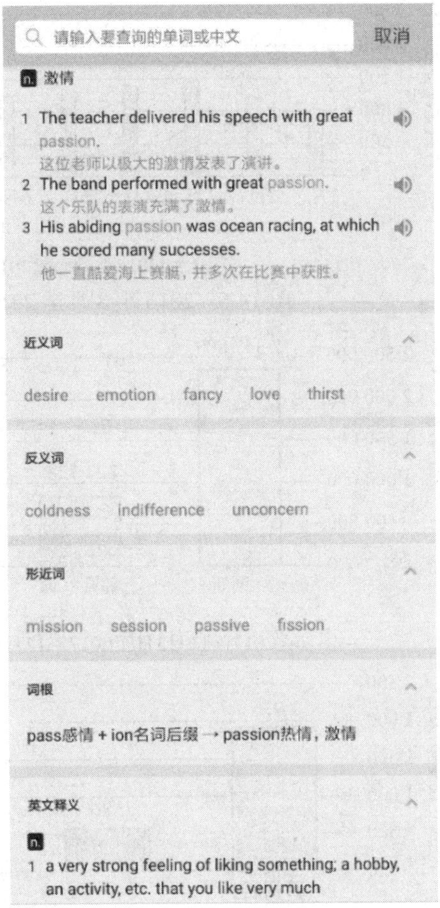

图 14.4　百词斩对 passion 的解释

排名	APP	开发商	活跃用户数/万人	启动次数/万次	使用时长/万小时
1	百词斩	成都超有爱科技有限公司	742.26	38 838.29	5 018.39
2	沪江开心词场	沪江教育科技（上海）股份有限公司	445.74	4 790.99	512.93
3	扇贝单词	南京贝湾信息科技有限公司	358.90	13 518.31	1 350.94

图 14.5　背单词软件活跃用户数排名

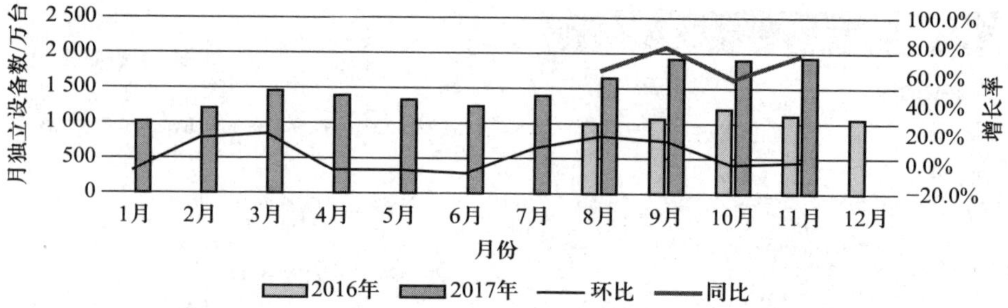

图 14.6　2016 年 8 月至 2017 年 11 月百词斩月独立设备数

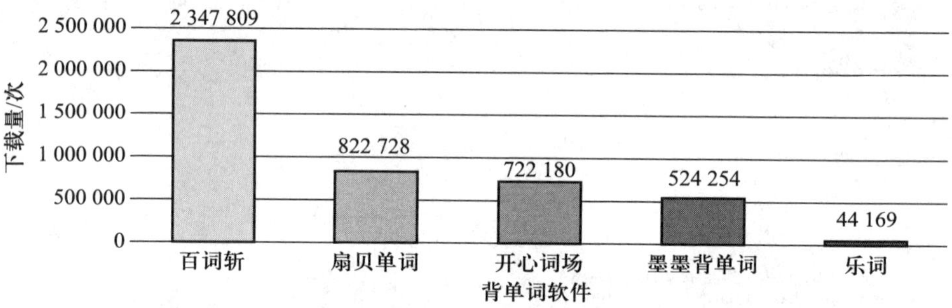

(a) 2017年11月3日至2017年12月2日几款背单词软件的下载量(iOS操作系统)

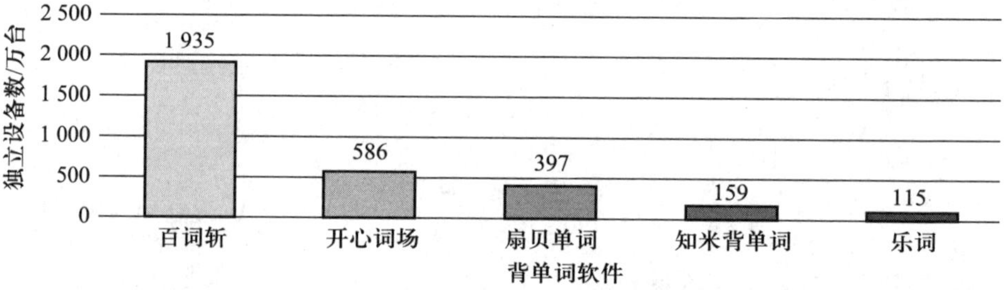

(b) 2017年11月几款背单词软件的独立设备数

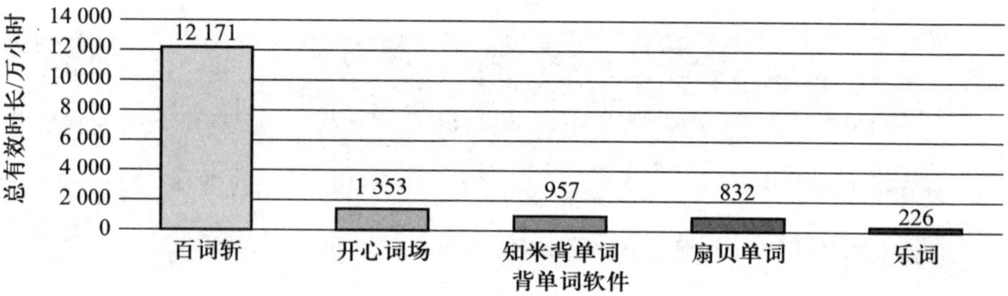

(c) 2017年11月几款背单词软件的总有效时长

图 14.7　几款背单词软件的相关数据分析

14.4 百词斩与电子商务

随着电子商务的不断发展,越来越多的教育类软件开始利用自身的优势开发周边产品,进入电子商务领域。百词斩这款背单词软件也将在网上商店售卖周边产品作为其主要的盈利方式。

现阶段,百词斩虽然免费向用户提供背单词服务,但是通过积累大量的用户,它在提升自己名气和口碑的同时,通过 APP 引导用户购买自己的周边产品,进而获得收益。

目前,百词斩周边产品的电子商务业务集中于天猫百词斩旗舰店(其首页如图 14.8 所示)。在百词斩 APP 内部也有天猫百词斩旗舰店的入口。该旗舰店销售的产品有薄荷阅读、备考书籍、英文绘本、电影漫画、儿童英语等。

图 14.8 天猫百词斩旗舰店首页

其中，薄荷阅读主要销售英文读物，如迪士尼系列之《飞屋环游记》（如图 14.9 所示），以及卡耐基系列、莎士比亚系列、口袋听诗系列和加勒比海盗系列。薄荷阅读系列图书针对我国学习者设计了阅读分级体系，并配有精美的图片以及专业的配音，为学习者提供了丰富的英文学习内容。

电影漫画则销售漫画图书。例如，迪士尼电影漫画之《超人总动员》（如图 14.10 所示），向读者重现了迪士尼原版电影的精彩画面，其中含有地道的英文表达和日常对话，使学习者可以获得全英文场景的沉浸式阅读体验。

图 14.9　薄荷阅读迪士尼系列之《飞屋环游记》

图 14.10　迪士尼电影漫画之《超人总动员》

这种靠优质内容吸引用户，然后以电子商务方式销售其周边产品的方式更容易被用户接受，具有较大的发展空间。

案例小结

百词斩是一款独具特色的背单词软件，其主打功能，即配图例句、单词象形图，体现了其特色——“图背单词”。要实现这两个功能，需要为每个单词及其例句设计相应的图片，以便于学习者理解、记忆和使用单词，百词斩也正是由于具有这些功能而在背单词软件市场中占据较大的份额。由此可知，一款产品要想在市场上占据一定的份额，就要有不容易被其他产品复制或者模仿的核心竞争力。百词斩针对人们对英语学习的巨大需求，凭借着独特的优势获得了大量的用户，从而为其销售周边产品带来了便利，人们可以通过天猫等电子商务平台购买百词斩的周边产品，进一步进行英语学习。

14.5 同类产品对比分析

为了更好地分析百词斩，下面将分别从产品定位、用户、功能、盈利模式这几个方面对百词斩和扇贝这两款背单词软件进行对比分析。

14.5.1 产品定位

扇贝单词成立于2009年5月，是由南京贝湾教育科技有限公司开发的一款背单词软件，截至2017年3月，扇贝单词的活跃用户数为358.9万。

通过对百词斩和扇贝单词进行对比（如表14.1所示）可以看出，两者都针对英语学习。其中，百词斩定位于学生英语考试用背单词软件，主要服务于12 ~ 24岁的学生群体，其形式生动活泼，且内容不涉及商务英语和职场英语；而扇贝单词则定位于各类英语学习，因此它不仅针对学生英语考试，也包括公共英语、英语文学影视等内容。此外，在产品特色方面，百词斩作为“图背单词”软件，通过为单词配图片让记单词变得更容易。而扇贝单词的特色在于智能启发式学习，侧重于循序渐进，引导学习者逐步掌握单词。

表 14.1　百词斩与扇贝单词的比较

产品名称	产品宣传语	产品定位	产品特色
百词斩	英语考试大杀器	适合从 12 岁到 24 岁的学生群体，为英语考试打造最易记、最难忘的背单词软件	针对英语学习者开发的一款“图背单词”软件，为每个单词提供了富有趣味性的配图和例句，让记单词成为一种乐趣
扇贝单词	知道你在改变	一款教授用户如何背单词的软件，有利于提高用户的英语应用能力，提高用户终身学习英语的能力，是扇贝网在移动端的延伸	扇贝单词使用智能启发式的学习方法，循序渐进地帮助用户学习或复习单词

14.5.2　用户分析

1. 总体分析

由易观千帆的统计数据可知，百词斩 2017 年 3 月在全网排名第 243 位，在一级领域（教育）排名第 6 位，在二级行业（外语学习）排名第 1 位；扇贝单词在全网排名第 397 位，在一级领域（教育）排名第 18 位，在二级行业（外语学习）排名第 3 位。同期，百词斩的月活跃用户数为 742.26 万，启动次数为 38 838.29 万，使用时长为 5 018.39 万小时；扇贝单词的月活跃用户数为 358.9 万，启动次数为 13 518.31 万，使用时长为 1 350.94 万小时。百词斩月活跃用户数约为扇贝单词的两倍，启动次数约为扇贝单词的三倍；与此同时，可以看到这款背单词软件的用户数和使用时长都呈稳定上升的趋势。

由此可见，百词斩的月活跃用户数量、启动次数和使用时长都远高于扇贝单词，百词斩的用户优势很大。月活跃用户和使用时长的稳定增长态势也进一步说明了背单词软件市场正在逐步扩大，用户数量不断增长。

2. 用户画像

下面分别从性别、年龄、地域、消费能力 4 个维度对百词斩和扇贝单词进行用户画像分析。

这两款背单词软件用户的年龄分布如图 14.11 所示，从中可以看出，百词斩和扇贝单词的用户年龄组成是基本一致的。超过 50% 的用户集中在 24 岁以下（主要是学生群体），超过 65% 的用户集中在 30 岁以下。在年龄分布上，扇贝单词的高年龄用户所占的比重比百词斩高，百词斩的低年龄用户所占的比重比扇贝单词高。这说明低年龄用户更倾向使用趣味性强的单词记忆法，高年龄用户则倾向于按照循序渐进的方式学习英语单词。

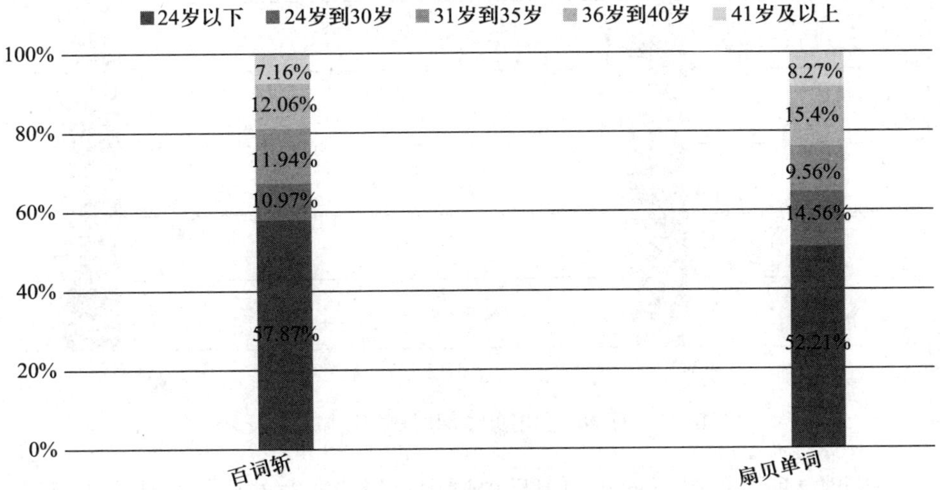

图 14.11 百词斩和扇贝单词的用户年龄分布

图 14.12 所示的是百词斩和扇贝单词用户性别所占比重的比较，从图中可以看到，两者用户性别分布一致，即男性用户所占的比重均低于女性用户。

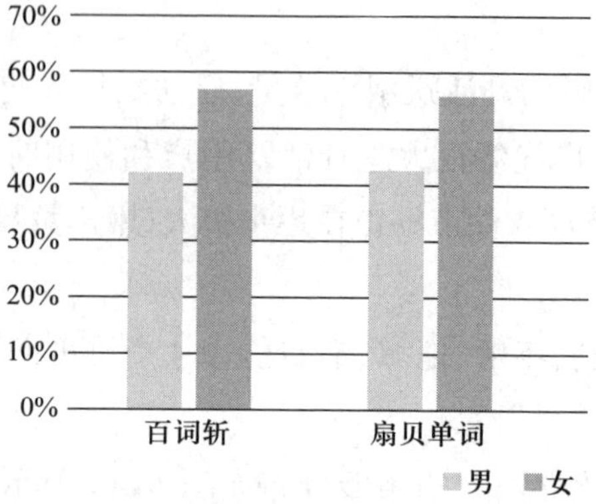

图 14.12 百词斩和扇贝单词用户性别所占比重的比较

图 14.13 所示的是百词斩和扇贝单词用户的地域分布比较。从图中可以看到,百词斩和扇贝单词的用户均集中在一线及超一线城市,其用户数约占总用户数的 60%。这与大城市用户对英语学习的重视程度较高密切相关。

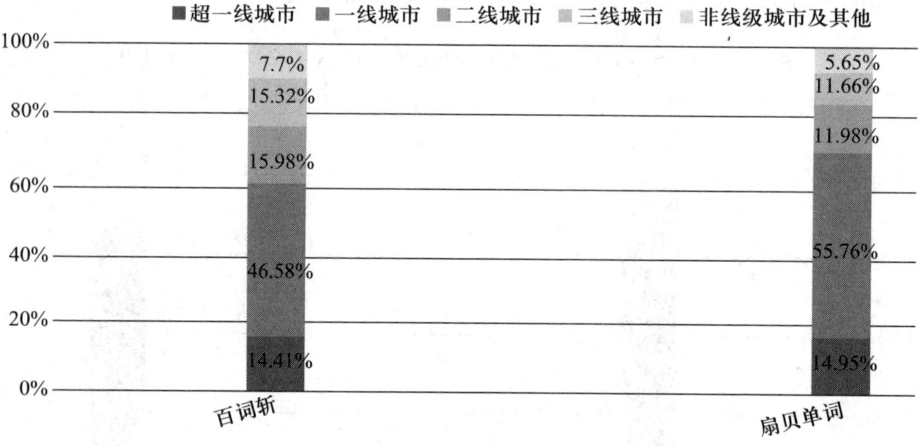

图 14.13 百词斩和扇贝单词用户的地域分布比较

表 14.2 所示的是百词斩和扇贝单词用户消费能力的比较。从表中可以看到,这两种背单词软件具有中等以上消费能力的用户都占 70% 以上,这为流量变现打下了良好的基础。由此可见,消费能力越强的用户对教育的重视程度和投资力度也越强。

表 14.2 百词斩和扇贝单词用户消费能力比较

比较项目		低消费者	中低消费者	中等消费者	中高消费者	高消费者
扇贝单词	占比	6.18%	16.86%	33.41%	35.14%	8.4%
	环比	–5.93%	–26.42%	–0.62%	+ 30.19%	–15.06%
百词斩	占比	8.46%	18.02%	33.22%	33.25%	7.02%
	环比	–12.59%	–35.74%	+3.10%	+47.84%	–6.77%

14.5.3 功能对比

1. 客户端和外观设计

（1）客户端架构对比

百词斩和扇贝单词的客户端架构分别如图 14.14 和图 14.15 所示。

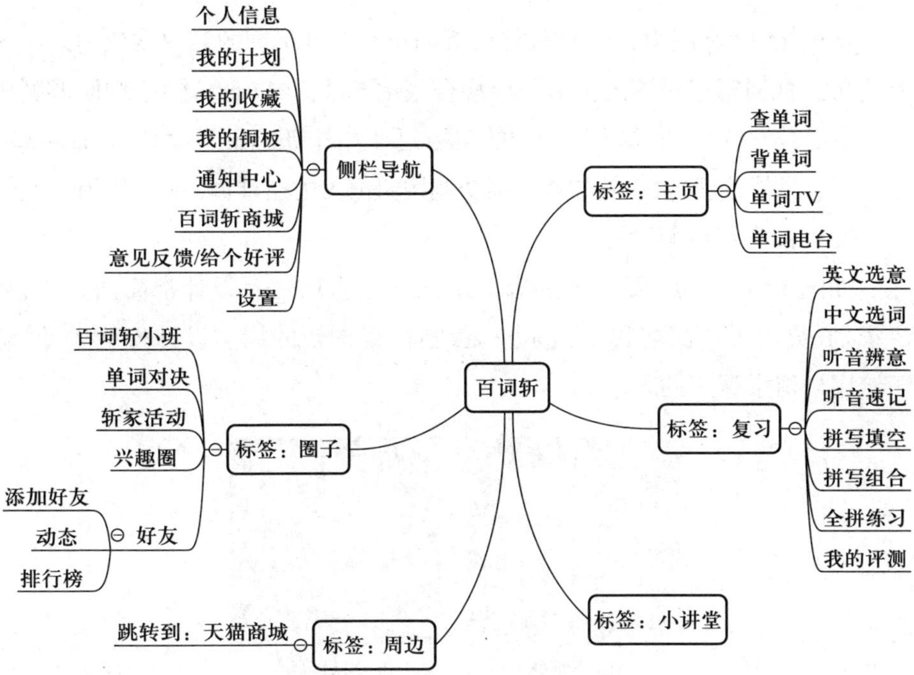

图 14.14 百词斩客户端架构

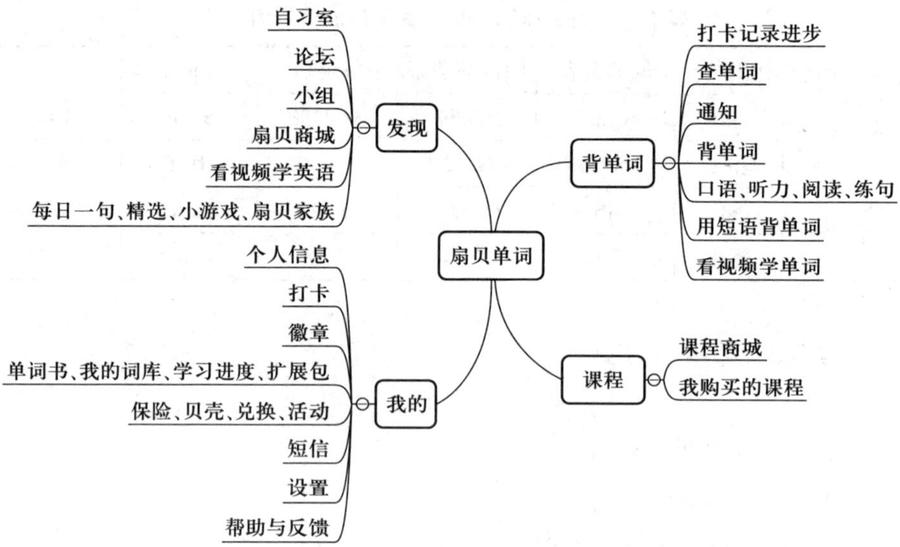

图 14.15　扇贝单词客户端架构

从图 14.14 和图 14.15 可以看到，百词斩和扇贝单词的客户端架构设计各有优劣。百词斩客户端的侧滑菜单配合底部 5 个标签（tab）的架构使得侧滑菜单不易被发现；扇贝单词客户端的架构相对清晰，没有侧滑菜单，只有底部 4 个标签。另外，这两款软件的背单词功能按钮都集中在首页，便于用户使用。

（2）标志及界面设计

如图 14.16 所示，百词斩和扇贝单词的标志（logo）设计都简洁大方、易于识别，突出了产品名称。但是直观地看，百词斩的标志设计得更生动，易于给用户留下深刻的印象。

(a) 百词斩　　(b) 扇贝单词

图 14.16　百词斩和扇贝单词的标志设计

从整体上看，百词斩界面的色调比较明快，扇贝单词整体色调偏暗；扇贝单词的界面比百词斩简洁，但百词斩的界面更生动。这样的设计风格是由这两款软件的定位和所采用的背单词方法决定的。

如图 14.17 所示，百词斩界面会呈现与单词相关的多张图片，因此非常生动，便于学习者记忆，但是它对单词的解释较少；而扇贝界面则会呈现单词的中英文释义和音标，而且还有很多例句和笔记，对单词的解释也比较详细，有助于用户全面地了解该单词。总体来说，百词斩界面简洁且便于用户记忆单词，而扇贝单词界面则文字说明比较多，便于用户理解和掌握单词。

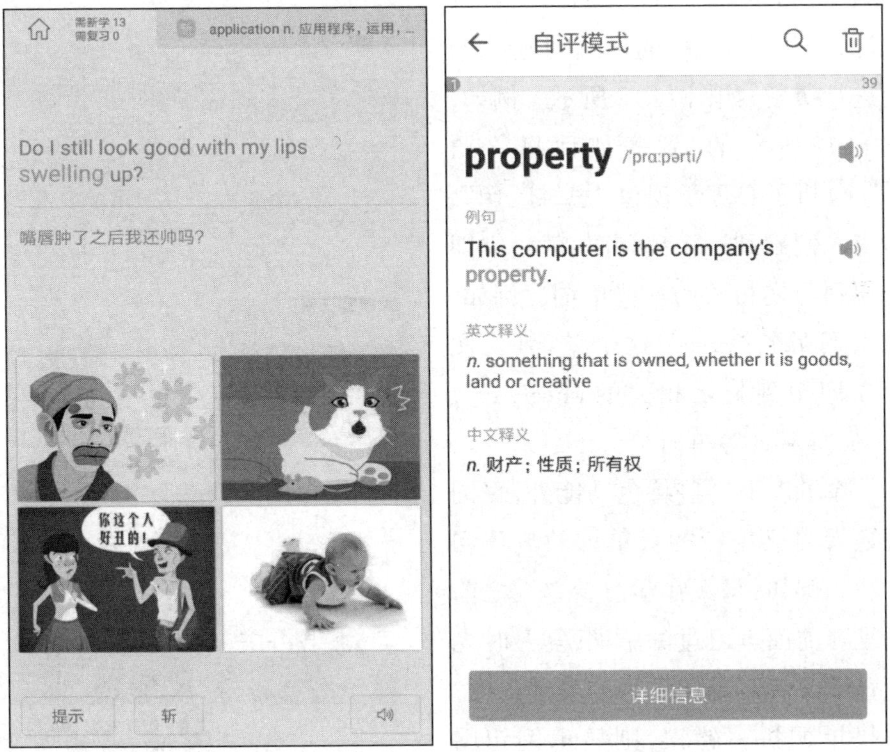

(a) 百词斩界面　　　　　　(b) 扇贝单词界面

图 14.17　百词斩和扇贝单词的界面

2. 功能对比

百词斩的特色功能主要是配图例句和单词象形图。配图例句即用一张图来表现一个例句所描述的场景，而单词象形图则不是用图片来解释单词，而是“单词即图片”，这样能使学习者对单词的拼写记忆得更加深刻。此外，百词斩还推出了其他比较有特色的功能，如单词 TV、小讲堂、线下实体书等。单词 TV 功能可以说是配图例句和单词象形图功能的拓展，从利用图像对单词进行解释，发展到利用视频对单词进行解读，即用一段视频对话来解读一个单词，可以让学习者全面地了解该单词的使用方法和语境，说出地道的英语。小讲堂则是针对人们在英语学习过程中可能会遇到的各种问题，以生动、有趣的形式对这些问题进行讲解，如图 14.18 所示。例如，图 14.19 所示的“到底如何培养语感”，分析了心理学现象“思维闪像”，即当人们看到一个单词时，就会立即联想到与之相关的一些单词。例如，当人们听到“drive”这个单词时，便会立即想到与之相关的 wheel，car，engine，speed 等单词。

图 14.18　百词斩小讲堂问题列表界面

除了以上这些特色功能外，百词斩还有自己独特的背单词的流程和方法。例如，每天在学习新单词之前先复习前面学习过的单词，复习时先考查学习者对单词拼写的掌握程度，如果单词拼写错误，则显示例句图片；如果单词拼写错误两次，则显示其音标；而如果单词拼写错误三次，则显示其具体的释义。学习者复习完单词后则可以开始对新单词的学习。在学习者开始学习新单词时百词斩会先让学习者根据单词所在的句子猜测该单词的意思，之后显示相应的图片，逐渐加深学习者对该单词的理解；如果学习者对该单词非常熟悉，则可以直接跳过该单词学习下一个单词。从背单词的流程可以看到，百词斩也非常注重与用户的交互，而不仅仅是将各种形式的信息聚集起来。如何以一种生动形象的方式与学习者进行交互，从而使学习者获得最佳的学习效果，是背单词软件需要重点考虑的，在这个方面，百词斩做得十分出色。

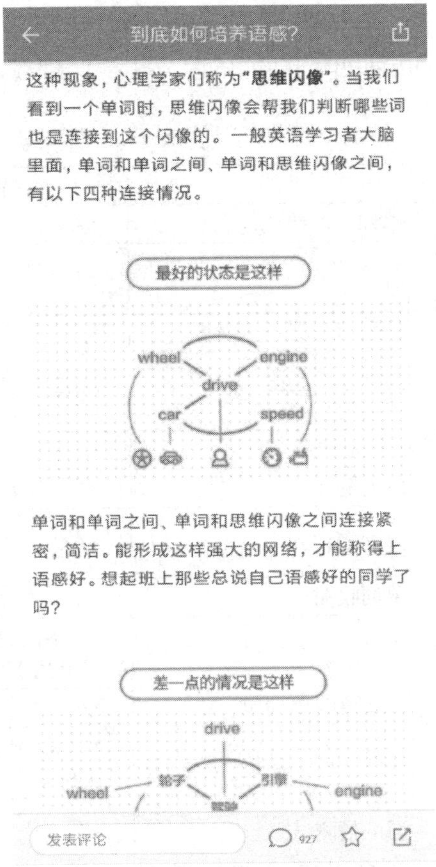

图 14.19 百词斩小讲堂之培养语感

总之，百词斩以趣味学习为主要特色，用多张趣味图片强化学习者对单词的记忆，因此深得年轻学生的青睐。与百词斩相比，扇贝单词虽然缺少了趣味性，但其让学习者以科学的、循序渐进的方式来学习英语，对单词的解释更丰富、更全面，使学习者可以更好地掌握单词。

扇贝单词涵盖的英语学习内容多于百词斩，其适用群体更大。另外，扇贝单词从一开始就是以“全面”“专业”的形象出现的，随着其配套产品，如扇贝听力、扇贝口语、扇贝新闻、扇贝阅读、扇贝练句等相继推出，扇贝单词正在打造一个全方位的专业英语学习平台，从听、说、读、写等方面全方位地满足用户的需求。

表 14.3 列出了百词斩和扇贝单词的功能对比。通过对比可知,百词斩和扇贝单词功能的差异主要体现在以下几点。

表 14.3 百词斩和扇贝单词的功能对比

功能	百词斩	扇贝单词
单词 TV/ 单词电台	√	
看视频学单词 / 用短语背单词		√
计划每日背单词数量	√	√
单词发音可选		√
单词变形	√	
英文释义	√	
单词例句	√	√
单词笔记	√	√(能看到他人已做的笔记)
单词收藏	√	
报错	√(出现在每个单词页面的右上角)	√(只有截屏时才会出现,该功能不容易被发现)
下载离线单词包	√	
复习单词	√(多种方式复习,复习模块独立)	
词汇量测试	√	√(作为一种英语小游戏)
小讲堂 / 课程	√	√
周边 / 商城	√(天猫用户会直接跳转到天猫商城)	√(独立的商城)
圈子 / 社区	√(圈子)	√(论坛、小组、自习室)
查单词	√	√
排行榜	√(好友排行榜)	√(小组排行)
打卡		√
学习模式可选(再认、拼写)		√
提醒设置	√(可设置微信提醒)	√
背单词进度显示 / 进度条	√(数字表示)	√(由数字和不同颜色的进度条共同展示)
已学单词列表	√	√

第一，在主要功能上，百词斩主打生动形象记单词，扇贝单词则强调用科学的方法记忆单词。百词斩需要学习者通过单词收藏功能和复习单词功能来主动地复习单词；扇贝单词则引导学习者边学边复习单词。从计划功能来看，在百词斩中学习者可以选择每日背单词数量或者背单词天数；在扇贝单词中学习者每日在学习新单词时要复习一定比例的旧单词来增强对单词的记忆。

第二，在拓展功能上，两者都推出了多种背单词的形式。百词斩的拓展功能主要是单词 TV 和单词电台，扇贝单词的拓展功能主要是看视频学单词和用短语背单词。

第三，在社区功能上，扇贝单词的社区比百词斩的圈子更吸引人，扇贝单词社区的用户多于百词斩，这对于其增加用户黏性很有帮助。

14.5.4 盈利模式对比

前面介绍过，百词斩采用以电子商务方式销售其周边产品的盈利模式，下面主要介绍扇贝单词的盈利模式，并对两者的盈利模式进行对比。

扇贝单词主要依靠付费增值服务结合周边产品盈利。在服务方面，扇贝单词采用大部分功能免费，在此基础上提供部分收费的增值服务。扇贝单词中的虚拟货币称为“贝壳”，学习者在背单词的过程中可以通过某些行为获得“贝壳”奖励，如打卡、邀请好友、关注扇贝单词公众号，也可以付费直接获得“贝壳”。学习者可以使用“贝壳”来购买扇贝单词提供的增值服务。例如，如果学习者想使用“智慧词根”“派生联想”来背单词，或者使用扇贝单词提供的高阶英语学习词典，就需要购买。扇贝单词的配套产品，如扇贝阅读（如图 14.20（a）所示）、扇贝练句等也需要付费才能使用。

此外，扇贝单词中的“课程”也是其主要的盈利方式。例如，扇贝单词目前主推的两个付费课程是：扇贝 365 计划（“36.5 元参与：给勇于改变的自己”）和早起 21 天（“21 元参与：帮你养成好习惯”）。除此之外，扇贝单词还有英语考试保险活动（“10 元投保：备考用扇贝，没过就赔钱”）。

最后，扇贝单词也有自己的商城和周边产品，但是与百词斩不同，扇贝商城只是“发现”（如图 14.20（b）所示）中的一个小模块，由此可见，这并不是扇贝单词的主要盈利方式。图 14.20（c）所示的是扇贝商城的入口和界面。

(a) 扇贝阅读　　(b) 发现　　(c) 扇贝商城

图 14.20　扇贝单词相关功能的界面

因此，从盈利模式上来看，百词斩的盈利模式比较单一，主要是用户对其周边产品的消费；而扇贝单词的盈利模式比较多，包括各种增值服务和周边产品。通过前面对用户数据的分析可知，百词斩和扇贝单词 70% 的用户都具有中等以上消费能力，因此选择好的盈利模式有助于软件的流量变现。

案例小结

本部分从产品定位、用户、功能和盈利模式这几个方面对百词斩和扇贝单词进行了对比分析。其中，在产品定位方面，这两款背单词软件都是针对英语学习这个细分市场的。百词斩主要针对学生英语考试，不涉及商务和职场英语，它采用图像联想记忆的方法使学习者更有趣味地背单词。扇贝单词则面向社会上所有的英语学习者，它采用智能启发式学习方法，引导学习者循序渐进地学习和掌握单词。在用户方面，百词斩在背单词软件中占有绝对的优势，而且实力比较雄厚。百词斩和扇贝单词的活跃用户，无论是在性别、年龄、地域上还是在消费能力上分布都很相似。在它们的用户中，30岁以下的年轻用户居多，一线及超一线城市的用户居多，因此对于背单词软件而言，符合年轻人习惯的设计会更受欢迎；此外，它们具有中等以上消费能力的用户较多，这为流量变现打下了良好的基础。在功能方面，百词斩以生动形象记单词为主要特色，扇贝单词则侧重用科学的方法引导学习者记忆单词；此外，在拓展功能上，两者都推出了多种背单词的方法，如百词斩着力将单词TV打造成配合图像联想记忆的另一种趣味性的单词记忆方法；在社区功能上，扇贝单词的发现比百词斩的圈子设计得更吸引人，扇贝单词社区的用户数比百词斩多，这对增加其用户黏性很有帮助。在盈利模式方面，百词斩和扇贝单词采用了不同的盈利模式，其中百词斩主要通过背单词软件吸引用户流量，进而借助电子商务平台销售其周边产品以获得收益。百词斩这种与电子商务结合的盈利模式对于其他背单词软件来说具有一定的借鉴意义。

14.6 启示与总结

百词斩的发展得益于社会对英语学习重视程度的不断提高，以及因此而产生的庞大的英语学习人群。百词斩主要依靠主打产品——背单词软件来吸引用户流量，并借助电子商务平台把用户引至其周边产品，从而获得收益。百词斩通过营造的趣味英语学习环境积累了大量的用户资源，这些用户在习惯使用百词斩背单词之后也会到其电子商务平台上的旗舰店去购买周边产品，这正是电子商务渗透到传统教育行业的表现之一。

案例总结

本案例以百词斩为例，分析了背单词软件产生的宏观环境，并详细地分析了其区别于其他背单词软件的特有功能；此外，还从产品定位、用户、功能、盈利模式这几个方面将其和另一款背单词软件——扇贝单词进行了对比。通过该案例可以看到，电子商务为百词斩提供了一种重要的流量变现途径，也进一步促进了其发展。

14.7 研究与思考

1. 选择一款常用的英语学习类软件，谈谈使用体验，并分析电子商务在该软件中是否有所体现。

2. 分析百词斩的哪个功能最受年轻用户群体的喜爱。

3. 思考百词斩和电子商务的关系，除了本案例所介绍的场景外，电子商务在背单词软件中还能发挥什么作用?

4. 分析百词斩和扇贝单词各自的优缺点。

5. 目前背单词软件还有哪些有待改进之处。

第15章　无人驾驶案例

案例导读

近年来，信息技术，尤其是人工智能、互联网技术的飞速发展，给汽车工业带来了前所未有的发展机遇，有关无人驾驶汽车的研究正在蓬勃展开，相关技术也正在应用于人们的生活之中。

早在20世纪80年代，相关国家就开始研究无人驾驶技术。2010年至今，无人驾驶领域吸引了大批研究人员，一些企业也成为无人驾驶领域的技术领头羊，它们将先进的无人驾驶技术应用于汽车领域，希望为消费者驾车出行带来更好的体验。

本案例主要介绍了无人驾驶的发展现状、技术背景、发展方向、优势以及所面临的挑战。此外，还介绍了车联网，并探讨了无人驾驶技术对电子商务的影响。

15.1　案例分析思路

随着信息技术的快速发展和各种物联网设备的不断普及，越来越多的传感设备、控制设备被应用在汽车上，汽车行驶对驾驶员的依赖程度变得越来越低，"无人驾驶"的概念应运而生。

"无人驾驶"概念的提出为汽车行业的发展指出了一个新的方向。当前，不仅传统汽车厂商，如宝马、通用等，都开始了无人驾驶汽车的研制工作，而且谷歌、百度等互联网企业也开始了对无人驾驶技术的研究。

全球著名的信息技术、通信行业和消费科技市场研究机构 Strategy Analytics 认为，在不久的将来，无人驾驶技术会走向成熟，会给当前的汽车行业带来翻天覆地的变化。

本案例首先介绍了无人驾驶的发展状况和技术背景；其次，分析了无人驾驶技术在发展中所具有的优势和所面临的挑战。接着，对车联网进行了讨论。最后，讨论了无人驾驶对电子商务的影响。本案例的分析过程如图 15.1 所示。

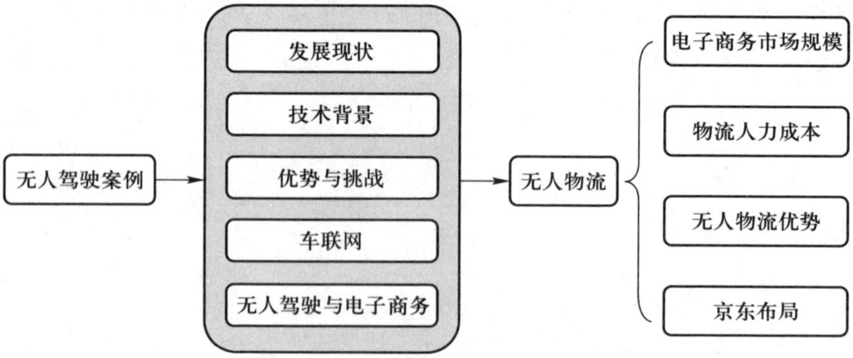

图 15.1　无人驾驶案例的分析过程

15.2 案例背景及生态环境

本节将对无人驾驶进行简要介绍，包括无人驾驶产生的背景及发展现状，并通过谷歌的 Waymo 无人驾驶项目、百度与奇瑞无人驾驶项目等来说明无人驾驶技术的最新进展。

15.2.1 案例背景

1769 年世界上第一辆蒸汽驱动的行驶工具诞生；1886 年，第一辆汽车专利权的颁发标志着世界上第一辆汽车的诞生。在过去 100 多年的时间里，社会发展为汽车的普及创造了条件，与汽车相关的每一个细小的改变都有助于社会效率与人们生活质量的提高。

在技术水平不断发展的背景下，无数研究人员和工程师为了更便捷、更安全的汽车出行而不断努力。如今，随着“无人驾驶”概念的提出，各大汽车厂商在保持自己市场份额的同时，纷纷在无人驾驶领域进行布局。同时，诸多互联网企业也加入了无人驾驶汽车的研发大军。

无人驾驶技术的发展和科学技术的进步密不可分，要让汽车具有自动行驶能力，就需要多种传感器协同工作，以对周边环境进行感知和信息收集，并利用强大的运算能力与高效的数据处理算法对这些信息进行分析，形成行驶策略。

15.2.2　无人驾驶简介

无人驾驶又称为轮式机器人，无须人为干预就能够使汽车自动行驶。它主要通过物理传感器来感知周围环境，如周围道路、周围车辆、警示牌等，并将所收集的信息传入计算机系统，计算机系统对这些信息进行分析和处理，进而对车辆进行自动操控，如控制车辆的车速、行驶方向等，使得车辆能够避免发生碰撞，安全行驶。无人驾驶涉及自动控制、人工智能、视觉计算、导航定位、信息融合等多个领域的技术，是计算机科学、人工智能和控制科学交叉结合的产物。

狭义的无人驾驶是指完全自动驾驶，广义的无人驾驶还包括辅助驾驶，两者都包含智能和自动化技术的成分。根据汽车驾驶的定义，汽车驾驶有以下几个等级。

等级 0：即无自动。驾驶人员可以随时掌握着车辆的所有机械、物理装置，仅配备警报设备等无关主动驾驶的装置。

等级 1：车内含有部分自动化装置，能够在特定情况下不通过人的操控而自主触发以保证行车安全。这类自动化装置有电子稳定程序（electronic stability program，ESP）或防锁死刹车系统（antilock brake system，ABS）等。

等级 2：主要由驾驶人员控制车辆，但计算机系统会对车辆进行自动协调，明显减轻驾驶人员的操作负担。例如，主动式巡航定速（adaptive cruise control，ACC）结合跟车和车道偏离警示对车辆进行自动定速，自动紧急刹停系统（autonomous emergency braking，AEB）通过盲点侦测和汽车防撞系统对车辆进行协调控制。

等级 3：驾驶人员只在必要时是车辆的掌控者，车辆正常行驶时则由车内计算机系统自动控制。这种自动驾驶车辆能够在安全的情况下无须驾驶员干预而自动行驶，但是在必要的情况（计算机难以决策的情形）下会立即恢复让驾驶人员操纵的状态，并让驾驶人员接管后续对车辆的控制。

等级 4：该等级是等级 3 的进一步发展，汽车的自动化程度进一步提高，但在一些严峻的条件（诸如恶劣的气候或者泥泞的道路）下仍需要驾驶人员介入。对于正常的行车场景，如高速公路、平顺的车流，以及有标准化的路标和明显的提示线，计算机系统可以完全识别道路情形而实现对车辆的自动控制。一旦车辆驶出了正常行车场景之后，车内计算机系统就会将车辆的操控权移交给驾驶人员，而且在此之前会给驾驶人员留出充分的转换时间。该等级的汽车驾驶虽然能适应大部分行车场景，但是仍需要驾驶人员的介入。

等级 5：该等级的汽车驾驶，已经完全不需要驾驶人员控制车辆，甚至驾驶人员不在车内时，车辆也可以自行启动，并行驶在任何情形的道路上。在整个行驶过程中完全没有驾驶人员的控制，甚至该类汽车无须安装供驾驶人员使用的方向盘。

15.2.3 发展现状

无人驾驶技术的发展，使得无人驾驶汽车得以落地，无人驾驶汽车的产生离不开市场需求和技术积累。从市场需求的角度来看，人们对汽车轻量化和智能化的关注度越来越高；从技术积累的角度来看，随着无人驾驶技术和配套设备越来越完备，无人驾驶汽车行业的整体发展态势良好。

1. 国外无人驾驶汽车的发展现状

无人驾驶的研究始于 20 世纪 80 年代，由美国和德国主导进行。作为无人驾驶领域的开拓者和无人驾驶技术水平最高的国家之一，美国于 20 世纪 80 年代提出了自主式地面车辆（autonomous landed vehicle，ALV）计划，该计划的目标是开发一辆八轮车，该车能够自主低速地行驶在校园中。美国的一些高校也于 20 世纪 80 年代进入无人驾驶研究领域，但是由于技术所限，在无人驾驶研究的早期，车辆多应用在校园等较为简单且安全的道路环境。到了 20 世纪 80 年代末至 20 世纪 90 年代初，无人驾驶汽车的应用场景从校园道路环境拓展至高速公路等比较复杂的行驶环境。随后，丰田汽车公司首次将无人驾驶技术从私家车应用到了公共汽车上。

无人驾驶技术是智慧交通的重要组成部分，目前在该领域投入研究的国家主要有美国、中国、德国和日本。一些传统的汽车企业如雷克萨斯、沃尔沃、宝马等，也和大型互联网企业共同参与到无人驾驶汽车的研发过程中。在美国，内华达州、加利福尼亚州、佛罗里达州以及密歇根州，都已经向部分厂商研发的无人驾驶汽车发放了公路测试牌照。谷歌作为工业界深度学习领域的引领者，已经实现了80万千米零事故的记录。在欧洲，德国政府也向宝马公司的自动驾驶试验车发放了公路测试牌照。对于无人驾驶汽车的研发，大多数国家的态度都比较开放，相关项目的资助资金也比较多，不少厂商也取得了很好的研究成果。

近年来，越来越多的科技企业进入自动驾驶汽车的研究领域，德国汉堡Ibeo公司在无人驾驶领域处于世界领先地位，其将德国大众汽车公司生产的帕萨特2.0款汽车改造成具备无人驾驶功能的汽车，它在道路复杂和人群拥挤的环境中，能够灵活地规避行人、建筑和障碍物等，做到安全行驶。苹果公司则于2018年5月与德国大众汽车公司开展合作，对大众T6厢式车进行改造以共同研发无人驾驶汽车。谷歌自动驾驶部门Waymo研发的无人驾驶汽车分别于2017年11月和2018年7月完成了超过640万千米和1 280万千米的无人驾驶测试，在过去的9年中，该部门已经完成了超过80亿千米的虚拟道路测试。截至2018年，优步（Uber）的自动驾驶卡车的行驶里程已经超过320万千米，并定期在亚利桑那州运送货物。

截至2019年3月，美国至少有15家企业实现了无人驾驶项目的落地，这些企业分别在无人出租车、自动驾驶卡车、小型无人巴士和无人送货车等领域推出了针对不同场景的产品，其中无人出租车和自动驾驶卡车领域的落地企业最多，分别达到了6家，占所有落地企业的40%。无人出租车和自动驾驶卡车是两个大部分企业都看好的无人驾驶市场；据推测，这两大市场到2025年有高达500亿美元的利润空间，尽管这些企业中的大多数还处于试运营或初步商业化的阶段。

2. 我国无人驾驶汽车发展现状

2001 年,国防科技大学机电工程与自动化学院贺汉根教授带领的团队,研制出行驶速度达 76 km/h 的无人车;2003 年研制出我国首辆高速无人驾驶轿车,行驶速度最高可达 170 km/h;2006 年研制出新一代无人驾驶红旗 HQ3,在无人驾驶汽车可靠性和小型化方面取得突破。2011 年 7 月 14 日,无人驾驶红旗 HQ3 首次完成了从长沙到武汉长达 286 km 的高速公路上的全程无人驾驶试验。该无人驾驶汽车能够根据实时路况控制汽车的行驶速度和行驶方向。在整个行车试验过程中,无人驾驶汽车经历了 67 次超车、降雨等恶劣天气以及有雾路段,仅有占据总里程 0.78% 的 2.24 km 的行驶路段进行了“特殊情况下的人为干预”。此次试验成为我国复杂道路条件下无人驾驶汽车行驶的新里程碑,标志着我国无人驾驶技术取得了重大突破,尤其是复杂环境识别、智能行为决策和控制等方面的技术,已经达到了世界先进水平。

对于无人驾驶汽车,在互联网企业中,百度做出的尝试较多;而在传统汽车厂商中,一汽、上汽、北京汽车、奇瑞汽车以及北京现代等均做出了一定的投入。2017 年 6 月 7 日,百度和奇瑞汽车于美国硅谷签订了战略合作备忘录,双方于同年 12 月开发车联网样车并于次年投放市场,2017 年 8 月开发高度自动驾驶样车并于 2019 年投放市场,2017 年 10 月开发完全无人驾驶汽车并计划于 2021 年投放市场。百度还在 2018 年 7 月的百度开发者大会上推出阿波罗小度车载操作系统,并在 2018 年 11 月 1 日举办的百度世界大会上,宣布推出与奇瑞汽车合作的 EXEED XT 汽车并实现量产。除此之外,百度还联手全球第一大汽车零部件供应商博世和第二大汽车零部件供应商大陆以及高级驾驶辅助系统供应商,打造了全球最大的无人驾驶产业生态。除了百度外,阿里巴巴、京东、美团、苏宁等电子商务企业也都陆续展开了无人驾驶的研究,以解决电子商务领域中的无人物流配送问题。

15.3　技术背景

本节主要从无人驾驶的技术需求及其 4 个发展阶段来分析无人驾驶发展的技术背景。其中,无人驾驶的 4 个发展阶段分别为驾驶人员辅助、半自动驾驶、高度自动驾驶以及完全自动驾驶,前两个阶段目前已基本完成,但后两个阶段还未发展成熟。

15.3.1　技术需求

无人驾驶技术不是一项单一的技术,而是根据实时的交通情况,实现多种系统的综合运用。随着计算机技术的发展,20 世纪末至 21 世纪初,多种与自动驾驶相关的技术,如智能泊车技术、盲点监测技术、行人监测技术开始出现。虽然这些技术经过多年的发展有了一定的提高,但现有的技术还不能完全实现无人驾驶,无人驾驶技术的成熟还需要其他技术的支撑。

无人驾驶技术由车辆定位技术和车辆控制技术两大关键部分组成。其中,车辆定位技术包括磁导航技术和视觉导航技术,两种导航技术各有优劣,但是综合考虑各方面因素,磁导航技术凭借着其不易受恶劣天气条件影响且易于维护的特点而成为无人驾驶汽车导航的首选方案。该技术的发展也最为成熟,荷兰阿姆斯特丹国际机场和鹿特丹的 ParkShuttle 系统等都在使用磁导航技术。除了具有不易受天气影响的特点外,磁导航技术还可以通过变换磁极朝向对车辆位置、方向、曲率半径以及下一个道路出口位置等信息进行编码,并将其传递给车辆控制系统,从而使得车辆能够采取准确的应对措施。但是具备诸多优点的磁导航技术也存在一定的缺陷。例如,要使用磁导航技术,就需要在道路上埋设磁钉或者电线等导航设备,这种做法费时费力,尤其是在变更运营路线时需要重新埋设导航设备。与之相比,视觉导航技术根据视觉图像信息来进行导航,因此不存在这些缺点。视觉导航技术的主要优点是可以预防车辆偏离目标道路;其缺点是恶劣天气等自然因素会使得整个导航系统失效,而这恰恰是磁导航技术的最大优点。由于视觉导航技术无须像磁导航技术那样需要埋设导航设备,对基础设施的要求低,因此是目前公认的最具前景的导航定位技术。将两种技术结合起来将会更好地发挥各自的优点,弥补各自的不足,是未来车辆定位技术发展的方向。

车辆控制技术则是整个无人驾驶系统的核心技术,因为自动化驾驶的核心概念——自动,就在于如何利用计算机系统来实现对车辆的自动控制。车辆控制包括对车辆速度和方向等的控制,其本质上是一种“预瞄控制”行为,计算机系统需要根据当前的路况寻找预瞄点并据此来控制车辆的行为。常用的车辆控制算法有模糊 PID 算法、神经网络 PID 算法等智能 PID 算法。

除了车辆定位技术和车辆控制技术之外,无人驾驶还需要一些额外的技术,如车辆调度、通信和人机交互等技术作为支撑,有了这些支撑技术,就能够实现安全且高效的无人驾驶。

15.3.2 发展阶段

根据自动化的程度,可以将无人驾驶分为 4 个主要的发展阶段:驾驶人员辅助阶段、半自动驾驶阶段、高度自动驾驶阶段和完全自动驾驶阶段。

1. 驾驶人员辅助阶段

在这一阶段,汽车所有的控制权都在驾驶人员手中,但同时有很多技术,如倒车影像与雷达、正面碰撞警告、定速巡航等辅助驾驶人员进行决策。这一阶段的技术发展比较成熟。

2. 半自动驾驶阶段

在这一阶段，驾驶人员和辅助控制系统共享汽车的控制权，驾驶人员负责在某些特殊的情况下驾驶汽车，而辅助控制系统则负责对车辆进行实时监控，并在特定的情况下辅助驾驶人员进行决策。该阶段使用的技术有自适应巡航控制、车道保持辅助、陡坡缓降、自动泊车等，目前高档的汽车已经配备了其中的部分技术，其他技术在未来几年也会变得更加成熟，应用于各类汽车之中。

3. 高度自动驾驶阶段

在高度自动驾驶阶段，驾驶人员和高度自动驾驶系统共享汽车的控制权，但是在特定的交通环境中，高度自动驾驶系统可以完全控制汽车并执行驾驶操作，驾驶人员有能力适时控制车辆。高度自动驾驶系统主要包括堵车辅助系统、高速公路自动驾驶系统和泊车引导系统，相关的技术还未应用于量产车。

4. 完全自动驾驶阶段

在完全自动驾驶阶段，计算机系统完全拥有对车辆的控制权，在汽车的整个行驶过程中无需驾驶人员的参与，甚至不需要驾驶人员存在。完全自动驾驶是自动驾驶的最终阶段。

案例小结

本部分介绍了无人驾驶技术产生的技术背景。无人驾驶是在计算机技术飞速发展的情况下产生的。车辆定位技术和车辆控制技术对无人驾驶技术的发展起到了关键的作用。然而，在实际应用中自动驾驶面临的问题要复杂得多。无人驾驶的发展可分为4个阶段，分别是驾驶人员辅助阶段、半自动驾驶阶段、高速自动驾驶阶段，以及完全自动驾驶阶段。其中，完全自动驾驶对安全性的要求极高，目前还没有商业化。

15.4 优势与挑战

本节首先介绍无人驾驶技术的两个主要发展方向——基于 ADAS 的辅助驾驶技术和基于 LIDAR 的无人驾驶技术,然后对无人驾驶的优势进行了分析,最后还介绍了无人驾驶所面临的挑战。

15.4.1 发展方向

无人驾驶技术的两个主要发展方向,分别是基于 ADAS 的辅助驾驶技术和基于 LIDAR 的无人驾驶技术,传统汽车厂商主要采用基于 ADAS 的辅助驾驶技术,而新兴的互联网企业则主要采用基于 LIDAR 的无人驾驶技术。

1. 基于 ADAS 的辅助驾驶技术

ADAS 即高级辅助驾驶系统(advanced driving assistance system),其设计的目的在于更好地辅助驾驶人员驾驶汽车,增加车辆道路行驶的安全性。

基于 ADAS 的辅助驾驶技术是自动驾驶技术中发展最快的技术之一,有特定的安全标准。其工作流程如下。

① 前期准备:驾驶人员行驶汽车→收集 3D 数据→建立城市 3D 地图→对地图进行标记。

② 无人驾驶:全球定位系统(GPS)给出粗略定位→根据 3D 地图进行精准定位→检测交通标志和周边物体→追踪周边物体→避免碰撞→完成驾驶。

2. 基于 LIDAR 的无人驾驶技术

与传统的高级辅助驾驶系统思路不同,互联网企业实现无人驾驶技术是基于另外一种思路,即互联网企业在高新技术的冲击下,难以像传统企业一样循序渐进地发展无人驾驶技术,而是直接从智能化的角度入手,借助人工智能和高精度地图的优势,直接使无人驾驶落地。

下面以百度为例进行说明。百度采用的是其自主研发的 AutoBrain 软件,该软件作为百度无人驾驶技术的核心,由地图、探测、定位、控制和规划等一系列自动控制系统组成。在机器学习技术的辅助下,通过收集海量数据,无人驾驶系统可以更好地模拟人类的驾驶经验,再结合高精度地图,达到对车辆的高精度控制,从而实现了无人驾驶的落地。

基于 LIDAR 的无人驾驶技术的工作流程如下。

① 前期准备:离线训练检测器,以根据视频数据对车道、行人、汽车等外在环境进行检测。

② 驾驶阶段:GPS 定位车辆的大致位置→ LIDAR 和高精地图定位→系统检测车道→沿着车道行驶→行人、车辆等物体检测→避免碰撞→行车。

③ 变向:GPS 检测路口信息→检测车道→观察是否找到车道→如果找到车道则自动行车,否则由驾驶人员完成行车过程。

3. 两种技术的对比

下面从定位精度、成本、无人驾驶等级、技术要求以及无人驾驶技术的成熟时间这几个方面对基于 ADAS 的辅助驾驶技术和基于 LIDAR 的无人驾驶技术进行对比分析,如表 15.1 所示。

表 15.1 基于 ADAS 的辅助驾驶技术和基于 LIDAR 的无人驾驶技术的对比分析

对比内容	基于 ADAS 的辅助驾驶技术	基于 LIDAR 的无人驾驶技术
定位精度	低(5 m)	高(10 cm)
成本	低	高
无人驾驶等级	LEVEL 4	LEVEL 5
技术要求	高	高
成熟时间	长	短

15.4.2 优势分析

无人驾驶汽车的优势主要有以下几点,如图 15.2 所示。

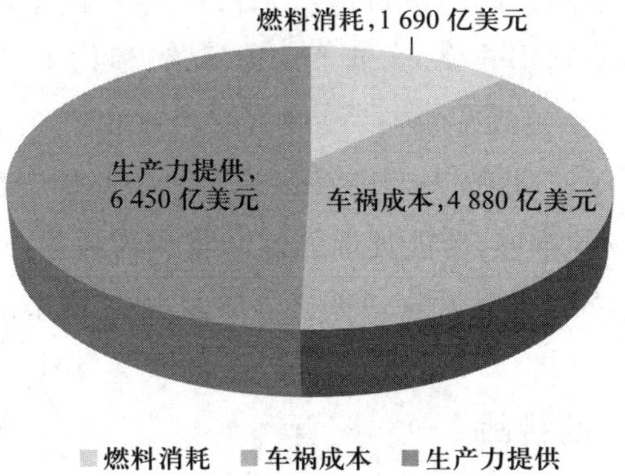

图 15.2 摩根史丹利预测自动驾驶的资金节省

第一,更好的安全性。虽然当前无人驾驶的安全性还受到公众的质疑,但是随着技术的发展,无人驾驶技术会越来越成熟,人类低级的操作错误,如酒后驾车所带来的风险有可能被规避。美国的相关研究表明,如果 90% 的汽车变成无人驾驶汽车,那么车祸数量将会从 600 万下降到 130 万。谷歌的相关数据也显示,在过去 6 年中,谷歌无人驾驶汽车行驶了 300 多万千米,只遇到了 16 起交通意外,而且从未引发致命事件。

第二,生活更方便,交通更便捷。目前交通效率低的一个主要原因是,为了保障生命财产安全,城市交通管制系统采用红绿灯进行车流控制。随着汽车通信技术的发展,如果道路上行驶的汽车以无人驾驶汽车为主,而且这些无人驾驶汽车组成了车联网系统,彼此之间通过特定的协议进行通信,则可以减少红绿灯的数量,使交通效率得到大幅度提高。

第三,用途更广泛。无人驾驶汽车不仅可以作为一种交通工具来使用,还可以在多种场景中应用。对于国防而言,无人驾驶技术可以为智能化作战提供更必要的支持；而对于人们的生活而言，无人驾驶技术可以在物流上发挥其自动化的优点，节省人力成本。目前已有企业开始使用无人驾驶技术运送货物。

第四，潜在的经济价值。无人驾驶技术可以将人类从汽车驾驶中解放出来，给社会带来巨大的经济价值。无人驾驶汽车采用先进的自动控制技术，提高了燃料的利用效率，降低了交通风险，节约了交通管控和运维的费用。

第五，更加环保。目前，人们已经达成了一个共识，就是大排量的传统汽车将不再受市场的欢迎，节能环保的汽车将成为新的市场“宠儿”。而无人驾驶汽车在程序的控制下油耗较低，可以有效地实现节能环保。

15.4.3 面临的挑战

无人驾驶在发展过程中所面临的挑战主要体现在以下 5 个方面。

1. 数据传输速率

信息传递对于无人驾驶来说是非常重要的，因此对数据传输速率有着很高的要求。而 5G 所具备的“高速率、低延时”的特点，极大地推动了无人驾驶的发展。

高精度地图是无人驾驶的核心技术之一，利用它无人驾驶汽车可以扩大传感器的感知范围，更加精准地对汽车所处的环境和位置进行描述。与人们日常使用的导航地图相比，高精地图包含更多的图层，信息量更大。例如，高精度地图的每一个图层都比传统导航地图的图层描绘得更精细，能够实现厘米级导航。高精度地图除了包含传统导航地图所具备的道路形状、通行方向、车道等信息外，还包含诸如道路级别、车道分隔物类型、交通标志、交通设备、限速等信息，以及一些与道路相关的三维信息，如弯道、斜坡等。高精地图需要实时更新，由于其数据量大且需要与云端进行频繁交互，因此对数据传输率提出了很高的要求。5G 在高精度地图发展的过程中起到了积极的推动作用。

5G 的数据传输速率峰值达 10 Gbps,可以将车辆控制信号传输时延控制在 10 ms 以内,这意味着在车速为 90 km/h 的情况下因时延造成的刹车误差仅为 24 cm,从而最大限度地保证了行车安全。

2. 技术可靠性与用户信任度

无论是基于 ADAS 的辅助驾驶技术,还是基于 LIDAR 的无人驾驶技术,都需要对行人、物体以及交通标志进行检测,在检测的过程中,一个小的失误都会带来极大的经济损失和人身安全问题。以基于 ADAS 的辅助驾驶技术为例,其在汽车行驶的过程中需要对车道、周边行人、路边静止物进行检测以保障汽车安全行驶。利用目前的技术在大部分情况下都可以以很高的精度识别出目标,但是依然无法做到 100% 的识别精度;这对技术提出了挑战,如果无法利用技术达到 100% 的识别精度,用户就无法放心地使用无人驾驶汽车,进而导致对其的信任度下降,进入恶性循环。

3. 政策法规

政策法规对于无人驾驶汽车落地来说非常重要,其对无人驾驶汽车的研发、投入市场以及后续的问题处理都是不可或缺的。政策法规的影响主要体现在政策的支持、市场准入和法律法规这几个方面。

第一,政策支持。我国在政策上对智能汽车的发展给予了大力支持并制定了相应的计划路线。例如,我国为汽车的智能化发展提出了两个明确的时间点:首先,到 2020 年,要掌握智能辅助驾驶的总体技术及各项关键技术,要初步建立智能网联汽车自主研发体系及生产配套体系;其次,到 2025 年,要掌握自动驾驶的总体技术及各项关键技术,建立较为完善的智能网联汽车自主研发体系、生产配套体系及产业群。

第二,市场准入。我国于 2015 年 4 月 3 日成立了全国汽车标准化技术委员会智能联网汽车分技术委员会(以下简称“智能网联汽车分标委”),其旨在以多方参与的方式为智能联网汽车制定相关标准并大力推动其向前发展。智能网联汽车分标委成立之后，于2017年6月13日出台了《国家车联网产业标准体系建设指南（智能网联汽车）（2017年）》（以下简称《建设指南》），对无人驾驶国家标准的建立制定了阶段性时间表——在2020年以前建立低级别无人驾驶技术标准和在2025年以前建立高级别无人驾驶技术标准。无人驾驶对技术的高要求以及成本过高难以实现量产，使得当前缺乏有关无人驾驶汽车的明确规范，以及有关无人驾驶汽车稳定性和安全性测试的标准，对于无人驾驶汽车本身的自动驾驶能力、交通处理能力、特殊情况处理能力也难以准确衡量。因此，对于政府来说，如何制定一个客观、合理的测试标准是一个巨大的挑战。此外，虽然无人驾驶技术标准的制定至关重要，但从工业界的视角，无人驾驶要真正进入人们的生活还面临着诸多问题，如整车量产问题等。

第三，法律法规。无人驾驶在交通安全、伦理、立法和执法等方面也面临着挑战。应该让无人驾驶汽车遵循和传统汽车一样的交通法规，还是为无人驾驶汽车专门制定一套交通法规，这是在无人驾驶汽车投入使用之前需要解决的法律法规问题。在无人驾驶立法方面，最受争议的莫过于无人驾驶涉及的交通事故责任认定。与以往的交通事故不同，无人驾驶由于没有司机参与或者是司机仅在必要时参与，在发生交通事故时难以分配或者认定驾驶人员与无人驾驶汽车厂商的责任，这给交通立法部门提出了一个不同于传统交通法规的难题。

4. 硬件成本

为了实现无人驾驶技术，汽车厂商需要加大对相关研究的投入力度；同时，实现无人驾驶需要引入相应的传感器及控制设备，因此会使得生产成本提高。以谷歌无人驾驶汽车为例，其硬件成本分析如表15.2所示。在一定程度上，较高的硬件成本也给无人驾驶的商业化带来了一定的挑战。

表 15.2 谷歌无人驾驶汽车硬件成本分析

主要部件	预估成本 / 美元	主要部件	预估成本 / 美元
用于改装的汽车	30 000	各种传感器	250 000
雷达	20 000	摄像头	5 000
激光测距仪	8 000	GPS	2 500
车轮编码器	2 500	惯性测试单元	7 000
其他材料	5 000	改装费	20 000
合计	65 500	合计	284 500

虽然硬件成本问题是目前无人驾驶技术发展所面临的比较突出的问题,但随着信息技术的发展,特别是低成本硬件研究的推进,这一问题会在不久的将来得到缓解。

5. 标准

标准的建立对实现创新型的车载应用,缩短无人驾驶汽车的上市时间并确保无人驾驶汽车的可用性和安全性至关重要。此外,标准的建立也会促进无人驾驶平台的完善,帮助更多的汽车生产厂商最大限度地规避风险,并在节约成本的同时更好地设计出让用户放心使用的无人驾驶汽车。

当前,大型汽车生产厂商和技术提供商合作,采用基于以太网的网络。成立于 2010 年的 OPEN(One-Pair Ether-Net)联盟目前拥有包括宝马公司、博通公司、哈曼公司、通用公司、标致雪铁龙集团和现代集团在内的 200 多个成员。该联盟正致力于推动汽车以太网的建设。

汽车行业在使用新兴技术时也希望有标准化的解决方案,以确保供应商的稳定和相互之间的良性竞争。如果缺乏标准化的解决方案,各个汽车生产厂商的技术就会局限在企业内部,而标准化的解决方案可以充分吸收不同厂商的技术优势,有利于无人驾驶技术更好地发展。

案例小结

该部分介绍了无人驾驶技术的两个主要的发展方向——基于 ADAS 的辅助驾驶技术和基于 LIDAR 的无人驾驶技术，描述了这两种技术的特点，并对它们进行了对比分析。无人驾驶的商业化应用面临着很多挑战，如高数据传输速率、高技术可靠性与用户信任度、相应政策法规的支持、硬件成本较高，以及标准的建立。诚然，目前无人驾驶技术还存在着很多不足，距离商业化应用也还有很长的路要走，但它是人们在探索智能化道路上的巨大进步。

15.5　车联网

根据 2015 年的有关统计，在全球 66 亿个互联网实体中，有 6 200 个为汽车，其所形成的车联网规模仅次于以个人计算机（PC）为主的互联网和以移动手机为主的移动互联网。车联网生态系统如图 15.3 所示。

虽然目前来看，车联网和无人驾驶还属于两个不同的研究方向，但是不难看出，两者的结合会产生很大的效益。

车联网层次结构如图 15.4 所示，车联网可以分为三层架构：运营层、应用层和硬件层。车载信息服务提供商（telematics service provider, TSP）由于具有独特的优势：上接汽车厂商，下接系统集成商，占据了车联网产业链的核心地位。

图 15.3 车联网生态系统

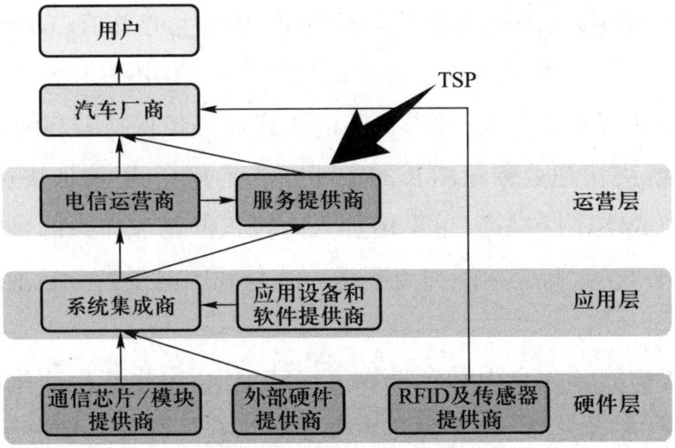

图 15.4 车联网层次结构

车联网可以实时获取车辆当前的运行信息，这些信息可以给汽车厂商和车载信息服务提供商创造很大的价值。具体来说，车联网的作用主要体现在以下三个方面。

第一，通过检测运行状况进一步对车辆进行调校，如提示车主要进行保养等。

第二，提供基于位置信息的车联网增值服务，基于位置及周边环境信息对用户进行定向推送等。

第三，汽车运行数据可以为保险公司、广告公司等其他服务提供商带来更多的价值。

15.6　无人车与电子商务

物流是电子商务的重要组成部分，物流成本对电子商务的发展有较大的影响。2018 年，我国社会物流总费用占国内生产总值（GDP）的 14.8%，而美国、德国、日本等发达国家的物流费用则占 GDP 的 10% 左右。随着电子商务市场规模不断扩大，我国每年的快递业务量保持着 20% 以上的高速增长，以前解决快递业务量增长的主要办法是建仓储，增加快递员的数量，但随着人力成本不断提高，单靠增加人力投入的物流体系的发展已经遇到瓶颈，寻找高效的、低成本的物流配送方式是我国电子商务目前亟待解决的问题。

可以将物流分为仓内和仓外物流。其中，仓内物流自动化在技术上比较容易实现；相比之下，仓外物流更加复杂。仓外物流一般分为三个部分：第一是干线物流，行驶在高速公路上的卡车，甚至轮船、飞机都属于干线物流；第二是中间的城市物流，也就是城配物流；第三是末端物流，是指“最后一公里”、园区和小镇物流。如果使用无人驾驶来完成仓外物流，会节省很多人力成本，而且将无人驾驶用于物流领域要比将其用于私家车、公交车等领域更容易实现。以京东为例。其 2014—2016 年的仓储物流费用分别为 80.67 亿元、139.21 亿元、209.51 亿元，占其营业收入的比例分别为 7%、7.7% 和 8.1%。持续增加的物流成本不仅是因为配送网络的扩大和快递业务量的增加，还是因为其配送队伍也在不断壮大，即从 2014 年的 3.5 万人增加到了 2017 年的 8.5 万人。从全国快递人员的数量来看，截至 2016 年年初，我国快递相关从业人员的总数为 203.3 万，其中负责仓储分拣的人员数量为 16.9 万，处于干线物流的卡车司机数量为 5.1 万，但人员数量最多的是末端物流中使用三轮车、两轮车进行物流配送的快递人员，其数量已达 118.3 万。因此，对末端物流进行无人化改造将会极大地提高物流效率，降低物流成本，而这也是无人驾驶的一个非常好的应用领域。

2016—2018 年，全国快递数量分别为 312.8 亿件、400.6 亿件和 507.1 亿件，增长率达到了 62.1%。要通过增加快递人员数量来应对如此巨大的快递数量显然是不现实的，因此许多电子商务企业都在无人物流领域进行布局。可以说，无人驾驶在物流领域，尤其是人力所占比例最大的“最后一公里”物流领域中的应用，将会极大地提升物流配送效率并降低物流成本。

目前，无人驾驶技术在物流领域的应用已经成熟。例如，京东无人车项目立足于打造京东智慧物流体系中的智能运载装备，以自动驾驶核心技术为基础，根据不同场景的用户需求，研发并生产了多系列、多型号的自动驾驶无人车产品。针对物流运输和配送场景，研发了自动驾驶货车和配送机器人；针对仓库、厂区、园区、社区等场景，研发了安防巡检机器人；针对办公楼内的场景，研发了服务机器人。该项目根据商业市场需求和用户需求，通过高效、低成本并且提升用户体验的运营模式来实现商业化运营服务。京东无人物流有诸多落地应用。例如，从商品拣货包装、自动装车、送到无人配送站，到分配无人配送车、送到客户家中，整个过程实现了全自动化。

目前无人车的制造成本虽然较高，但是在未来实现量产之后，会显著降低。在无人物流的应用普及之后，还需要考虑运输安全问题，以及制定针对无人驾驶的交通法规。由于使用无人车运输商品时无人看护，因此有货物被窃取的隐患，而且难以判定由无人车造成的交通事故的责任。但是无人车的优点也是显而易见的。例如，可以减少快递人员的数量，从而极大地降低物流成本；可以实现全天候运输且不受天气影响；基于智能物流信息系统的无人车增值服务，如无人车售货，将给零售业带来巨大的变化，极大地提升消费者的满意度。

总之，无人车可以极大地提升效率和降低成本，而高效和低成本则是电子商务相对于传统零售行业的两大优势。无人车可以扩大电子商务的这两大优势，进一步提高电子商务企业的经营效率并且显著地降低电子商务的人力成本。无人车顺应了时代发展的潮流，与电子商务紧密结合，为电子商务的发展注入了新的活力。

15.7 启示与总结

本案例从无人驾驶发展的生态环境、国内外的发展现状、所需要的技术等方面对无人驾驶进行了介绍，向读者展现了无人驾驶的发展路线，以及无人驾驶所面临的挑战，最后分析了无人车对电子商务的影响。

由于无人驾驶对安全性和技术的要求很高，其商业落地道路还很长，但是其在电子商务物流领域的落地则比较容易。无人驾驶在物流领域的应用使得电子商务相对于传统商务的两大优势——高效和低成本进一步凸显，无人驾驶和物流领域的结合可以促使电子商务朝着智能化的方向发展。

案例总结

随着人工智能的发展，人们对出行智能化的要求不断提高。车辆定位技术和车辆控制技术的不断成熟，使得无人驾驶技术快速发展。无人驾驶的巨大市场和广阔的应用前景吸引着谷歌、百度、Uber、特斯拉等企业投入这一领域。

本案例首先分析了无人驾驶技术所处的生态环境：市场需求巨大，技术也在不断成熟。其次，对无人驾驶技术的两个主要发展方向进行了介绍和对比分析。之后本案例介绍了无人驾驶技术所面临的挑战，并描述了车联网的概念。最后，本案例还介绍了无人驾驶与电子商务的关系，传统物流体系存在低效和成本高的问题，难以满足电子商务快速发展的需求，而基于无人驾驶技术的无人物流配送方案可以较好地解决这个问题。

15.8 研究与思考

1. 思考无人车在电子商务物流领域的应用能给人们的日常生活带来哪些便利。

2. 从技术和应用的角度，思考无人车用于电子商务物流领域还有哪些需要改进的地方。

3. 我国目前有哪些研发无人驾驶汽车的企业，它们有哪些无人驾驶汽车产品。

4. 结合无人车送货的应用场景，分析无人车送货存在哪些安全隐患，以及如何解决这些隐患。

5. 谈谈你对无人物流投入使用所造成的快递人员失业问题的看法。

6. 除了物流领域，无人驾驶技术还有哪些应用领域？

7. 试对国内外无人物流的发展进程进行对比分析。

第16章　无人机案例

案例导读

无人机早在飞机诞生之初就已经出现，人们基于飞机安全性的考量而制造出无人机。第一架无人机于20世纪30年代诞生于英国的费雷尔公司，该公司将一架“女王”双固定翼飞机改造成无人靶机，从而开启了无人机时代。最初无人机仅用于军用领域，起着侦察的作用，而如今无人机开始转向民用领域，尤其是最具无人机应用前景的电子商务物流领域。

由于无人机还未发展成熟，国家有关部门对民用无人机的使用进行了严格的监管。2017年5月16日，民航局宣布初步完成了民用无人机登记注册系统的开发；同月18日该系统开始运行，并于6月1日开始对重量大于250 g的无人机实施登记注册。为了保障无人机运行的安全性，民航局还建立了无人机登记数据共享和查询制度，以实现与无人机运行云平台的实时交互。目前我国在无人机领域仍处于起步阶段，但无人机企业的迅速成长使得我国无人机技术不断发展，已经位居全球无人机行业的前列。搜狐科技的不完全统计数据显示，2018年有超过50家来自中国、美国、法国、德国等国家的无人机及相关企业参展国际消费类电子产品展览会，其中中国有超过40家无人机生产商和配套生产商亮相，在无人机和无人系统会场上扮演着重要角色。

目前,我国无人机市场蓬勃发展,进入无人机领域的企业如雨后春笋般涌现。其中,著名的无人机生产企业有大疆创新科技、零度智控、亿航智能、极飞科技、雷柏科技等。此外,京东、阿里巴巴和苏宁易购等电子商务企业也纷纷涉足无人机物流配送领域,促使物流配送向着高效和低成本的方向发展。与此同时,移动互联网的发展使得移动设备可以对无人机进行远程操控。例如,亿航智能就推出过一款用手机APP操控的无人机,之后又宣布研发载人电动无人机。民用无人机行业得到了前所未有的发展,无人机时代已经到来。

16.1 案例分析思路

无人机即无人驾驶飞机,是利用无线电遥控设备和自备的程序控制装置操纵的不载人飞机。按照技术特征,可以将无人机分为无人固定翼机、无人垂直起降机、无人飞艇、无人直升机、无人多旋翼飞行器、无人伞翼机等。按照应用领域,可以将无人机分为军用无人机、民用无人机。其中,军用无人机可以分为侦察机和靶机。民用无人机则是指结合行业应用的无人机,是主要的无人机类型;其目前广泛应用于航拍、农业、植物保护、微型自拍、快递运输、灾难救援、观察野生动物、监控传染病、测绘、新闻报道、电力巡检、救灾、影视拍摄等领域。按照功能应用,又可以将民用无人机分为消费级无人机和专业级无人机。各个国家都在积极地扩展无人机技术的应用领域。

与无人驾驶汽车类似,无人机也是一个很有发展前景的方向,无人机可以给人们的生活带来极大的便利。电子商务物流领域是其成功应用的场景之一。本案例将在介绍无人机所处的生态环境,以及其应用现状、发展前景和潜在技术问题的基础上,分析无人机对电子商务发展的影响。

图 16.1 所示的是本案例的分析思路。

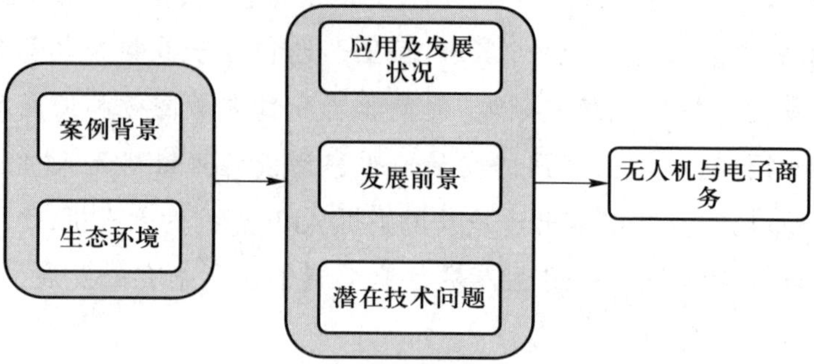

图 16.1　无人机案例的分析思路

16.2　案例背景及生态环境

下面对本案例的背景以及无人机所处的生态环境进行介绍。

16.2.1　案例背景

无人机是一种有动力、可控制、可执行多种任务的无人驾驶航空器，早期主要应用于军事方面。作为智能化和信息化的武器，无人机在侦查、监视、通信、远距离攻击等方面发挥了重要的作用。无人机起源于第一次世界大战，最开始只是作为训练的靶机使用。例如，1916 年英国军事航空学会开始研发无人机以用于投弹，1917 年美国第一架无人机在纽约长滩岛试飞成功，但是那时的无人机由于技术所限无法实现遥控、回收以及自主飞行等复杂操作，所以其在第一次世界大战时只用于投弹任务。而到了第二次世界大战，德军开始大量使用无人轰炸机进行作战，更多种类的无人机被研发出来，英国的蜂后无人机是无线电遥控全尺寸靶机，1934—1943 年共批量生产了 420 架，在英国海军和陆军服役。随后美国于 20 世纪 50 年代至 20 世纪 70 年代也加速了无人机的研发。例如，其研制的代号为 Q-2“火蜂”（Firebee）的高亚音速、喷气推进的靶机，是现今无人飞行器的鼻祖。

在 20 世纪 80 年代之前，无人机一直被用于军事领域。随着各个国家都在加速无人机的研发，无人机也变得更加智能、快速和轻便，续航能力也得到了提高。从 20 世纪 80 年代开始，无人机开始进入民用领域。近年来，各国在无人机的民用方面逐渐开放，无人机在民用方面的应用也越来越多。例如，在影视拍摄中，无人机能拍摄到更广阔的场景，给观众带来绝佳的视觉体验。像纪录片《飞越山西》，其中就有三分之二的镜头都是用无人机航拍完成的，给观众带来的绝佳观影效果。在环境监测上，无人机能够高效地进行污染检查或者灾难预警，近年来，我国各个省份纷纷将无人机应用到大气污染防治上，相关部门使用无人机对一些重点污染区域进行飞行检查。与人工检查相比，无人机监控污染更加高效、精准。我国无人机从军用转向民用开始于 20 世纪 90 年代。例如，1998 年南航在珠海航展中展出的“翔鸟”无人直升机，其功能包含森林火警探测和渔场巡逻。

近年来，随着相关技术成熟、成本下降和国家政策驱动等，我国民用无人机，尤其是消费级无人机迅猛发展。我国无人机的代表企业是大疆创新科技，其占据了全球民用小型无人机约 70% 的市场份额，其 80% 的产品销往国外。根据 Forbes 网站报道，大疆创新科技在 2013—2015 年的三年间收入呈爆发式增长，成为第一家进入“十亿美元俱乐部”的无人机企业。从大疆创新科技的成功可以看出，消费级无人机将迎来它的春天，无人机在民用领域的应用将不断扩大，民用无人机行业将快速发展。中投顾问在其报告《2016—2020 年中国无人机行业深度调研及投资前景预测报告》中指出，到 2020 年，全球无人机年销量有望达到 433 万架，市场规模将达到 259 亿美元，中国无人机年销量未来几年也将保持 50% 以上的增长。

无人机还在物流配送、新闻报道、电力巡检等方面有着广泛的应用。其中无人配送能够极大地提高电子商务企业的运营效率。例如，2016 年 6 月 8 日，京东正式开始通过无人机进行实地送货，并在一些陆路交通不便利的农村地区逐步推广。2019 年 1 月 8 日 12 时 51 分，一架京东 Y3 型无人机载着包裹，从四川省广安市广安区协兴镇八一村京东物流广安营业部起飞，经过 6 分钟的飞行，抵达约 1 km 外的牌坊村，为年近 80 岁的老人李昌福送上其孙子准备的年货，这标志着京东无人机在四川开启常态化配送，以解决电子商务物流配送的“最后一公里”难题；百度于 2018 年 4 月 19 日宣布正式发布 Apollo 2.5 版本，并且与美团达成合作，将百度无人驾驶技术应用到美团送餐环节中，同时计划在雄安开展试点。相关工作人员介绍，无人机送餐并不是直接替代传统外卖小哥取单、接单式的点对点送餐，而是侧重于批量送餐，这使其能够在安全性、人员分配和成本等方面做得更好。

毫无疑问，随着技术的更新和发展，民用无人机将迎来快速的发展，应用前景十分广阔。图 16.2 所示的是无人机在载货和航拍中的应用。

图 16.2　无人机用于载货和航拍

16.2.2　生态环境

本部分从宏观市场环境、宏观政策环境、行业技术环境和行业主要风险 4 个方面来分析无人机所处的生态环境。

1. 宏观市场环境

2010年前后,世界无人机的发展开始进入消费级无人机阶段。2010年,法国Parrot公司成功地研制了世界首款消费级无人机,并将其成功推向市场。之后,我国的一部分无人机生产企业开始投入多旋翼消费级无人机产品的开发。

最开始的时候,消费级无人机市场的用户群体主要以航模发烧友为代表。消费级无人机市场开始爆发的拐点是大疆创新科技推出"精灵"系列多旋翼无人机产品,大疆创新科技使用无人机搭载运动相机和定位系统,同时攻破了多旋翼自动悬停技术,大大降低了无人机的操控难度。此外,大疆创新科技依托深圳地区电子产品产业链的优势,以薄利多销的方式开拓市场,扩大了无人机用户群体,将其由早期的航模运动爱好者拓展到了普通大众,很快成为全球最具竞争力的民用消费级无人机生产企业。

据统计,2013年全球无人机市场规模为20亿美元,2014年市场规模达到27亿美元,同比增长35%;2015年市场规模为36亿美元,同比增长33%。2014—2017年全球无人机的销量由39万架增加至300万架,4年实现了近10倍的增长。随着无人机销售量的增加,全球无人机的销售规模也不断提升,2017年就达到了60亿美元。

在众多的无人机产品中,大疆创新科技被誉为无人机领域中的苹果公司,其在同类市场中所占的比重高达70%。得益于大疆无人机的崛起,中国无人机占据了全球消费级无人机市场的半壁江山,零度智控、亿航智能等中国无人机品牌也打入了国际市场。国际上紧跟大疆创新科技之后的消费级无人机生产企业分别是法国Parrot公司和美国的3D Robotics公司。

2016年全球市场消费级无人机的出货量为200万架,2017年为248万台,2018年为313万架,而2019年达到370万架。据预测,到2023年,用于无人机研发及采办的费用将增至116亿美元。未来10年亚洲地区将成为无人机系统用户数最多的地区,其市场份额将达到50%。相关数据显示,到2019年年底,我国无人机年销售量达196万架,其中消费级无人机为150万架，工业级无人机为 46 万架。

2. 宏观政策环境

无人机产业是一个新兴的高科技产业，国家根据其技术发展的成熟度出台了相应的管控措施，这有利把握无人机产业的扩张速度。例如，在民用无人机发展初期，技术尚不成熟，国家对民用领域的无人机飞行采取了严格监管和限制的态度，将无人机飞行等同于通用航空飞行器飞行，要求其加装空中应答机等。随着技术进步以及监管日益规范，通用航空得到快速发展，国家对民用无人机飞行的管控态度也逐渐温和，相关限制逐渐减少。2009 年发布的《关于民用无人机管理有关问题的暂行规定》提出了“三检查三不颁发”的指导性意见，初步放松了对无人机的监管口径。2010 年发布的《关于深化我国低空空域管理改革的意见》提出用 5~10 年的时间逐步开放低空空域资源。此后，国家有关部门逐步对无人机飞行高度、载重、驾驶员资格以及视距做出了相应的规定。2013 年发布的《民用无人驾驶航空器系统驾驶员管理暂行规定》指出，重量小于或等于 7 kg 的微型无人机，处于驾驶员或观测员目视视距内半径 500 m、相对高度低于 120 m 的区域内，无须进行证照管理，但应尽可能避免遥控飞机进入过高空域；重量等指标高于上述标准的无人机以及飞入复杂空域内的无人机，驾驶员需纳入行业协会甚至民航局的监管。

另外，2014 年 11 月，全国低空空域管理改革工作会议决定，在沈阳、广州飞行管制分区，海南、长春、广州、唐山、西安、青岛、杭州、宁波、昆明、重庆飞行管制分区进行真高 1 000 m 以下空域管理改革试点，并在 2015 年向全国推开，标志着我国低空空域资源管理由粗放型向精细化转变。

2018 年 4 月 9 日，中国民航局发布了《民用无人驾驶航空器经营性飞行活动管理办法（暂行）》，该办法在《中华人民共和国民用航空法》框架下，规范了无人机从事经营性通用航空飞行活动的准入和监管要求。以目前我国无人机监管政策来看，无人机监管由限制为主到规范引导为主，低空空域逐步放开。

3. 行业技术环境

近年来,民用无人机的主要功能系统实现了一定的技术突破。首先,高度集成芯片使无人机制造成本大幅下降。例如,高通的无人机方案 Snapdragon Cargo 是一个基于高通骁龙 SoC 芯片的多功能计算平台,它能够集成多核处理、无线通信、传感器整合、定位、供多个机器人使用的实时数据,以及计算机视觉技术,用于避障飞行。其次,大疆无人机的出现标志着消费级无人机飞控软件技术的突破,实现了无人机从完全手动控制到自我稳定姿态 + 人工控制的良好平衡,且价格低廉,让无人机不再只是专业爱好者的专利。但是,我国无人机的关键制造技术,如动力能源、传感器等对国外的依赖性比较强。

消费级无人机技术的核心是飞控系统,其相当于无人机的大脑,是无人机完成包括起飞、空中飞行、执行任务和返厂回收等在内的整个飞行过程的核心系统,涉及无人机的发射回收、航迹控制、任务设备管理、信息收集传输等功能。传感器是飞控系统的设计基础,常用的传感器包括角速度传感器、姿态传感器、位置传感器、加速度传感器、高度传感器等。飞控系统的主处理控制器可以使用通用处理器、微处理器、数字信号处理器、可编程门阵列等。此外,飞控系统还包括伺服执行机构,以及飞控软件等。

无人机飞控系统可以分为开源和闭源两种。大疆无人机是采用闭源系统的代表,其持有的飞控系统有无人直升机版专业飞控系统 WooKong-H、Naza-H、Ace One,工业级商用多旋翼飞控系统 A2、WooKong-M,消费级多旋翼无人机飞控系统 Naza-M Lite、Naza-M。开源系统的代表有 APM、PX4、Paparazzi 等。APM 飞控系统于 2007 年推出,是基于惯性导航的开源自驾仪,它支持地图巡航,支持多旋翼、固定翼、直升机和无人驾驶车等无人设备,支持超声波传感器和光流传感器,是市场占有率较高的开源系统。Paparazzi (PPZ)是一个软硬件全开源的项目,始于 2003 年。Paparazzi 提供了一套完整的解决方案,其内容不仅包括飞行器的软硬件,如传感器、电压调节器、GPS 接收机、自动驾驶汽车软件及算法,也包括地面站的软硬件,以及各种调制解调器、天线等设备。

4. 行业主要风险

目前看来,无人机行业的主要风险在于炸机事件频发和缺乏商业立法两个方面。

第一,炸机事件频发。炸机是无人机术语,一般是指由于操作不当或机器故障等而导致无人机不正常坠地;无人机坠地后损伤比较严重,影响了其内部结构,或者坠地后被摔碎分解,无法飞行。美国联邦航空管理局(Federal Aviation Administration, FAA)公布的2015年8月至2016年1月期间发生的582起无人机事故数据显示,在其中的519起事故中64%为视线问题,36%为近距离相撞。

无人机驾驶员如果没有经过系统的学习和实践,容易使飞机失控,若其在人员密集区域飞行,后果将不堪设想。而大部分民用无人机,尤其是消费级无人机的驾驶员属于"无证上岗",大大增加了炸机的发生率。对于无人机炸机的原因究竟是飞机自身故障还是驾驶员操作失误至今也没有一个很好的监测方法。要从根本上杜绝炸机事件必须不断优化人工智能算法,提升无人机规避障碍的能力。

第二,缺乏商业立法。目前关于无人机的立法还很不全面。商用无人飞机的发展空间依赖于立法者的尺度。美国得克萨斯州规定,商用无人机的飞行高度不得超过122 m。欧洲航空安全局于2019年7月发布了在欧盟范围内适用的无人机通用准则,该准则涵盖了无人机技术和操作要求,目的是在保护欧盟国家居民安全和隐私的同时,确保无人机安全运行,并促进无人机行业的创新和投资。我国目前还没有针对无人机的明确法规,只是于2018年1月发布了《无人驾驶航空器飞行管理暂行条例(征求意见稿)》,该征求意见稿是我国首次在国家层面对无人机的规范和管理做出部署,其在尊重我国空域未开放的实际情况的同时,对满足一定监管要求的无人机合理开放了120 m以下的空域,破除了"黑飞"的误解,对产业发展和无人机爱好者来说是一大利好。

案例小结

本部分介绍了目前无人机行业的发展历史及其所处的生态环境。在宏观市场环境方面,从目前国际无人机市场的占有率来看,我国的大疆创新科技成为全球最具竞争力的消费级无人机生产企业,而且其所占的市场份额还在不断地扩大,同时,我国无人机也占据了世界消费级无人机市场的半壁江山。在宏观政策环境方面,我国无人机的相关政策不断完善,为无人机的蓬勃发展创造了有利条件。此外,本部分还介绍了无人机当前所处的行业技术环境。我国在无人机飞控软件技术方面具有较大的优势,但是部分硬件还依赖外国的技术。目前,无人机的发展遇到了一些瓶颈问题,一个是炸机事件频发,另一个是缺乏商业立法,这是无人机行业发展亟待解决的问题。

16.3 应用及发展状况

16.3.1 无人机的应用

下面重点对无人机 4 个方面的应用进行介绍,包括电子商务物流方面的应用、遥感航拍方面的应用、环境监测方面的应用,以及农林渔业方面的应用。

1. 无人机在电子商务物流方面的应用

2018 年 11 月 15 日,中国民用航空西北地区管理局向京东旗下的西安京东天鸿科技有限公司颁发《民用无人驾驶航空器经营许可证》,明确将“物流配送(限试点企业)”业务纳入企业经营项目,此举意味着西安京东天鸿科技有限公司获得了陕西省域范围从事末端物流无人机物流配送经营许可。京东末端物流无人机物流配送在陕西已经形成了成熟的运营模式，并进行了有人机 + 无人机协同运输场景验证，京东自主研发的支线无人机"京鸿无人货运大飞机"已经进入试飞阶段。据了解，截至 2018 年 10 月，京东无人机在西北地区已完成常态化飞行 1.3 万余架次、飞行 7.6 万余千米。据了解，目前京东无人机已经在陕西、江苏、海南、青海、广东、福建、广西进行了常态化的物流配送，有效地解决了广大农村、道路不便地区"最后一公里"的配送难题。阿里巴巴的菜鸟网络同样在无人机物流方面进行了布局。2017 年 10 月 31 日，菜鸟网络的无人机群组，满载 6 箱货品，耗时 9 分钟，飞越近 5 km 的海峡，为农村淘宝提供物流服务，这是国内首次完成无人机群组跨海快递飞行。菜鸟网络无人机可以荷载 7 kg 包裹，实现空中到家、精准投递的运作。苏宁方面提供的数据显示，截至 2018 年 6 月，苏宁物流无人机乡村飞行距离已经超过 5 万千米，为了适应不同的配送场景，苏宁空中智慧物流网建成了机型多样的无人机群组，目前末端物流小型无人机物流配送基本可以常态化运营，支线和干线无人机正在研发和测试。例如，在支线方面，苏宁正在研发一款载重 200 kg 的无人机和一款载重 1.5 t 的无人机。

2. 无人机在遥感航拍方面的应用

无人机遥感系统主要利用先进的无人机智能控制技术、定位技术、通信技术和遥感遥测技术，自动化、智能化地获取地理、环境等空间遥感信息，具有灵活机动、快速高效、精细精准、作业成本低等特点。无人机已经在气象监测、资源开发、自然灾害监测与评估、摄影测量等方面取得了一定的成果。利用无人机搭载的非量测型数码相机获取低空影像，因低廉的价格和极大的便利性而受到人们越来越多的关注，成为摄影测量领域的研究热点。

3. 无人机在环境监测方面的应用

无人机在环境监测方面的应用十分广泛，几乎涵盖了整个地球生态系统，其中包括土地侵蚀情况的监控、植被变化的监测、生物栖息地评价、海洋及海岸带生态环境变迁分析、城市的规划与环评分析、大气污染的定量评价等。无人机有效地弥补了人力在环境监察工作中的不足,它不但可以进行高空俯视,还可以对执法人员不方便查看或无法触及的地方进行近距离观察,帮助人们了解真实的情况,提高执法效率。通过在无人机上挂载红外线热成像设备可以在晚间监测工厂的庳水排放情况,其监测覆盖范围达 20~100 km^2。用无人机进行环境监测,可以避免难以通过传统环境监测定时、定点采集的数据获得污染物排放数据总量的问题,同时也可以避免国控点监测系统点位数有限的问题。河北国呈电子科技有限公司大气环境立体网格化监测系统,利用无人机,实时采集 $PM_{2.5}$、PM_{10}、NO_2、SO_2、O_3 和 CO 6 种主要污染物的浓度以及实时的温度与湿度,可以建立 3 km × 3 km × 0.5 km 立体监测网格四维数据库,定量描述区域大气污染现状,建立污染物分布地图,快速获取梯度,为大气环境治理方案提供完备的数据支持,是传统地面监测手段的有益补充。

4. 无人机在农林渔业方面的应用

无人机在农业和林业方面主要起着植物保护的作用,与人工植物保护相比,使用无人机进行植物保护具有低成本、低危害、节能高效等特点。下面以水稻为例对人工植物保护和无人机植物保护的工作效率进行对比分析,如表 16.1 所示。截至 2019 年 7 月 12 日,大疆农业植保无人机 2019 年累计作业面积突破 1 亿亩次,如果按照人工背负式喷洒作业 1 亩地需要 30 分钟计算,1 亿亩地全部采用人工作业需花费 5 000 万小时,而大疆农业植保无人机仅用 119.9 万小时,便能完成同样的工作,平均每小时作业 83 亩,效率提升超过 40 倍。

表 16.1 人工植物保护和无人机植物保护的比较

比较项目	人工植物保护	无人机植物保护
作业效率	10~15 亩 / 天	300~400 亩 / 天
作业价格	15 元 / 亩	10 元 / 亩
作业效果	对作业人员身体有伤害	节省农药 50%;节约用水 90%
作业特性	易操作;破坏农作物	易操作;作业无痕迹,提高授粉率

案例小结

无人机作为近年来飞速发展的航空器，其无论是在军用领域还是在民用领域都展现出了巨大的应用前景。如今，无人机相关技术不断成熟，在军事领域，无人机可以用于侦查、监视、通信、远距离攻击等；在民用领域，无人机可以用于电子商务物流、公共安全、应急搜救、农林、环保、交通、通信、气象、影视航拍等。无人机不仅可以取代人类从事一些高强度、高重复性的工作，节省人力成本；还可以提高配送效率，降低人力成本。但是，对于农业和林业而言，因为成本问题，无人机适合大面积种植的农场或者农户集资购买，共同使用。

16.3.2 发展前景

无人机具有广阔的发展前景。目前越来越多的互联网企业加入无人机的研发行列，无人机一旦成功商业落地，必将给人们的生活带来巨大的变化。

在我国，消费级无人机的发展迅猛。以多旋翼无人机为主的消费级无人机市场的竞争模式是技术不高、成本为王，我国无人机企业凭借着完善的产业配套体系和相对低廉的人工成本在全球消费级无人机市场中占据着举足轻重的地位。我国深圳市南山区是世界无人机之都，世界上大部分民用无人机的研发和生产都出自这里，而其配套的供应链非常齐全，从飞控、电机到螺旋桨、光流定位、RTK（实时动态）差分定位、避障系统、照相机、甚至无人机壳体等一应俱全。深圳海关的相关数据显示，2017年上半年，深圳市无人机出口达46.9亿元，比2016年同期增长97.1%，其中6月出口9.2亿元，同比增长1.1倍。据统计，全球有约94%的消费级无人机产自中国，仅大疆无人机就占据了全球70%的市场份额。此外,亿航智能是国家民航局授权的首家载人无人机适航审定试点单位,它正在以全球首创的载人级自动驾驶飞行器(AAV)为重点试点项目,协助国家民航局开展载人无人机的运行风险分析、适航标准制定和验证。而谷歌等大型互联网企业也在不断利用无人机开展新的应用。未来,消费级无人机将不仅用于航拍和娱乐,随着其应用的不断拓展,消费级无人机将成为人们生活的必需品。

经过多年的发展,无人机行业也开始呈现出头部集中态势:优秀的无人机生产企业所研发和生产的无人机机型、功能、续航能力都非常出色,也越来越受到市场的青睐。而小型的无人机生产企业缺乏研发实力,其产品大部分为组装机型。这种发展态势,对于新进入市场的企业来说意味着更高的成本,而对于技术雄厚的企业而言则意味着不断扩张的市场。

中国信息通信研究院2018年发布的《5G无人机应用白皮书》指出,目前4G已经能够支持无人机部分场景的通信需求,但同时也具有很多挑战,4G在带宽、时延、干扰协同上都存在一定的优化空间。5G正是针对带宽、时延等问题,与无人机碰撞出新的火花。要抓住5G发展的契机,加快5G网联无人机技术和应用创新,助推低空经济发展。当前,无人机的应用十分广泛,尤其在偏远地区物流、森林防火、基础设施巡检等超远距离乃至超视距作业场景中发挥着越来越重要的作用。与此同时,无人机的运营模式也开始从大空间中的少数量、低频次作业,向着小范围、高密度持续作业转变。

16.3.3 需要解决的技术问题

虽然无人机的发展非常迅速,但是其在技术上仍然有许多需要解决的问题,如安全性问题、可靠性问题等。目前发展无人机需要解决的技术问题主要有以下几个。

1. 载重能力问题

要完成复杂的任务,需要无人机有很好的载重能力。例如,在进行灾区救援时，无人机要能够搭载足够重的物资；在运送大件快递时，无人机也需要有较大的载重量。

2. 电池续航问题

当前无人机的电池续航能力有限，有限的电池续航能力必然会限制其应用场景的拓展。

3. 飞控系统问题

目前的飞控系统主要针对小型无人机，还不是很稳定，若要完成复杂的任务，还需要对飞控系统进行有针对性的改进。

4. 安全问题

无人机如果在人员密集的区域发生炸机，危害较大；而如果在运送快递和执行任务的过程中发生炸机，也会造成损失。无人机生产企业必须保证产品具有较高的安全性，否则一旦发生安全事故，就会产生不好的社会影响。

随着技术的发展，上述问题会不断得到解决，无人机技术将会得到更大的发展。

16.4　无人机与电子商务

物流领域是民用无人机应用的一个热门领域，而物流与电子商务的发展息息相关。随着无人机的投入运营，物流行业迈入“无人机”时代，电子商务将迎来更大的发展。

2018年，我国快递业务量达507.1亿件，人均快件使用量为36件，比2017年增加7件。与此同时，我国快递业务量超过美国、日本、欧洲等发达经济体之和，规模连续5年稳居世界第一，是第二名美国的3倍多，占全球快递业务量的一半以上。虽然我国物流市场规模如此庞大，但是物流配送目前仍然以人力为主，尤其是末端物流中的“最后一公里”物流配送。据统计，我国物流末端配送成本已经占到物流总体成本的30%~50%。而无人机的迅猛发展可以为电子商务物流配送注入更多的活力，极大地提升“最后一公里”物流配送的效率。尤其是偏远山区，其陆路交通极不便利，即使使用无人车配送也无法解决配送效率低的问题，但是无人机可以以空运的形式直线配送且无须考虑各种复杂的陆路交通情况，从而极大地提升了“最后一公里”的物流配送效率。

无人机物流是电子商务物流未来发展的一个重要领域，也使得电子商务向着智能、高效、低成本的方向转型。无人机物流是在五大因素的推动下出现的。

（1）市场需求

目前我国电子商务呈爆发式增长，物流快递业务量每年都高速增长，尤其是在每年“双十一”期间，如此庞大的快递业务量需要更加快速、高效和低人力成本的物流配送方式。

（2）技术的发展

当前大数据、人工智能和物联网等技术不断发展，这使得将无人机这样的智能设备应用于物流配送成为可能。

（3）人口红利的消失和人力成本的不断提高

从长远来看，以自动化智能设备取代昂贵的人力成本将是各个行业未来的发展趋势。

（4）国家政策的推动

正如前面所介绍的，我国出台了多项鼓励无人机发展的政策，为无人机物流配送创造了良好的政策环境。

（5）资本的助力

无人机技术的出现吸引了大量投资人的关注，使得致力于无人机研发的科技公司获得了大量的资金，从而有了更大的发展空间。

无人机物流与传统物流，甚至是无人车物流相比有以下的优势。

（1）方便、高效

正如前面所说的，在一些陆路交通不便利的山区或者交通拥堵的城市，无人机可以合理地利用闲置的低空资源，减轻地面交通的负担，快速进行物流配送。

（2）成本低、调度灵活

与航空运输和直升机运输相比，无人机具有成本低和调度灵活等优势，其可以和传统的航空运输方式优势互补，共同为人们提供快速便捷的配送服务。

（3）能够实现产能协同和运力优化

在科学规划的基础上，综合利用互联网＋无人机、机器人等技术和方式，可以实现产能协同和运力优化。例如，为了处理快速交货和连续补货的订单，亚马逊、沃尔玛等在建设先进的信息系统、智能仓储系统，以及优化业务流程的基础上，还规划了无人机城市配送中心（如亚马逊的无人机塔），以及空中配送基地等。

在我国，Linkall团队设计出一种4旋翼环绕中央机身布局、具有蛋壳外形的名为“智能蜂”的快递无人机系统，该系统气动性能优良，能够按照由北斗卫星导航或GPS卫星导航信息计算出来的最佳路径进行飞行，并通过机上传感器进行感知与自主避障，从而顺利完成快递任务。目前，该团队已经为北京的一家第三方快递餐饮公司进行了无人机送快餐的尝试。顺丰速运早在2012年就提出了无人机物流的设想。2015年，顺丰与炼石航空科技联合成立朗星无人机系统有限公司。2017年，顺丰速运在无人机物流方面取得了进一步的进展，当年6月21日，与江西赣州市南康区联合申报的物流无人机示范运行区空域申请得到正式批复，成为国内第一家获得正式审批的物流无人机示范空域企业；当年6月29日，在获批空域内进行了首次业务运营飞行。2018年10月24日，顺丰速运获批了阳澄湖空域的无人机应用许可，这是继赣州后顺丰速运拿下的又一个空域，现已用于大闸蟹等特色生鲜水产的无人机运输。亿航智能是我国第一家在城市内部无人机物流配送领域进行尝试的企业，用户在广州漫广场的超级物种附近通过永辉生活小程序下单即可享受到无人机的 15 分钟送达服务。截至 2019 年 6 月，亿航智能已经完成了超过 4 000 单无人机配送，占超级物种线上订单量的 30% ~ 40%。2016 年 5 月京东成立 X 事业部，规划和建设了“干线—支线—末端”三级无人机通航物流体系；同年 6 月 18 日京东在江苏宿迁进行了首次无人机配送试运营。2017 年京东智慧物流全国运营调度中心在宿迁正式投入使用，逐步实现常态化运营；同年 8 月，京东获得了覆盖陕西省全域的无人机空域书面批文。目前，京东已在陕西、福建、海南等地开展了大规模的无人机验证飞行（如图 16.3 所示）。目前京东正在进一步提升无人机的性能、续航能力和可靠性，以大规模地配送商品。

图 16.3　京东无人机

在国外，2012 年 4 月，时任美国总统奥巴马签署法案，要求美国联邦航空局修改规定，允许地方政府、私营公司和普通人使用小型无人机。受此影响，美国速运企业 UPS 和电子商务企业亚马逊等纷纷展开了无人机送货项目的试验。无人机送货可以极大地提高货物运送效率。2017 年，UPS 在美国佛罗里达州坦帕市进行了首次无人机送货测试。如果没有无人机的帮助，司机则需要开着货车，深入农场间的崎岖小路递送包裹。但是在无人机的帮助下，司机只需把包裹放在无人机的置物架上，在操作台上进行触屏操作，对其发出向目的地起飞的命令，无人机就会自动飞出，将包裹释放到农场中房屋的房顶上。释放完包裹后，无人机能自动飞回货车，降落在安装于车顶上的充电设备上，开始充电为下一次飞行做准备。UPS 用于测试飞行的无人机来自其合作伙伴 Workhorse Group，名为 HorseFly，机重 9.5 磅，有 8 个旋翼，可以连续飞行 30 分钟，最大载重量为 10 磅。2019 年 6 月，亚马逊在其主办的全球人工智能会议上展示了最新版的送货无人机 Prime Air，其目标是在 30 分钟内用无人机将小包裹送到目的地。

无人机物流配送的概念打破了人们对物流的基本认识，同时也极大地促进了电子商务的进步。但是目前使用无人机运送快递还有诸多问题需要解决。例如，在快递行业使用无人机，意味着无人机要有较大的飞行范围、较高的精度和出色的载重能力。此外，还要考虑成本问题和如何真正做到送货上门问题。相信随着无人机技术的成熟、规模的扩大以及配套政策的完善，无人机在电子商务领域有更加广阔的应用空间。

16.5 启示与总结

随着大疆创新科技等无人机生产企业的快速发展，消费级无人机市场快速增长，无人机将逐渐从少量发烧级用户走向大众。在政策方面，国家对无人机的管制也逐渐放开，这对于无人机行业的发展起着很好的推动作用。同时，无人机的产业链也逐渐成熟，高度集成的芯片、不断成熟的飞控系统使得无人机的大规模、低成本生产成为可能。

在电子商务和人工智能快速发展的大背景下，无人机与电子商务势必会紧密结合。目前无人机最适合的应用场景是农村偏远地区，其陆路交通极不便利。在这类地区，无人机与传统运输工具乃至无人车相比，可以显著地降低运输成本，而且十分便捷。而对于城市物流来说，由于现阶段无人机的运输成本高于传统运输工具的成本，而且城市建筑物密集，路况复杂，对无人机飞控能力的要求较高。但是，无人机运输在城市物流中也有着独特的优势。例如，运输速度快，可以满足用户的加急要求；可以极大地减少转运次数，提高运输效率；等等。

虽然现阶段无人机还未得到广泛应用，但在不久的将来，无人机必将以其独特的优势与传统运输工具形成互补，为电子商务的发展注入新的活力。

案例总结

本案例介绍了无人机的基本知识、所处的生态环境、应用及发展状况、发展前景和需要解决的技术问题等。无人机和电子商务的结合点在于它可以作为一种高效、快速和低成本的物流方式，促使电子商务物流朝着高效、有序和智能的方向发展。例如，可以使用无人机向偏远地区运送货物。与昂贵的陆路运输相比，无人机物流兼具快速和低成本两大优点，尤其在末端物流的"最后一公里"物流配送中，无人机常常显示出极大的优势。

16.6 研究与思考

1. 结合无人机在物流领域中的应用，分析相关法律应该着重考虑哪些方面的问题。

2. 分析无人机发展目前存在哪些瓶颈问题。

3. 根据你对电子商务发展的理解，分析无人机的应用对电子商务有着怎样的影响。

4. 思考无人机的应用存在哪些安全隐患。

5. 思考哪些地区更适合使用无人机物流。

6. 对比无人机和无人车，分析这两者分别适用的物流场景。

7. 思考为什么我国能够在无人机领域取得快速发展。

第17章　虚拟现实案例

案例导读

随着技术的不断进步，人们获取信息的方式更加多样化，尤其在互联网技术的支持下，人们能够非常方便地获取自己所需要的信息，但是即便如此，人们还只能被动地接收信息。人们不仅希望能够获取信息，还希望能够在获取信息的过程中扮演更加积极主动的角色，如按照自己的意愿探索信息产生的过程。虚拟现实技术的出现使得这一愿望的实现成为可能。

自20世纪30年代起，虚拟现实经历了从模糊的概念到真正产品落地的演变过程，并且被成功地运用到了娱乐、社交、教育、国防等多个领域中，但是这个过程并不是一帆风顺的。早期人们受到技术条件的限制，制造出的虚拟现实设备只能满足特定的行业需求，难以普及。近年来，随着虚拟现实所面临的技术难题逐渐被攻克，加上大量资本的投入，虚拟现实已发展成为一个具有完整产业链的新兴行业。

如今，越来越多的企业希望将虚拟现实技术作为自身发展的支撑，电子商务企业便是其中之一。电子商务企业在销售商品的过程中，需要对商品进行展示。通常采用“文字描述＋图片＋视频”的方式展示商品，而如果利用虚拟现实技术则可以将商品更加真实地呈现给消费者。

本案例首先从虚拟现实产业的发展历史出发，介绍了其所处的生态环境，以及发展现状和发展前景；然后从产业链的角度对虚拟现实进行了分析;最后分析了虚拟现实对电子商务发展的影响。

17.1　案例分析思路

虚拟现实(virtual reality,VR),是指使用特定的显示设备和传感设备,借助计算机仿真技术为用户营造一个虚拟世界。虚拟现实技术可以让用户使用人的自然技能对虚拟世界中的物体进行考察或操作。目前,虚拟现实设备一般都是头戴式虚拟设备,而理想的状况应该是用户在进入虚拟世界的过程中感受不到任何设备的存在。

虚拟现实技术实质上是人机交互技术的进一步发展。可以将人机交互的演变过程(如图 17.1 所示),大致概括为从“单向”到“双向”、从“一维”到“多维”、从“简单”到“复杂”的过程。虚拟现实技术继承了人机交互技术的优点,并加入了“感知”模块,使得用户能够“身临其境”地获取信息,大大增加了虚拟交互的真实性。

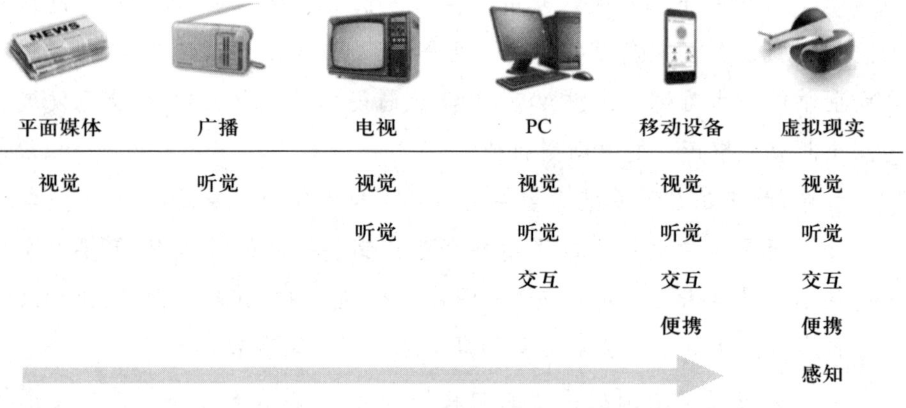

图 17.1　人机交互的演变过程

虚拟现实的概念虽然很早就出现了,但是直到近几年才出现了面向普通消费者的虚拟现实产品,之前不断有人对虚拟现实技术的大众化应用进行尝试,但均未获得成功。究其原因,既有硬件和软件技术方面的因素,也有生态环境和产业链方面的因素。

本案例的分析过程如图 17.2 所示。

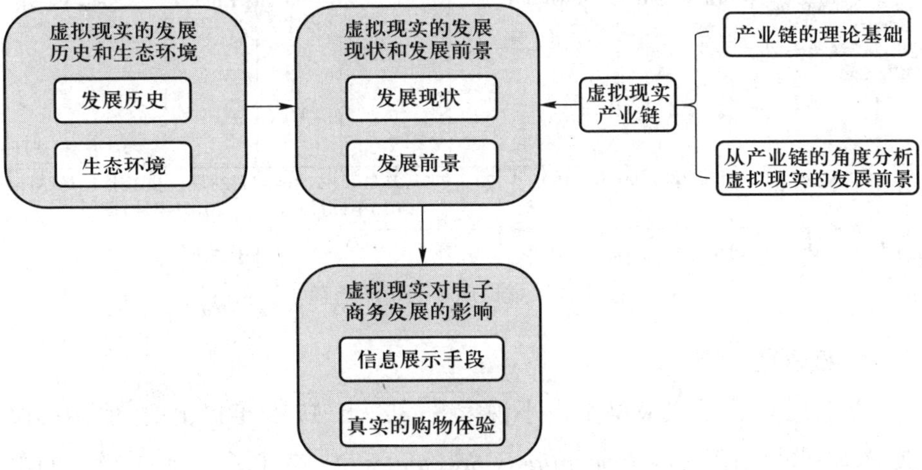

图 17.2 虚拟现实案例的分析过程

17.2 虚拟现实的发展历史

本节将介绍虚拟现实的起源和虚拟现实的发展历史,并分析和总结虚拟现实发展出现断层期的原因。

17.2.1 虚拟现实的起源与发展阶段

虚拟现实的概念从首次提出,到 2016 年再次进入大众的视野,大致经历了概念萌芽期、研发与试验阶段、产品迭代初期以及产品成型期 4 个发展阶段，如图 17.3 所示。

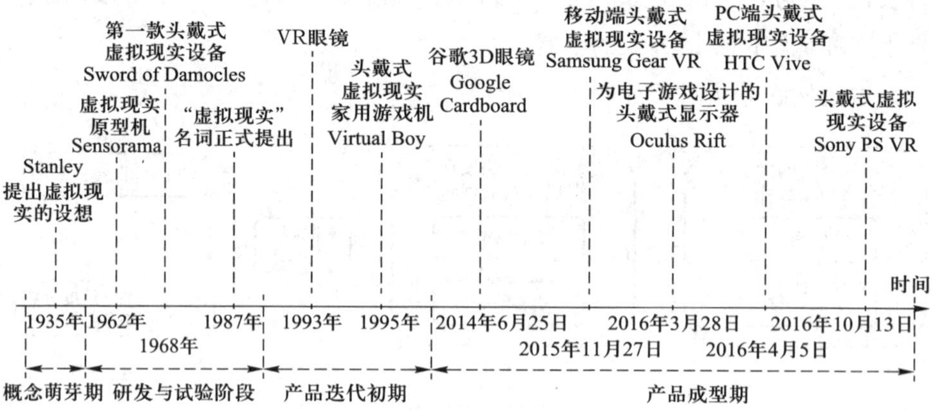

图 17.3 虚拟现实的发展历程

1. 概念萌芽期

虚拟现实的设想最早是由小说家 Stanley 于 1935 年提出的，他在小说《皮格马利翁的眼镜》（*Pygmalion's Spectacles*）中描述了一种"神奇"的眼镜，人们戴上之后能够看到一个与自己所处的现实世界完全不同的新世界，并且能够在这个新世界里自由探索，而感知不到自己原来所处的世界。虽然这部小说被认为是最早提出虚拟现实的作品，不过他在小说中没有使用"虚拟现实（virtual reality，VR）一词。

2. 研发与试验期

1962 年，电影摄影师 Morton Heiling 研发了一款名为 Sensorama 的虚拟现实原型机，它的主要功能是播放已有的视频并辅之以光、声效果，该原型机后来被应用于飞行模拟训练。1968 年，计算机科学家 Ivan Sutherland 和他的学生研发出了世界上第一款头戴式虚拟现实设备 Sword of Damocles，它和 Sensorama 的不同之处在于第一次使用了计算机来生成图像。1987 年，美国 VPL 公司创始人 Jaron Lanier 第一次提出了虚拟现实这个名词。

3. 产品迭代初期

虚拟现实这一名词被提出后，越来越多的公司开始研发虚拟现实技术和产品。1993 年 SEGA 公司推出了 VR 眼镜；1995 年任天堂推出了头戴式虚拟现实家用游戏机 Virtual Boy。但是由于当时的客观条件所限，显示技术无法达到足够的逼真性，这款产品在推出之后不久就销声匿迹了。

4. 产品成型期

虚拟现实行业在沉寂了一段时间之后，终于在 2016 年又迎来了发展的高潮，谷歌和三星都瞄准了移动端；Facebook（Oculus Rift）和 HTC 分别针对 PC 端推出了头戴式虚拟现实设备；而索尼则基于家用游戏主机推出了头戴式虚拟现实设备。

17.2.2 虚拟现实发展的断层期分析

回顾虚拟现实的发展历程，会发现一个耐人寻味的现象，从虚拟现实产品迭代初期到产品成型期，中间出现了长达十几年的“断层期”，似乎在这段时间里虚拟现实被人们遗忘了。图 17.4 所示的是“virtual reality”和“VR”关键词在 2004—2018 年的热度变化情况。这一断层期出现的原因有以下两个。

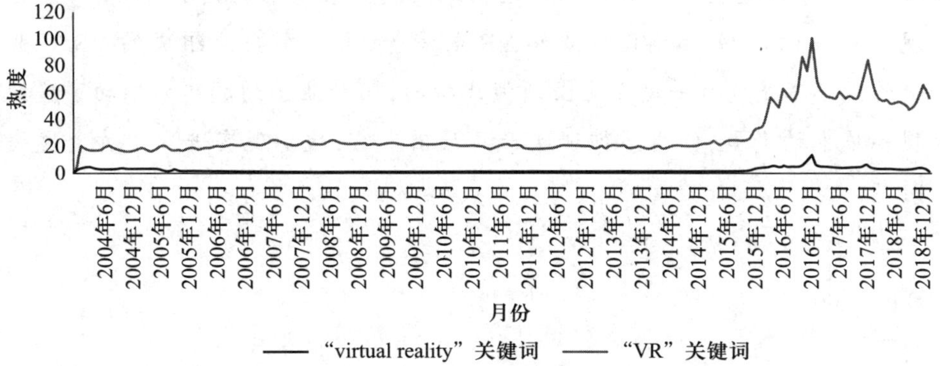

图 17.4 2004—2018 年“virtual reality”和“VR”关键词的热度

第一，过去十几年是互联网高速发展的时期，涌现出了像谷歌、亚马逊这样知名的互联网企业。在这一时期人们的目光聚焦在如何利用互联网改变生活方式上，而不在虚拟现实上。第二，通过对虚拟现实所处生态环境的分析可知，虚拟现实沉寂的这个时期，也正是其生态逐渐形成的时期。虚拟现实的发展不是一个一蹴而就的过程，需要人们观念的转变、相关技术的积累、资本市场的参与等。在虚拟现实生态初步形成之后，市场上就涌现出了大量面向普通用户的虚拟现实产品。

案例小结

本部分介绍了虚拟现实的发展历史。从虚拟现实的发展过程中可以看到，虚拟现实的设想在约一个世纪前就被提出，基于虚拟现实的设备在半个世纪之前成功问世，至于虚拟现实这一概念，也在30多年前被提出。不过虚拟现实在2016年才迎来了发展的高潮。究其原因，一方面因为之前虚拟现实的相关技术尚不成熟，虚拟现实设备实现的效果较差，而如今通过技术的积累，虚拟现实实现的效果能够满足大多数人的需求。另一个方面，更重要的是虚拟现实产业链也在此期间发展成熟，出现了诸多与虚拟现实相关的应用，如VR游戏和VR电影等，由多个企业组成的VR产业链的规模不是以往一两个企业所能比拟的，而产业链的成熟又推动了虚拟现实技术的发展，使得虚拟现实产品层出不穷，虚拟现实进入了黄金发展时期。

17.3 生态环境

下面从经济环境和政策环境两个方面来分析虚拟现实发展所处的生态环境。此外,产业链环境对于虚拟现实的发展来说也是至关重要的,在后面将作为一节单独进行介绍。

17.3.1 经济环境

从风险投资的角度来看,从 2015 年下半年开始,虚拟现实领域的投资出现了井喷式发展。以我国为例,2015 年虚拟现实领域的投资为 24 亿元。2016 年,也就是各大企业纷纷推出虚拟现实产品的这一年,虚拟现实市场的风险投资达到了 28 亿元,超过了 2015 年;同时,2017 年和 2018 年风险投资规模持续上升,表明资本市场相信虚拟现实将会成为新的盈利点。

从虚拟现实产业的市场规模看,以我国为例,2013—2018 年是我国虚拟现实产业快速发展并成型的阶段。需要注意的是,在虚拟现实产业不断发展的同时,其增长率却在急速下降。其主要原因是,现阶段虚拟现实产品多是低端产品,消费人群对这些产品的反应平淡,如果企业仅仅依靠这些低端产品,则很难实现盈利,而且打击了风险投资对虚拟现实产业的信心,结果便是许多虚拟现实企业走向了消亡。这一时期也成为虚拟现实企业“洗牌”的时期。数据显示,2014 年,我国总共有 200 多家生产头戴式虚拟现实设备的企业。2015 年,生产头戴式虚拟现实设备的企业仅剩下 60 多家。再结合 2018 年第二季度头戴式虚拟现实设备全球销量大跌 33.7% 的数据可知,将有更多的头戴式虚拟现实设备生产企业被市场淘汰。因此,虚拟现实设备行业如何改良技术以提高用户体验，让用户接受，才是生存的关键。

17.3.2 政策环境

我国国民经济和社会发展第十三个五年规划纲要指出，大力推进虚拟现实与互动影视等新兴领域的创新和产业化，形成一批新增长点。工业和信息化部也发布了《虚拟现实产业发展白皮书 5.0》，呼吁尽快启动虚拟现实研究，建立标准体系，规范行业发展。可以说，该白皮书既体现了国家对虚拟现实的重视，也预示着虚拟现实行业统一标准建设进程的加快，这将有助于提高虚拟现实技术，并使行业规范化。以贵州贵安新区为例。2016 年 10 月 8 日在中国贵安虚拟现实峰会开幕式上，贵安新区正式发布了《贵安新区支持虚拟现实产业发展十条政策》，在贵安新区登记注册的虚拟现实企业，除了能够享受国家和贵州省的相关政策之外，还可以享受地方上的一些优惠条件。虚拟现实产业与传统的化工、建筑等行业相比，毫无疑问属于高新产业，目前越来越多的地方政府出台了相关政策，为虚拟现实企业营造一个宽松的发展环境。

17.4 虚拟现实发展所面临的问题和发展前景

人们将 2016 年称为虚拟现实元年。在这一年，资本开始进入虚拟现实领域，各地的虚拟现实体验店如雨后春笋般出现。英国尼尔森（Nielsen）公司的相关数据表明，2016 年有 26% 的公众了解虚拟现实设备，2017 年这一数据则上升到了 51%。

下面从虚拟现实所面临的问题以及发展前景两个方面来进行介绍。

17.4.1 虚拟现实发展所面临的问题

虚拟现实在发展过程中面临着以下问题。

第一,目前虚拟现实技术仍无法提供令人满意的沉浸感。相关技术涉及很多方面,其中最为关键的是硬件技术和渲染技术。就硬件技术而言,用户要进行虚拟现实体验,就需要借助虚拟现实设备,其中最常见的就是 VR 头盔。但是当前 VR 头盔并没有很好地解决用户眩晕的问题。就渲染技术而言,其所达到的渲染程度与 GPU 等硬件的处理速度成正比,以目前技术来看,想达到极其逼真的渲染效果还有一段路要走。

第二,目前虚拟现实产业链虽然因为资本的进入而不断得到拓展,但是仍然缺少优质资源的支持,不易留住用户。这些优质资源主要涉及游戏、影视和一些新型应用等。相关数据显示,2018 年在拥有虚拟现实设备的人群中,28% 的人每天都会使用虚拟现实设备,9% 的人至少每周使用一次,19% 的人每月使用一次。这表明很多购买虚拟现实设备的用户使用虚拟现实产品并不频繁,从侧面反映了当前的虚拟现实产品和资源对用户的黏性不够。

第三,目前用户仍需要借助虚拟现实设备才可以获得虚拟现实体验,这并不是虚拟现实的最终目的,而只是由于技术所限而引入的替代解决方案。沉重的 VR 头盔既不美观也不方便,而且不利于在碎片化时间里向用户提供虚拟现实体验,因此目前携带和使用不便的虚拟现实设备无法像智能手机那样普及,并被人们广泛接受。

17.4.2 虚拟现实的发展前景

虽然目前虚拟现实的发展面临以上问题,但是其不会像以前那样出现断层期。中国信息通信研究院联合华为等单位发布的《虚拟(增强)现实白皮书(2018 年)》将虚拟现实分为 5 个等级,即无沉浸、初级沉浸、部分沉浸、深度沉浸和完全沉浸，如图 17.5 所示。而到深度沉浸和完全沉浸等级，画面渲染质量高，舒适度好，能够满足大众对虚拟现实应用的需求。

随着 5G 的推出，虚拟现实也必定会得到飞速发展。借助 5G，虚拟现实设备不仅可以以更快的速度传输信息，减小交互时延，还可以提供更加优质的画面，使用户能够获得更加逼真的用户体验。

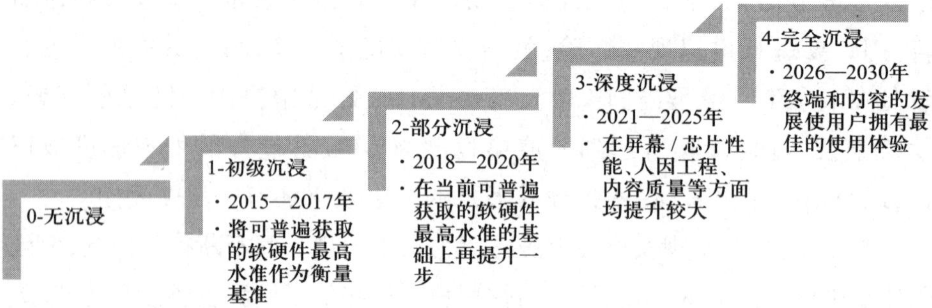

图 17.5 虚拟现实等级划分

17.5 虚拟现实产业链

前面分析了虚拟现实发展所面临的问题及发展前景，本节将从产业链的角度来对虚拟现实进行分析。

17.5.1 产业链的理论基础

在从产业链的角度对虚拟现实进行分析之前，先介绍一下产业链的理论基础。产业链是产业经济学中的一个概念，是各个产业部门之间基于一定的技术经济联系，并依据特定的逻辑关系和时空布局关系客观形成的链条式关联关系形态。假设可以将企业简单地视为一个从原材料到特定产品的黑盒。对于某个行业来说,由于用户需求众多,因此一个企业想要满足该行业所有用户的需求必然要付出巨大成本,这显然不太现实,于是会出现众多只满足这个行业中某部分需求的企业,它们将下层产品作为原料生产能够满足其他用户需求的产品。这些企业通过行业标准与其他企业合作,并相互关联起来,最终形成一个复杂的网络链结构,这个结构就是产业链。下面介绍产业链的必然性及其对产业的影响。

第一,产业链的出现具有必然性。现在社会分工越来越细化,产业链符合社会发展的需求。同时,由于各个企业能够满足的需求不同,每个企业都可以专注于自己的核心技术,合理利用资源,从而有利于整个行业的进步。

第二,产业链有助于快速满足用户的各种需求。在新的用户需求出现之后,行业内的企业想要满足这个需求可以最大限度地利用现有的技术成果。也就是说,它们可以通过相关的合作企业获得优良的中间产品,而无须从头开发和研究,从而能够快速生产出满足用户需求的产品。

第三,产业链有助于降低价格。在产业链中,分工细化可以带来更高的生产效率和更低的生产成本。而且同类型企业也会越来越多,它们之间的相互竞争,也会进一步拉低价格,有利于产品的普及。

17.5.2 从产业链角度分析虚拟现实的发展

下面结合具体的例子来分析产业链对虚拟现实发展的影响。

1995 年,在任天堂推出该公司第一款虚拟现实产品 Virtual Boy 时,由于没有虚拟现实产业链,任天堂同时扮演了 VR 硬件制造商、VR 系统开发商、VR 应用开发商和 VR 内容发行商 4 种角色。Virtual Boy 当时的售价为 180 美元,但是其能显示的图像颜色只包含红色和黑色两种,而且能在上面运行的游戏数量非常有限,用户的实际使用体验也不佳。1996 年,Virtual Boy 就退出了市场。

Virtual Boy 失败的原因一方面是受当时技术条件的限制,产品的图像分辨率等较低,另一方面是像 Virtual Boy 这样的产品其实代表了一个新兴的产业,即虚拟现实产业,但任天堂其实是在以一个公司的力量做一个产业,自然难以成功。不过当时还不具备形成虚拟现实产业链的条件。

目前人们已经意识到了产业链的重要性,虚拟现实产业链也在迅速发展。以我国为例。目前我国的虚拟现实产业链已经初步形成,其涉及基础元件、上游硬件、VR 硬件(头戴式显示设备)、VR 系统、VR 内容、VR 应用等方面的供应商,如图 17.6 所示。需要注意的是,VR 产业链在趋于完善的同时其内部的竞争也在加剧。例如,在我国就有 20 多家企业生产移动 VR 头戴式显示设备,如图 17.7 所示。

随着虚拟现实产业链不断成熟和完善,虚拟现实产品也快速升级和普及,呈现出良好的发展态势。

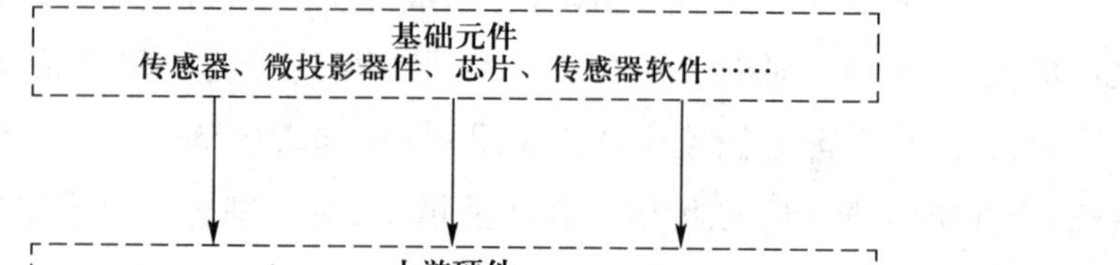

图 17.6　2016 年我国虚拟现实产业链结构

(来源:Greenlight Insights)

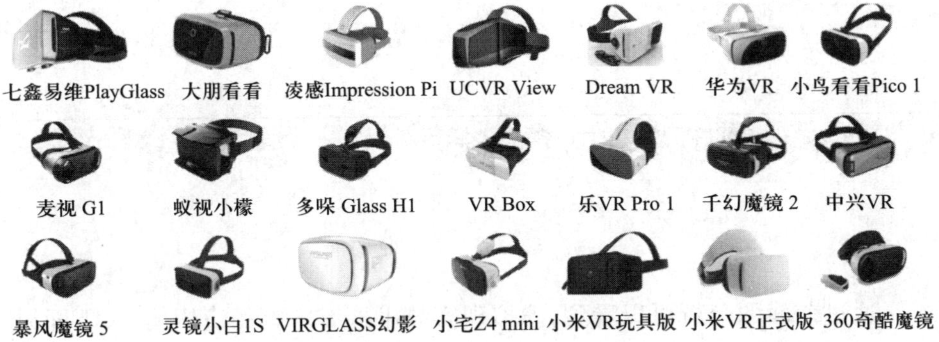

图 17.7 移动 VR 头戴式显示设备

（来源：Greenlight Insights）

案例小结

本部分从我国虚拟现实发展的经济环境、政策环境及所面临的问题和发展前景对虚拟现实进行了分析。首先，在经济环境方面，随着近年来虚拟现实的快速发展，大量投资涌入虚拟现实产业。尽管2015年以后，虚拟现实领域的投资规模一直在扩大，但是虚拟现实仍处于部分沉浸阶段，用户体验还有进一步提升的空间。在政策环境方面，无论是国家还是地方政府，都对虚拟现实的发展提供了政策上的支持和保障，同时也对虚拟现实行业进行了规范。其次，目前虚拟现实的发展虽然面临着一些问题，但是其发展并不会像以前那样出现断层期，而是会更上一个台阶，为用户提供能够完全沉浸的虚拟现实体验。最后，虚拟现实想要健康发展，就必须构建起虚拟现实产业链。目前虚拟现实产业链也在资本的推动下飞速发展，而飞速发展的产业链也将持续不断地影响着虚拟现实的发展。

17.6　虚拟现实和电子商务

通过前面的分析可以看到,虚拟现实技术拥有广阔的应用前景,下面讨论虚拟现实在电子商务中的应用。

17.6.1　虚拟现实作为电子商务的信息展示手段

虚拟现实最基本的应用就是作为信息展示的手段。而对于电子商务企业来说,一个重要问题是如何最大限度地让用户了解并喜爱自己的产品。因此,展示商品信息成为虚拟现实在电子商务领域的一个重要应用。

作为一种新的人机交互方式,虚拟现实的出现极大地改善了人们在获取商品信息过程中的体验。特别是对于那些结构复杂、体积庞大,不方便直接展示的商品(如汽车、房屋、家具等),虚拟现实技术提供了一种很好的展示方式。以零售行业为例,未来将有越来越多的零售商借助虚拟现实零售软件发展新型的零售业商品展示方式。虚拟现实在零售行业的应用,主要体现在线上和线下两个场景中,如图 17.8 所示。

据预测,到 2025 年,虚拟现实零售软件的市场规模将达到 15 亿美元(如图 17.9 所示)。未来几年虚拟现实零售软件虽然会发展到一个较大的市场规模,但是其增长率将保持在一个较低的水平。

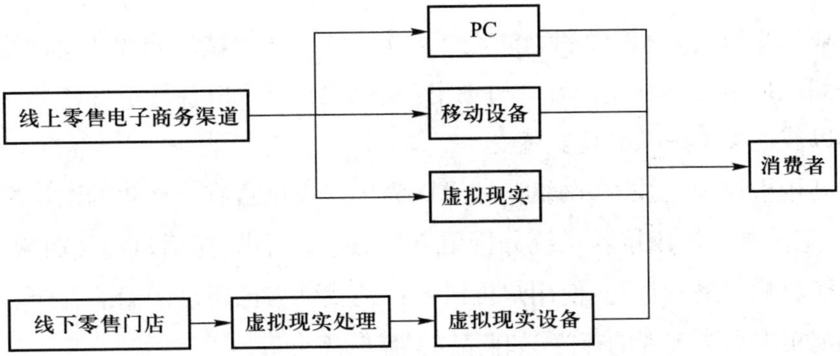

图 17.8 虚拟现实与零售业商品展示

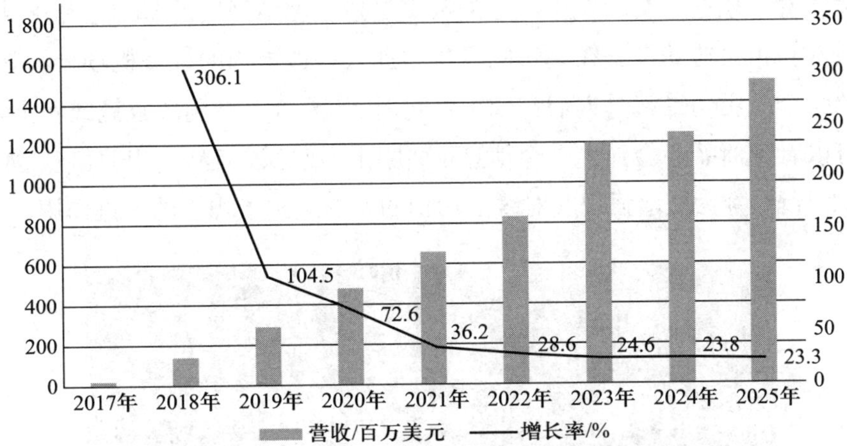

图 17.9 2017—2025 年全球虚拟现实零售软件市场规模

17.6.2 虚拟现实提供更加真实的购物体验

虚拟现实可以创建虚拟的数字场景,如果利用虚拟现实技术为网络商城创建虚拟现实场景,用户足不出户就可以获得与去实体店相似的购物体验。在这一应用中,虚拟现实强调的不是商品信息展示,而是模拟实体购物商城并向用户提供真实的购物体验。美国 Walker Sands 公司 2016 年发布的零售业未来报告显示，很多消费者更喜欢实体购物商城的购物体验，而不是网络商城的购物体验。其中一个原因是网络上商品信息展示形式单一、用户难以获得关于商品的真实感受。

利用虚拟现实技术，网络商城可以为用户提供富有个性化的购物场景。例如，它们首先使用推荐系统分析用户的偏好或习惯，然后对虚拟商城中商品的摆放顺序进行优化，使用户可以更快地找到自己所需的商品，甚至完成一些现实中无法实现的行为，如商品的翻转、组合等。

除了虚拟现实之外，增强现实（augment reality，AR）也在电子商务领域发挥着越来越重要的作用。增强现实是指在虚拟现实的基础上利用计算机技术和相关辅助设备在真实的场景中加入一些虚构的计算机场景。其常见的一个应用场景就是人们在超市购物时，如果戴上专用的眼镜或者头盔，就可以看到商品旁会弹出一个信息框，供用户浏览该商品的相关信息，如图 17.10 所示。可见，增强现实对线下购物的发展起到了积极的促进作用。

图 17.10　增强现实的一个应用场景

总体来看，虚拟现实作为一种补充而非颠覆性的技术，还不会改变现有的电子商务生态环境。但是考虑到虚拟现实产业尚处于初级阶段，其未来还有很大的发展空间。尤其是在物联网和 5G 的支持下，虚拟现实可以为用户提供更加强大的环境，让商家和用户可以更直接、更透明，更高效地互动，从而使用户获得更好的购物体验。

案例小结

本部分主要介绍了虚拟现实在电子商务领域中的应用。传统的网络商城主要通过文字描述和图片展示对商品进行描述，而将虚拟现实应用于商品描述，则能大大提高商品展示的直观性和真实性。除了展示商品信息外，虚拟现实还能够应用于创建虚拟的购物场景，以为用户提供更加真实的购物体验。随着虚拟现实的进一步发展和普及，其所带来的完全沉浸式购物体验将对电子商务的发展产生深刻的影响。

17.7 启示与总结

本案例首先回顾了虚拟现实的发展历史。从概念萌芽期、研发与试验阶段、产品迭代初期到产品成型期，虚拟现实的发展是一个长期积累的过程，其间还出现了较长时间的断层期；这也从一个侧面说明了产业链和技术对于虚拟现实发展的重要性。

之后，本案例对虚拟现实所处的生态环境，及其发展所面临的问题和发展前景进行了阐述。对于虚拟现实所处的生态环境，从经济环境和政策环境两个角度进行了说明。在经济环境方面，随着投资的涌入，虚拟现实产业呈现出快速发展的态势，优秀的虚拟现实产品不断被推出。在政策环境方面，为了进一步推动虚拟现实的发展，为虚拟现实产业创造良好的政策环境，相关部门也出台了一系列政策，支持和规范虚拟现实产业的发展，推动虚拟现实市场健康发展。

接着，本案例从产业链的角度对虚拟现实产业的发展进行了分析。技术虽然决定了某一时期内产业发展的上限，但是产业发展不是单靠技术发展，还需要考虑成本、用户需求、产品质量等多个方面，而产业链就是这些方面的综合反映。

最后，本案例介绍并展望了虚拟现实在电子商务领域的应用，利用虚拟现实不仅可以展示商品信息，还可以在虚拟世界中重建线下的购物场景，给用户带来沉浸式的购物体验。

可以想象，随着虚拟现实技术的不断发展，虚拟现实所构建的虚拟世界会对电子商务的发展产生重要的影响。

案例总结

本案例主要介绍了虚拟现实的发展及其对电子商务发展的影响。虚拟现实最早可以追溯到半个多世纪之前，但是以前由于技术和产业链等多方面的原因，虚拟现实技术没有得到更大的发展，也没有广泛应用于社会生活的方方面面。目前，虚拟现实获得了进一步的发展，虽然仍不能给用户带来完全沉浸式的体验，但随着技术的不断发展和产业链的日益完善，虚拟现实将迎来更大的发展机遇，给用户带来更强的沉浸感。最后本案例从展示商品信息和提供更加真实的购物体验两个方面介绍了虚拟现实在电子商务领域的应用。

本案例分析深入，论据充实，从多个角度对虚拟现实及其与电子商务的关系进行了分析。

17.8 研究与思考

1. 回顾人机交互的演变过程(如图 17.1 所示),思考在虚拟现实之后,人机交互还将增添哪些新技术。

2. 虚拟现实目前在电子商务领域的应用主要是商品信息展示,思考什么样的商品适合使用虚拟现实展示,并说明原因。

3. 列举虚拟现实在电子商务领域的其他应用。

4. 查阅介绍虚拟现实设备生产企业发展历史的文章,了解其虚拟现实产品的主要特点,试说明它们获得成功的理由。

5. 阅读本案例以及有关资料,总结虚拟现实的发展历史,指出虚拟现实发展过程中的关键事件或关键技术。

6. 了解增强现实,并分析增强现实辅助下的线下购物和虚拟现实辅助下的线上购物各自的优劣之处。

7. 阅读有关资料,分析产业链和价值链之间的异同。

第18章 AlphaGo案例

案例导读

2016年3月，阿尔法围棋（AlphaGo）面世并与获得围棋世界冠军的职业九段棋手李世石进行了围棋人机大战，最终以4∶1的总比分获胜；2016年年末至2017年年初，它以“大师”（master）的身份在中国棋类网站上与中日韩数十位围棋高手进行了快棋对决，结果连赢60局；2017年5月，在中国乌镇围棋峰会上，它与当时排名世界第一的世界围棋冠军柯洁对战，结果以3∶0的总比分获胜。AlphaGo的获胜与人工智能的发展是密不可分的。

从20世纪中叶起，人工智能开始受到人们的关注。进入20世纪，人工智能技术不断取得突破，而且其研究范畴也在不断扩展。目前人工智能包括自然语言处理、智能搜索、机器学习、模式识别、神经网络等领域。这些领域都获得了很大的发展，特别是随着深度学习取得突破性进展，机器学习的发展十分迅速，使很多以前看似不可能解决的问题得以高效解决。

电子商务是以互联网技术为基础，以各领域技术为支撑，以货物贸易为目标的商务活动。电子商务的出现使人们足不出户就能购买商品，从而给人们的生活带来了便利。

在过去的十几年里，电子商务和人工智能都获得了长足的发展，人工智能为电子商务的发展提供了技术基础,而电子商务又为人工智能的发展提供了动力和资源。由此可见,两者必将会深度融合。

本案例以 AlphaGo 为切入点,分析人工智能对电子商务的影响。本案例将首先介绍 AlphaGo 底层与人工智能相关的技术。这些技术属于人工智能的前沿技术,了解这些技术对于理解人工智能来说是至关重要的。

18.1 案例分析思路

AlphaGo 是由谷歌旗下 DeepMind 公司开发的一款围棋人工智能程序,它的核心技术是深度学习。AlphaGo 战胜李世石这一事件可以看作是人工智能发展过程中的一个里程碑,标志着人工智能技术取得了重大突破。AlphaGo 事件之后,人工智能技术不断取得突破。例如,OPENAI 的学习机器人在 DOTA 游戏一对一比赛中打败了人类职业选手,以及无人驾驶汽车出现。

人工智能的发展将对电子商务产生深远的影响。事实上,随着人工智能的不断发展,电子商务与人工智能的结合越来越紧密,也意味着电子商务将进入智能时代。基于对这一趋势的判断,各大电子商务企业纷纷加大了对人工智能的投入。

本案例从众多的人工智能案例中选择了 AlphaGo 作为切入点。如图 18.1 所示。本案例首先介绍了 AlphaGo 出现的背景,以及人工智能与电子商务发展的生态环境;其次分析了 AlphaGo 所涉及的人工智能技术,如神经网络、深度学习和强化学习等;最后分析了人工智能的文化定位及其对电子商务发展的影响。

图 18.1 展示了本案例的分析过程。

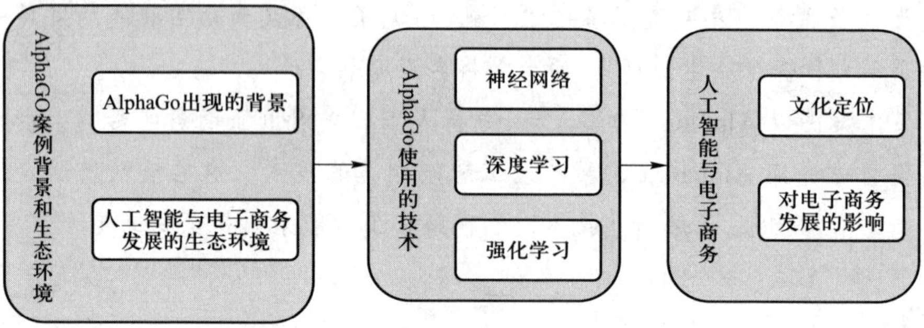

图 18.1 AlphaGo 案例的分析过程

18.2 案例背景及生态环境

本节将介绍 AlphaGo 出现的背景,以及人工智能与电子商务发展的生态环境。

18.2.1 案例背景

AlphaGo 事件让神经网络、深度学习和强化学习等人工智能概念迅速成为热门话题。这场人工智能与人类的对决,展现了人工智能技术所取得的重大突破。在 20 世纪 90 年代,科学家就开发出了智能机器人深蓝,并打败了棋王卡斯帕罗夫。虽然在之后的 20 多年的时间里,智能机器人在许多领域击败过人类(图 18.2 展示了人工智能截至 AlphaGo 出现时的技术发展历程),但是人们普遍认为在围棋领域人工智能无法战胜人类职业选手。主要的原因是围棋比赛过程中的可能性太多,一局多达 150 回合的围棋比赛可能出现的局面非常多。这意味着在围棋比赛中选手非常依赖过往经验所产生的直觉,而这种直觉正是机器人与人类的最大区别。

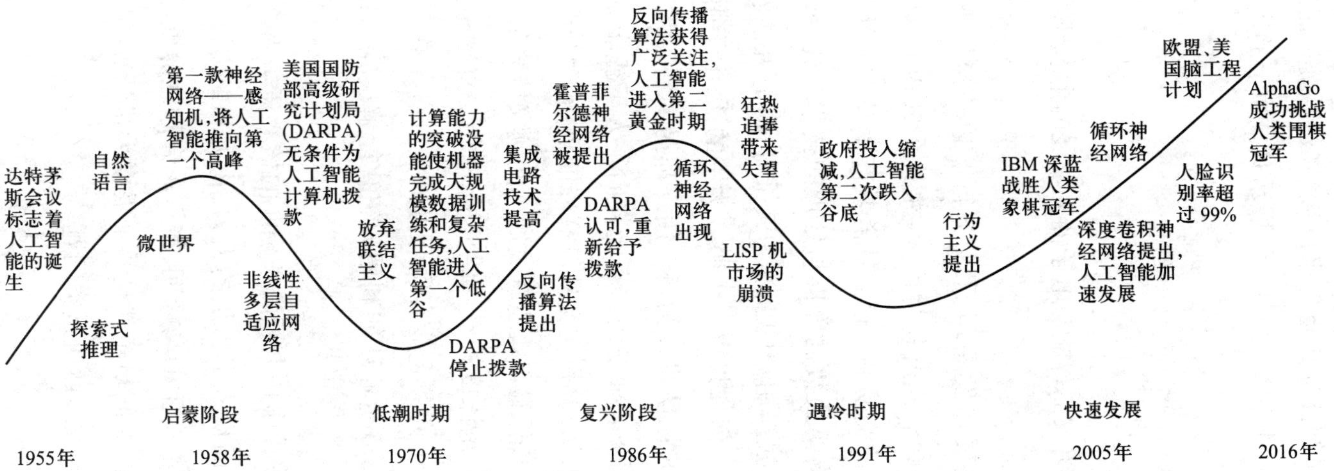

图 18.2 人工智能截至 AlphaGo 发现时的技术发展历程

AlphaGo 事件是人工智能应用近年来巨大突破的缩影，而人工智能取得的进步正好可以在电子商务领域大显身手，展示其技术上的优越性。

18.2.2 生态环境

下面从三个方面介绍人工智能与电子商务发展的生态环境。

1. 行业发展环境

随着互联网技术的飞速发展，电子商务行业也快速发展。例如，阿里巴巴旗下的电子商务平台天猫交易量巨大，尤其在 2019 年 11 月 11 日这一天，就产生了 2 684 亿元的交易额。这意味着其产生及需要处理的数据量巨大，因此迫切需要能够支撑大数据分析与处理的技术。此外，在客服方面，电子商务企业希望能够根据用户的偏好为其推荐商品，并能够详细地回答每一个用户提出的问题。但如果以人工服务为主的话，由于用户数量庞大，电子商务企业有限的客户团队难以为每个用户都提供令人满意的服务。为了解决这些问题，电子商务企业纷纷将目光投向了人工智能。例如，京东虽然拥有 5 000 人的客服团队，但是在交易量高峰期仍然不能完全满足用户的需要。使用人工智能技术既能有效地解决这一问题又能降低成本。在 2016 年京东技术狂欢节上，京东深度神经网络实验室的（DNN Lab）首席科学家表示人工智能将代替电子商务企业客服所做的大部分工作。此外，在电子商务运营过程中，电子商务企业还能利用人工智能解决应用场景多元化的问题。

目前，人工智能已被看作是电子商务企业的核心竞争力之一。例如，百度近年来在人工智能方面投入了大量的人力、物力和财力。百度外卖就是一个典型的例子。在订单产生的高峰期，将订单合理地分配给每一个在路上的骑手并使用户等待的时间最短就是一个需要大量计算的问题。只有运用深度学习等技术才能高效地解决这类问题。

2. 政策环境

随着人工智能的重要性日益凸显，我国出台了许多有助于推动人工智能发展的政策。国务院提出大力发展智能制造以及人工智能新兴产业，鼓励智能化创新，并于2015年7月印发了《关于积极推进"互联网+"行动的指导意见》。2016年4月，工业和信息化部、国家发展和改革委员会、财务部联合发布《机器人产业发展规划(2016—2020年)》，为"十三五"期间我国机器人产业的发展描绘了清晰的蓝图。各地方政府也纷纷出台各种优惠政策鼓励人工智能的发展。这些政策既体现了国家对人工智能发展的重视，也体现了人工智能对于国家发展的重要性。

3. 技术环境

人工智能被认为是21世纪三大尖端技术之一。特别是在近30年来，人工智能得到了飞速发展，并在很多行业都得到了应用。人们普遍认为，目前人工智能正迎来最佳的发展时机。随着深度学习研究的推进，人工智能取得了突破性的发展。深度学习使许多以前无法攻克的难题迎刃而解。而互联网产生的大量数据是深度学习的宝贵资源。

国内外各大互联网企业纷纷投入大量的人工智能研发经费。在全球范围内，人工智能领域每年都会出现很多优秀的研究成果和先进的技术。这些研究成果和技术也被不断地应用到实践之中。

案例小结

深度学习等技术的发展将人工智能的发展推向了一个高潮。而AlphaGo在与人类的对决中取得胜利，再次证明了人工智能的强大。随着行业发展环境、政策环境、技术环境等的完善和成熟，人工智能在电子商务领域的应用将越来越深入。

18.3 从技术层面认识人工智能

AlphaGo 和最新的 AlphaGo Zero 标志着人工智能的发展进入了一个新的阶段，前者主要应用的技术有神经网络和深度学习，后者主要应用的技术则是强化学习。下面将对这三种技术分别进行介绍。

18.3.1 神经网络

神经网络是深度学习的基础，在人工智能领域扮演着重要的角色。

1. 神经网络的产生

最早的神经网络称为感知机（perception），诞生于 20 世纪 50 年代，它拥有输入层、输出层和一个隐藏层。输入的特征向量通过隐含层变换达到输出层，在输出层得到分类结果。但是单层感知机存在一个问题——无法解决异或问题。随着数学的发展，鲁姆哈特（Rumelhart）等人在 20 世纪 80 年代提出了多层感知机，包含多个隐含层的多层感知机解决了这个问题。

随着神经网络的发展，另一个重要算法，即反向传播算法被提出。目前人工智能算法大多是首先建立数学模型，寻找优化函数，然后利用优化函数导数寻找优化函数的最小值，其中导数以往都是由人工计算并编码到程序中，这种方法不仅速度慢、效率低，而且容易出错。反向传播算法则是利用计算机自动对优化函数进行求导，其不仅显著加速了开发进程，还促进了各种深度学习框架的出现。反向传播算法的出现使得对深层网络进行训练成为可能。

2. 神经网络具有万能近似性质

神经网络是受人脑启发建立的计算模型，它在很多领域的应用都取得了很好的效果。1989 年,数学家证明了神经网络的一个重要性质:万能近似(universal approximation properties)性质。这个性质是神经网络能够广泛应用的根本原因。

要说明万能近似性质必须从回归问题说起。回归与统计学密切相关,下面结合一个具体的统计分析例子解释什么是回归。假如小张获得了许多数据,这些数据中的每一条都包括房价和面积两类数据。小张想通过分析这些数据,预测一间面积已知的房屋的价格。现将每个数据对(面积,房价)作为坐标系上的一个点,理论上这些数据中蕴含了房价和面积的关系,而这种"关系"就是房价和面积的函数,对应到坐标系上就是一条曲线。回归的目的就是寻找这个函数或曲线,以在给定面积的情况下预测房屋的价格。

理论上,上述小张的问题已经被很好地建模出来了,而且距离点最近的曲线也已经有了相应的数学求解方法,但是这一过程存在一个很大的问题,那就是假设房价和面积之间的关系是线性关系,即可以使用一条直线来对它们进行模拟,如图 18.3 所示。但在实际应用中,往往无法用直线模拟所有的房价和面积关系,使用一条二次曲线来拟合更能揭示房价和面积的关系,如图 18.4 所示。需要注意的是,直线和二次曲线的数学表示是不同的,这就需要先由人工观察它们之间的大致关系(即是直线,还是二次曲线),然后求解对应的模型。由此可见,这并不是真正意义上的人工智能。人们希望只要输入数据就可以自动生成拟合曲线,而不需要任何人工干预。

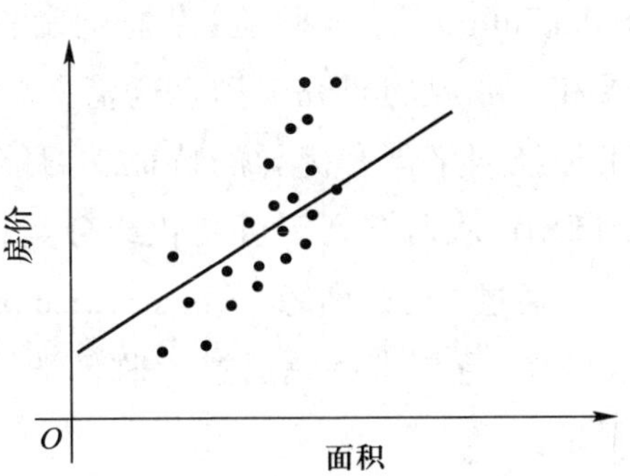

图 18.3 房价和面积函数曲线(直线)

神经网络由于具有万能近似性质,因此能够解决上述问题。如图 18.5 所示,万能近似性质是指当中间的单元变多时,神经网络可以近似任何一个函数曲线。也就是说,对于图

18.5 来说，假设 x_1 是房间面积，y 是房价，那么只要中间的单元变得越来越多，无论 x 和 y 的真实关系如何，神经网络都可以达到很低的误差，从而能够很好地完成预测。由于很多人工智能问题都可以转化为回归问题，因此神经网络可以应用在众多问题中。

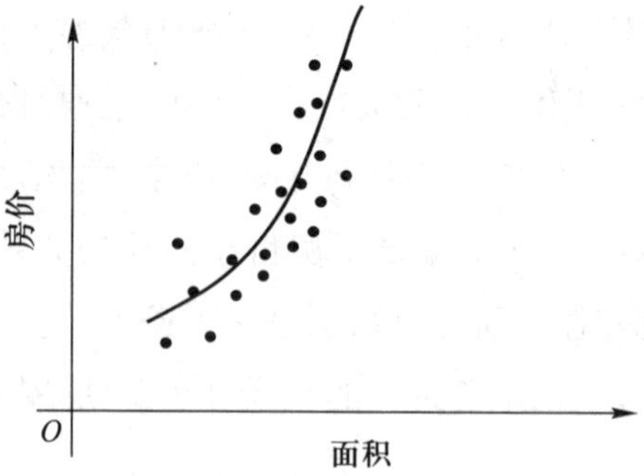

图 18.4　房价面积函数曲线（曲线）

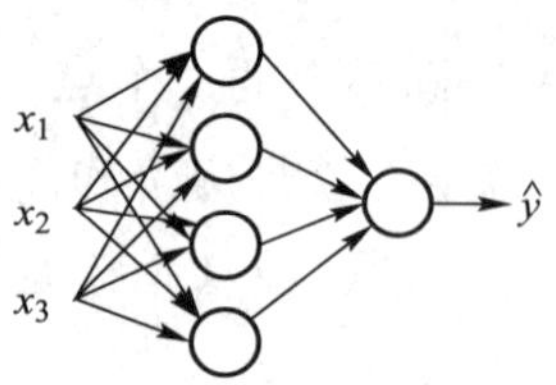

图 18.5　传统神经网络

3. 神经网络的缺点

虽然神经网络有强大的功能，但还是存在一定的不足：在数学上，除了线性关系等简单关系外，回归问题寻找的都不是一个最优解，而是一个次优解。在很多情况下，这个次优解足以满足人们预测问题的需要。但是当参数和网络层数不断增多时（为了满足万能近似性质的条件），次优解和最优解的差别会越来越大，从而出现糟糕的预测结果。

2006 年，加拿大多伦多大学 Geoffrey Hinton 教授和他的学生 Ruslan Salakhutdinov 在《科学》杂志上发表了一篇文章，掀起了深度学习在学术界和工业界的研究浪潮。这篇文章有两个主要观点：一个是多隐层的人工神经网络具有优异的特征学习能力，学习得到的特征对数据有更本质的刻画，从而有利于可视化或分类；二是深度神经网络在训练上的难度，可以通过“逐层训练”（layer-wise pre-training）算法来有效克服。在这篇文章中，逐层训练是通过无监督学习实现的，从而弥补了神经网络存在的不足。

18.3.2 深度学习

深度学习被认为是“人工智能皇冠上的明珠”，可见其在人工智能领域的重要性。目前深度学习是最接近人脑的智能学习方法，谷歌、脸书（Facebook）、百度、阿里巴巴和腾讯等国内外企业都加大了对它的研究力度。

深度学习是在神经网络的基础上，为了克服神经网络难以训练（即寻找次优解的过程）的问题而发展起来的。深度学习的主要思路是对于特定的问题设计对应的模型结构以达到优化训练效果的目的。图 18.6 所示的卷积神经网络就是神经网络的一个变种，它有更少的参数（更便于训练），而且在图像识别方面有着优异的表现。

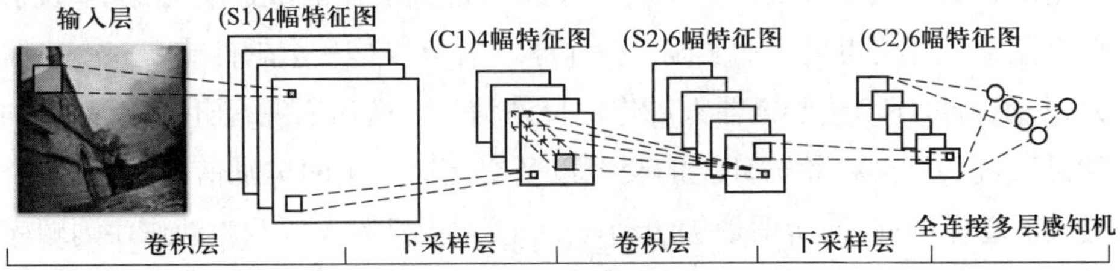

图 18.6 深度卷积神经网络

下面用一个机器识别小狗的例子来解释机器学习的原理。首先给机器输入大量的小狗图像，机器运用深度神经网络技术来处理图像；其次，机器总结小狗的特征，并反复训练；最后机器举一反三，对每一个新输入的图像都能做出正确的判断。AlphaGo 所使用的是相同的原理。在与李世石对弈之前，科学家为 AlphaGo 输入了 3 000 万步人类围棋大师的走法，让其自我对弈，积累胜负经验，构成策略网络给出落子选择。AlphaGo 在自我对弈的训练中，形成了全局观，能够对局面做出评估，构成评价网络，修正落子选择。随着不断地训练，AlphaGo 会不断地进步。

在电子商务领域中,利用深度学习技术商家可以更了解用户。

随着大数据时代的到来,深度学习迎来了大发展时期。大数据促进了软硬件系统的发展,以及分布式架构的产生,使得深度学习算法的性能瓶颈得以突破。此外,并行化框架和训练加速方法,成为深度学习走向实用的重要基石。近年来,深度学习在语音识别、图像识别、自然语言处理、笔迹识别、自动驾驶等方面都取得了突破性的进展。

18.3.3　强化学习

强化学习和深度学习是人工智能的两个成果丰硕的领域。与深度学习模拟人脑神经元不同,强化学习在传统人工智能研究的基础上融入了控制论的思想。其主要目的是学习一个从状态到动作的最佳映射,这个映射可以让学习者获得最大的奖励。一个学习者可以是一个软件或者一个机器人,奖励则是环境给予机器人动作的反馈信号。换句话说,强化学习的目的就是通过一轮又一轮与环境的交互以及交互所产生的奖励信号,寻找一个最优的动作序列,而所谓最优的动作序列,是指机器人按照此动作序列顺序采取行动可以获得的奖励信号之和最大。

与深度学习相比,强化学习具有很好的解释性。使用深度学习虽然可以获得很好的效果,但是如果分类出现了一个错误,那么这个错误将很难被找到。而使用强化学习则不一样,训练人员能够对问题进行定位,并且可以对训练之后的网络有较好的预估。

强化学习的快速演化激发了人们对博弈论研究的关注,因此强化学习被谷歌的工程师应用到 AlphaGo Zero 中。AlphaGo Zero 只花费 3 天的训练时间,就能以 100:0 的成绩完胜 AlphaGo。

这里介绍的强化学习只是一个粗粒度的建模框架。在这个框架中,研究者提出了很多具体的算法和框架,以及相应的学习策略。

案例小结

人工智能的快速发展得益于神经网络、深度学习和强化学习等技术的发展。神经网络产生于20世纪50年代。随着反向传播算法被提出并用于多层神经网络的训练,神经网络进入了一个高速发展阶段。但随着参数和网络层数的增多,人们对神经网络的训练变得越来越困难,直到2006年,Geoffrey Hinton等提出了逐层预训练算法,才使得神经网络的发展得以继续。深度学习是最接近人脑的智能学习方法,AlphaGo的诞生是深度学习技术取得巨大成功的例子。强化学习则是人工智能领域的另一个成果丰硕的领域,被应用于AlphaGo Zero的研发之中。

18.4 人工智能在电子商务领域的应用

人工智能在电子商务领域发挥着越来越重要的作用。互联网技术的产生与发展催生了电子商务,而人工智能则解决了电子商务发展所遇到的诸多瓶颈问题,从而推动电子商务进入新的发展阶段。下面介绍人工智能在电子商务领域的主要应用。

18.4.1 推荐系统

推荐系统是人工智能在电子商务领域的一个重要应用。随着互联网的发展,人们面临着信息过载的问题。过量的信息不仅给信息接收者带来了难以甄别、难以有效处理等问题，也给信息提供者带来了挑战。推荐系统则是人工智能时代对信息过载问题的一个很好的解决方案。

最朴素的推荐系统是基于流行度的推荐系统，如微博的热搜榜。但是这样的推荐不够个性化，同时缺乏发觉长尾商品的能力。效果更好的推荐系统主要使用协同过滤算法及其变种算法。协同过滤算法实现的基本假设是：相似用户对商品的偏好是相似的，用户对相似商品的偏好是相似的。神经网络的流行，使得越来越多的推荐系统开始将神经网络用于推荐算法。

推荐系统应用于电子商务的各个方面。以亚马逊为例，亚马逊平台上的推荐算法使其商品的销量得到了很大的提升。亚马逊早期推荐系统的主要贡献者 Greg Linden 回忆道，在他离开亚马逊时，亚马逊有 20% 的销售来自推荐系统，推荐系统可以让每个用户都享受到个性化服务。而对于电子商务企业而言，为用户提供个性化服务的能力对其核心竞争力的提升有着显著的影响。

需要注意的是，所有技术都有自己的适用范围，推荐系统也是一样，不是所有的系统都需要提供推荐服务。推荐系统是针对信息过载问题的一个解决方案，所以当不存在信息过载问题时，设置推荐系统不仅没有必要，还会显著增加成本。因此，在选择是否设置推荐系统时一定要慎重，不要盲目跟风。

18.4.2 其他应用

阿里智慧供应链平台是人工智能在电子商务领域的另一个重要应用。阿里智慧供应链平台名字中的“智慧”两字就反映了其一定包含人工智能技术：其智能定价、智能仿真、智能补货、库存优化、链路可视化和智能选品等功能，正是通过人工智能技术实现的。例如，智能定价功能就利用深度学习在大数据处理方面的优势解决了大量商品的定价问题。

此外，人工智能也使得电子商务企业有能力提升用户服务质量和用户满意度。电子商务行业是一个服务行业，电子商务企业只有提供高质量的服务才能具有竞争力。例如,电子商务企业可以利用人工智能分析用户的操作数据,从而为用户提供个性化定制服务。

人工智能也能够帮助电子商务企业建立无人仓库和无人零售商店。例如,京东和阿里巴巴都已经建立自己的无人仓库,并大力发展无人零售商店。这可以显著地降低服务成本。

综上所述,人工智能对电子商务的发展起到了很大的促进作用。随着时代的发展,两者的关系越来越密切。人工智能的应用,可以使电子商务企业实现智能化、自动化,降低人工成本,提高运行效率,提升用户满意度,使电子商务进入一个新的发展阶段。

案例小结

就电子商务领域而言,使用传统方法处理商品定价、推荐、库存等时非常低效和不精确,而运用人工智能技术后,这些问题能够被高效地解决,不仅极大地降低了电子商务企业的运营成本和运营效率,也使人们获得了高质量的服务。例如,推荐系统,以及阿里智慧供应链平台、无人仓库、无人零售商店等,都是人工智能在电子商务领域的典型应用。

18.5 启示与总结

人工智能的飞速发展可以解决其他行业的很多瓶颈问题。电子商务领域就是人工智能的一个重要应用领域。

本案例通过介绍 AlphaGo 引出人工智能,使读者对人工智能有一个初步的认识,进而了解人工智能在电子商务领域的几个典型应用,感受人工智能给电子商务带来的变化。

案例总结

本案例以AlphaGo作为切入点,论述了人工智能及其与电子商务的关系,其核心思想是人工智能让电子商务系统更加智能,服务质量更高,也使人们的生活更加便利。本案例首先通过介绍AlphaGo,阐述了人工智能的巨大成功,证明了人工智能并不是纸上谈兵,而是已经走入了实际应用。神经网络、深度学习和强化学习等技术是重要的人工智能技术。其中,神经网络可以追溯到20世纪50年代的感知机技术,随着技术的发展,训练更深的神经网络成为可能。深度学习概念在2006年被首次提出并于2012年开始得到蓬勃发展,之后逐渐应用于各个领域。对于电子商务企业而言,传统的技术手段非常低效且成本巨大,人工智能的应用改变了这一局面,诸如商品推荐、智能供应链、无人仓库、无人零售商店等都得益于人工智能的运用,人工智能不仅提高了电子商务企业的服务质量和运营效率,提升了用户满意度,也极大地降低了企业的运营成本,达到了一种双赢的局面。

18.6 研究与思考

1. 分析AlphaGo和AlphaGo Zero之间的关系,以及两者的不同之处。

2. 在人工智能得到充分发展之后,一定有一部分人类的工作被机器代替,思考具有什么样性质的工作最容易被机器代替。

第19章 人工智能辅助盲人读图案例

案例导读

人工智能自诞生以来,其理论和技术日益成熟,应用领域也在不断扩大,目前已应用于残疾人辅助工具领域。在《假如给我三天光明》中,美国作家海伦描述了变成盲人之后的生活,刚开始她对生活十分失望,消极地面对生活,在父母的帮助下,找到了莎莉文老师,这位老师后来成为海伦的引导者,帮助她进行识字、阅读,使海伦重新对生活燃起了希望。但在现实生活中盲人并不都和海伦一样幸运,他们往往没有莎莉文老师这样的引导者,或者每天都能陪伴他们的正常人。因此,在计算机技术快速发展的今天,有没有可能让计算机技术帮助盲人呢?答案是肯定的。人工智能辅助盲人读图是一种新型的计算机服务,它主要利用计算机视觉、图像识别、语音识别等技术对图片进行识别,同时为图片配上一段描述文字,并将其转化成语音为盲人提供服务,帮助盲人听到图片的内容。

与AlphaGo案例不同,本案例将详细探讨人工智能在辅助视障人群方面的应用。本案例聚焦于人工智能辅助盲人读图这一新兴技术服务,分析该技术的核心技术、运营模式以及所处的生态环境等,并以百度的小明(DuLight)为例,让读者对人工智能辅助盲人读图技术拥有直观的了解。此外,本案例还将分析人工智能辅助盲人读图技术的文化内涵及其对电子商务发展的影响。

3. 查找资料，探究深度学习和强化学习在解决学习问题方面的不同之处。

4. 思考人工智能运用在以下场景中是否会有很好的效果。

（1）用户数据很少的推荐系统。

（2）和同一个人反复进行的中国象棋对弈。

（3）图像中的物体识别。

5. 思考人工智能在电子商务领域还有哪些应用。

6. 假如需要建立一个小型校内商品交易平台，是否有必要为其设置一个推荐系统？为什么？

7. 查阅资料，找出下列 4 个概念之间的联系和区别。

（1）人工智能

（2）机器学习

（3）深度学习

（4）强化学习

19.1 案例分析思路

网络购物是电子商务的重要应用之一，由于其便捷、高效已经越来越被大众所接受，但网络购物对于许多残障人士来说却遥不可及。他们有的失去光明，无法浏览网络购物平台上的商品信息；有的因为肢体障碍而无法操作手机、计算机等电子设备，因而也无法独立进行网络购物。本案例将聚焦人工智能如何辅助盲人进行信息获取。与此同时，人工智能在电子商务中的应用，将扩大电子商务的用户人群，推动电子商务进一步发展。

人工智能辅助盲人读图是一种新兴的技术服务。2015 年 9 月在百度世界大会上百度发布了 DuLight 产品，该产品由百度深度学习实验室负责研发，利用百度大脑的图像识别、人脸识别、语音识别等核心技术，并且结合百度的大数据技术，为盲人提供一个可以全天候陪伴的机器助理，帮助其“看见”真实的世界，对于盲人用户而言，只要在手机端安装软件，就可以通过手机的拍照功能识别物体，并将其转化为语音介绍。盲人在出行时，可以额外佩戴一个可穿戴设备。该可穿戴设备可以通过内置的摄像头识别和分析真实场景，并将其随时介绍给盲人；经过一段时间的使用，该设备还能预测出用户下一步的行为，并给予相应的指导。

人工智能辅助盲人读图目前正在起步阶段，所以本案例主要关注其中的关键技术，以百度 DuLight 产品为例，分析其文化定位和发展状况，最后对电子商务网站的无障碍设计进行了介绍。

在人工智能辅助盲人读图出现之前，传统的盲人辅助工具很少，基本只有盲文、盲道、盲棍、导盲犬等。这些工具不仅局限性大，辅助程度低，而且成本较高。而人工智能辅助盲人读图通过技术创新,不再局限于辅助盲人出行,在盲人的日常生活中也有大量的应用场景。与传统辅助工具相比,其辅助程度更高,并且成本更低。本案例介绍了人工智能辅助盲人读图领域的基本情况及相关产品,并提出人工智能辅助盲人读图的核心技术和所面临的挑战;接着介绍百度 DuLight 及其产品文化;最后对电子商务网站的无障碍设计进行了介绍。图 19.1 展示了本案例的分析过程。

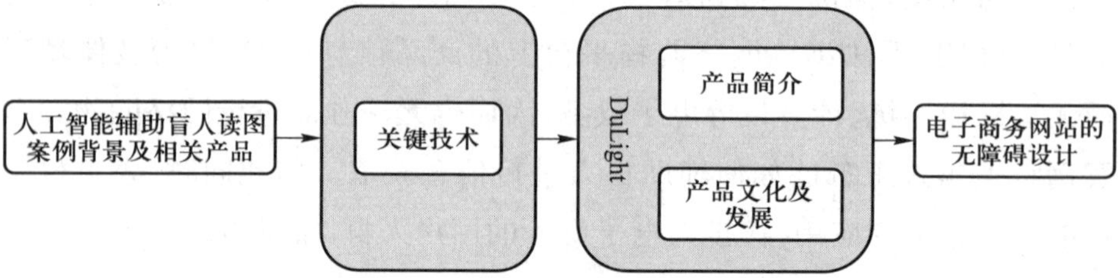

图 19.1 人工智能辅助盲人读图案例的分析过程

19.2 案例背景及相关产品

19.2.1 案例背景

中国盲人协会官网的数据显示,目前我国约有 1 731 万盲人群体,广大的盲人群体,尤其是农村的盲人群体在生活方面还存在着种种困扰。他们需要得到社会各界的帮助。盲文、盲道、导盲杖、导盲犬等传统盲人辅助工具,虽然在阅读、出行等方面为盲人提供了一定的便利,但是仍存在不少限制。随着科技的发展,人工智能也参与到盲人辅助工具的研发中来,很多企业都在这一领域做出了初步的探索。下面对盲人辅助产品的发展状况做一介绍。

19.2.2 盲人辅助产品的发展

1. 盲文

盲文又称为点字、凸字，是专门为盲人设计的、通过触觉感知的文字。人们通过点字板、点字机、点字打印机等在纸上制作出凸点，这些凸点的不同组合构成了不同的文字。盲文在1824年由法国盲人路易·布莱尔创造，对盲人阅读有很大的帮助，盲人在很大的程度上依赖盲文进行阅读。对于不同语言有不同的盲文。盲文距今已有近200年的历史，其目前推广得很成功，但是盲文仅仅能够帮助盲人阅读，并不能帮助盲人出行。

2. 盲道

盲道是帮助盲人行走的道路设施，一般分为两类，一类是由条形砖组成的行进盲道，用来引导盲人前行；另一类是带有圆点的提示砖，用来提示盲人前方有障碍。1961年美国制定了世界上第一个无障碍标准。1991年北京建成了国内首条盲道，2001年8月1日我国颁布了《城市道路和建筑物无障碍设计规范》。铺设盲道的目的是让盲人能够独立出行，然而就目前的情况来看，盲道的使用情况并不乐观，经常出现盲道被乱占的情况，导致盲人不敢放心利用盲道出行。

3. 导盲犬

导盲犬是经过严格训练的狗，是一种工作犬，经过训练的导盲犬可以帮助盲人外出等。它们能听懂各种口令，当遇到障碍物或危险时，也会引导盲人避开障碍物。导盲犬的历史可以追溯到19世纪初，1819年维也纳创办了世界上第一个导盲犬训练机构。然而导盲犬的数量很少，成本高，而且不易被公共场合接纳，目前并没有得到很好的推广。

4. Seeing AI

Seeing AI是微软研发的人工智能项目，其目的是让盲人“看到”他眼前的世界。Seeing AI的主要功能是配合智能眼镜和耳机给盲人传递信息。盲人先通过滑动智能眼镜腿脚拍照，拍照所获取的图像之后会被送往云端的AI集群服务器进行处理，然后将得到的文本信息发送给耳机。通过这种方式，盲人可以在需要的时候让人工智能帮忙“翻译”眼前的情况。同时，Seeing AI还可以让盲人像正常人那样参与交流。在盲人与他人进行交流的过程中，智能眼镜可以告诉盲人对方的大致年龄、性别和面部表情等信息，与只接受声音信息相比，这极大地方便了盲人和他人的交流。Seeing AI可以解决盲人在生活中遇到的很多问题。其与百度的DuLight功能相似，与Seeing AI相比，DuLight在中文处理方面功能更强大。

5. Facebook Automatic Alternative Text

2016年4月，脸书发布了一个新工具Automatic Alternative Text（AAT），AAT利用图像识别技术识别图像的内容并将其转化为语音，帮助盲人和视力障碍者“看到”别人分享的图片，如“有三个人，面带微笑，站在户外”等。AAT设计的目的是让盲人能够观看手机中的图片。AAT给盲人和视力障碍人群使用Facebook带来了极大的便利，不过其目前仅支持英文。

案例小结

在我国有约1 700万的盲人群体，而盲人辅助产品在我国发展得却并不理想，其中最基础的盲文仅能帮助盲人阅读，却无助于盲人出行；而盲道虽然在我国已经有了大规模的建设，但是实际的使用效果却并不理想；至于导盲犬等辅助方式，由于成本过高，并不适合大规模推广。随着技术的发展,一些企业开发出了盲人辅助软件,为盲人的生活提供了极大的方便。

19.3 关键技术

人工智能辅助盲人读图涉及的关键技术有图像识别技术、人脸识别技术、语音合成及识别技术等。

19.3.1 图像识别技术

图像识别是人工智能的一个重要领域,其主要有三种方法:统计模式识别、结构模式识别和模糊模式识别。图像识别技术以图像的特征为基础,通过大量的图像训练数据让计算机获得识别新图像的能力。计算机在读图过程中,可以利用图像识别技术识别图片中的物体,如汽车、沙发、人物等。图像识别技术的关键在于数据,数据越多图像识别就越精确。图像识别技术主要利用卷积神经网络来实现,卷积神经网络的主要作用在于提取图像的各种特征图,在图像处理方面发挥了重要的作用。

19.3.2 人脸识别技术

人脸识别和物品识别不一样。对于物品识别,盲人只要知道前面的物品是什么就可以了,但是如果其前面有人出现,盲人还希望知道这个人是谁。要实现这一功能就需要为盲人所遇到过的人建立档案信息,之后每当其遇到一个人时就对这个人进行人脸识别，判断之前是否遇到过这个人，如果没有则添加这个人的档案信息。那么如何判断是否遇到过这个人呢？人脸识别技术将这个过程分为两个阶段：首先是人脸检测，确定当前的图像中存在人脸图像，并通过相应的算法将其检测和标记出来；其次是人脸识别，即对标记出来的人脸进行特征提取，并与档案中已有的人脸特征进行对比，判断这个人是谁，并通过语音的形式告知盲人。

19.3.3 语音合成及识别技术

语音合成技术，能将文字信息转化为语音信息，让机器可以像人一样发声。该技术使文字信息转化为语音成为可能，通过这一技术，盲人可以通过听转化为语音的文字信息达到阅读的目的。目前语音合成技术已经广泛应用于人们的生活之中。

语音识别技术，能让机器识别人的语音，并理解其含义。基于大量语言模型建立起来的语音识别系统，能够很好地实现人机互动。就像人学说话一样，机器也需要从大量语言中习得规律和语义，从而提升语音识别的精度。

利用语音合成及识别技术，可以实现人机对话。例如，DuLight 就采用了语音合成及识别技术。当盲人向 DuLight 询问前方信息时，DuLight 可以对盲人的询问进行识别并向其描述前方路况。

案例小结

本部分介绍了人工智能辅助盲人读图涉及的关键技术——图像识别技术、人脸识别技术和语音合成及识别技术。这些技术的发展，一方面会提高人工智能辅助盲人读图的效率和准确性,另一方面会降低相关辅助设备的开发和生产成本,使更多的盲人受益。

19.4 DuLight 及其文化

DuLight 是百度深度学习实验室推出的服务于盲人群体的人工智能产品。本节将对 DuLight 进行介绍,并同时分析 DuLight 的产品文化。

19.4.1 DuLight 介绍

DuLight 的中文名是“小明”,由百度深度学习实验室研发,于 2015 年 9 月在百度世界大会上发布,其依托百度大脑的图像识别、人脸识别、语音识别以及深度学习等技术,为盲人的日常生活提供服务,帮助盲人“看见”真实世界。

DuLight 和 Seeing AI 类似,是一个通过连接百度大脑获取人工智能服务的智能穿戴设备。DuLight 的形状类似于一个蓝牙耳机,它相当于一个终端,可以接收图片输入,由百度大脑识别后以语音的形式输出。但是和蓝牙耳机不同,它有一个内置的摄像头用来捕获用户的第一视角场景。当盲人用户行走时,DuLight 会对其面前的场景进行拍照,并识别出所拍得的图片中最重要、最核心的内容,通过蓝牙耳机传递给盲人用户。此外,DuLight 还能识别盲人用户发出的指令并做出反应,就像其随身助理。同时,DuLight 还具有智能推演功能,它可以通过盲人用户的当前行为预测盲人用户将来的行为,并据此提出建议。

DuLight 的功能主要集中在以下 4 个方面。

第一，DuLight 有助于解决盲人用户在生活中遇到的问题。DuLight 能够对盲人用户的语音提问进行识别并结合摄像头拍摄的画面进行回答。例如，当盲人用户问“衣服是什么颜色”时，DuLight 能够通过对问题的理解和对图片的分析，回答“是蓝色的”，从而帮助盲人用户实时解决生活中遇到的问题。

第二，DuLight 能识别纸币。由于传统的纸币识别手段（如通过识别纸币上的盲文、纹路及纸币大小等）不够精准，因此 Dulight 专门对纸币识别技术进行了优化，使用类似于人脸识别的技术，采用不同的特征提取技术，使得 DuLight 即使捕捉到的图片只是纸币的一个角落，也可以准确地确定纸币的面值。

第三，DuLight 可以进行人脸识别。目前其人脸识别错误率仅为 0.23%，可以很好地帮助盲人识别所遇到的人。

第四，DuLight 有远程协助的功能。盲人用户在处于状况比较复杂的场景，如穿过拥挤的马路或者是选择药品等时，可以通过 DuLight 的远程协助功能联系之前绑定的朋友或者家人来帮忙处理，DuLight 负责捕捉盲人用户的第一视角场景以及周边的声音，并将其传输给远程协助者并将远程协助者的语音反馈给盲人用户。这个功能在处理 DuLight 难以解决的复杂情况时非常有帮助。

综上可知，DuLight 可以显著地改善盲人用户的生活质量，让盲人用户感觉有一个健全人全程守护自己。

19.4.2 产品文化及发展

在和盲人的接触中，可以发现盲人群体面临着难以识别图像，无法阅读网上信息，不易识别纸币、难以分辨包装相似的物品等问题，因此百度公益联合百度研究院、百度深度学习实验室，希望通过人工智能技术，打造一款专门服务于盲人的产品。

前面介绍过，DuLight 是专门为盲人提供服务的产品，它可以帮助盲人用户享受更便利的生活,建立自信。

盲人比健全人更渴望了解这个世界,但很多东西他们是无法看到的,他们以前只能通过用手去触摸,用耳朵去听来“看到”它们。得益于 DuLight 等人工智能辅助读图产品,盲人用户拥有了一双能看到缤纷世界的“眼睛”。“你是我的眼,带我领略四季的变换”这一目标将不仅仅停留在歌声中,随着人工智能等技术的快速发展,技术将会在人们的日常生活中发挥越来越重要的作用。令人欣喜的是,百度等科技企业行进在“科技行善”的道路上,让盲人用户也可以大声说:“我们其实没有什么不一样。”

随着技术的发展,以及百度搜索引擎中的数据信息储备不断增大,DuLight 产品不断发展,让盲人用户可以领略四季的变换,阅读浩瀚的书海,更可以看见眼前世界的精彩。此外,百度主导的“AI 助盲计划”已在全国范围内快速落地,为盲人用户送去温暖。

19.5 电子商务网站的无障碍设计

从各类辅助盲人读图产品的兴起可以看到社会对视障人士的关注度正在提高,电子商务网站作为消费者购买商品的重要渠道,在设计上也必须要充分考虑视障人士的体验。很多电子商务网站在设计时只考虑了健全人的使用,导致视障人士很难在这类网站上了解商品信息并进行购物。下面介绍电子商务网站的无障碍设计准则和过程。

19.5.1 无障碍设计准则

电子商务网站的无障碍设计,是指在设计电子商务网站时不仅要考虑其传统功能的设计问题，还要充分考虑视障人士的特点，解决视障人士的信息浏览和交互问题，在此基础上再进行网站设计。电子商务网站的无障碍设计在网站建设之初就要考虑，这样可以节省日后对网站进行改造的成本。在无障碍设计发展过程中，相关组织也为网站的无障碍设计制定了规范。我国于 2008 年制定了《信息无障碍—身体机能差异人群—网站设计无障碍技术要求》。其中，对于不同类型的残障人士从以下 4 个方面提出了设计要求。

第一，可感知性。即用户应该可以根据网站给出的信息对物品有一个直观的认识，因为买方对货物的感知是成功交易的关键，也是电子商务的基础。但是当前很多电子商务网站对于视障人士来说都是不可感知或感知不完全的。盲人虽然可以通过屏幕阅读器来阅读文字，但是对于图片或者视频等信息还是很难在脑海形成清晰的形象。

第二，可理解性。即网站的设计应该和用户常用的思维方式保持一致，以使用户可以很快地理解网站传递的信息和设计理念。例如，大型电子商务网站需要考虑语言的因素，而且所设计的商品分类方式要符合人们一般的思维方式。

第三，可操作性。即操作方式要简单易学，符合用户的操作习惯，不能做出违背常理的设计。同时，还要考虑操作方式是否符合人体工程学，整个过程是否流畅，以及是否能得到足够的反馈。

第四，可兼容和可拓展性。即网站要能够在大多数设备上运行，而且要能够方便地添加新功能。其中，可兼容性的典型例子就是设计的网页能够适应不同类型终端的显示要求。

19.5.2 无障碍设计过程

在进行无障碍设计时，首先要在需求文档中写入无障碍设计需求，只有这样才能以最经济的方式完成网站的无障碍设计。其次，使用无障碍检测软件对网站进行检测，这些软件有的可以检测网站是否符合无障碍设计规范，有的可以提供视障人士的相关阅读经历，如盲人阅读到网站某个地方所花费的时间、在网站某个地方停留的时间等，来辅助网站设计。这些软件通常还会为网站的改善提出一些参考和建议。

实验心理学家赤瑞特拉通过大量实验证实，人类的信息来源有83%来源于视觉。下面介绍视障方面的无障碍设计方法。

首先，布局设计要合理。一是要通过参考以往的设计方案或者是无障碍检测软件给出的检测结果，设计一个可以清晰表述商品内容和理念的布局方案；二是前景和后景颜色最好具有较高的对比度；三是尽量使用大号字突出显示核心内容以增加页面的层次感，便于用户获取信息。

其次，在设计网站时要采取多种信息同时传递的方式。例如，为每张图片和每个视频都设置读图功能，当使用者是盲人用户时，读图功能会自动对图片内容或视频内容进行图像识别或视频识别，并将所生成的描述文本以语音的形式播放出来。这样从网站设计的角度解决了盲人理解图片或视频的问题。不过，由于目前人工智能辅助盲人读图功能并不完善，在描述图片或视频内容时可能会出现问题，因此也可以为网站中的关键图片或视频搭配文本描述和配音，这样可以达到相同的目的。虽然这个方法会增加网站的建设成本，但是它对于盲人感知网站信息有很大的帮助。为图片或视频搭配文本描述的另一个好处是会产生很多图片或视频的文本描述数据，这些数据在训练人工智能程序时能够被二次利用。

案例小结

目前的购物渠道，无论是线上还是线下，在很大程度上都依赖视觉，而盲人用户因为存在视觉障碍，很难独立进行购物。通过DuLight等人工智能读图设备，盲人用户可以了解电子商务网站中的商品信息，因而也能够进行网络购物。但是,盲人用户仅仅通过人工智能读图设备进行网络购物依然存在一些问题,如人工智能读图的准确率不是非常高,尤其是电子商务网站上的商品图片质量参差不齐,对于那些背景较为杂乱的图片,人工智能读图设备依然难以识别。

但是,随着社会对视障人士关注度的提高,越来越多的电子商务网站在设计时考虑了无障碍设计问题。符合无障碍设计准则的网站在改善盲人用户购物体验的同时,也扩大了电子商务网站的用户群体,从而拓展了电子商务市场。

19.6 启示与总结

通过本案例可知,人工智能产品会更多地应用于视障人士的生活,成为他们生活中的好帮手。在未来的发展中,像 DuLight 或者 Seeing AI 这样的人工智能辅助盲人读图产品会越来越多。

这些人工智能辅助盲人读图产品将有助于盲人自如地进行网络交易,使电子商务更好地惠及大众。

案例总结

本案例介绍了人工智能在盲人辅助产品中的应用。首先,指出了传统盲文、盲道、导盲犬等存在的缺陷,介绍了国外信息技术企业将人工智能技术运用于盲人辅助产品的例子,接着引出了百度研发的 DuLight。作为首个中文人工智能辅助盲人读图产品,DuLight 借助百度搜索引擎庞大的数据信息储备，充分运用人工智能技术，为盲人的生活带来了极大的便利。同时，DuLight 等人工智能辅助盲人读图产品的发展固然可以显著改善盲人的生活质量，但是也可以从其他方面入手来达到这个目的，电子商务网站的无障碍设计就是其中之一。本案例介绍了电子商务网站无障碍设计的准则和过程。无障碍设计准则的出现从一个侧面反映了国家对残障人士的关注。基于无障碍设计准则设计的电子商务网站在改善盲人用户购物体验方面也发挥着积极的作用。

19.7 研究与思考

1. 数据对于技术的发展来说是至关重要的。例如，图像及其文本描述数据就是图像识别技术的关键。思考获取大量该类型数据的方法。

2. 查阅资料，了解 DuLight 的终端—互联网—云计算工作模式，并据此分析智能家居和智能音响的工作模式。

3. 查阅资料，了解还有哪些辅助盲人上网的设备。

4. 类似于针对盲人的无障碍设计，思考针对另外一类残障人群（如失聪人士）的无障碍设计方法。

5. 从扩大受众的角度，思考当前还有哪些人群不方便使用互联网购物；需要解决哪些问题才能让这些人群进行网络购物。

6. 分析 DuLight 的主要功能，考虑 DuLight 无法处理的问题有哪些。

7. 考虑在 5G 的帮助下，DuLight 的哪些功能会得到显著增强。

第20章 美团案例

案例导读

科技的发展给社会带来了巨大的变化。人们获取信息曾经要通过电视、广播等渠道,而互联网极大地改变了人们获取信息的方式。腾讯的出现改变了人与人之间的沟通和交流方式,人们可以随时随地地通过QQ和微信给朋友发信息、进行交流等。百度的出现改变了人们获取中文信息的方式,人们可以通过百度搜索查找所需的信息。阿里巴巴的出现改变了人们的购物方式,人们足不出户即可购买到所需的商品和服务。而美团的出现则使得人们“吃喝玩乐行”更加方便,美团网是与阿里巴巴、京东等传统电子商务企业互补的一种服务型电子商务平台,其业务范围覆盖了人们日常生活的方方面面。

本案例将围绕美团的发展历程和商业模式,探讨美团产生的背景及其成功的原因,为读者较为完整地展现美团。

20.1 案例分析思路

随着移动互联网的发展,人们的生活水平不断提升,人们开始注重工作之余的娱乐活动,而美团则为人们提供了一个“吃喝玩乐行”的平台,开启了服务型电子商务的新模式。

本案例首先介绍了美团产生的背景，分析美团产生之前国内外有哪些类似的企业；随后对美团从创立到上市的发展历程进行了描述，分析了美团从“千团大战”中脱颖而出最终成功上市的原因；接着详细分析了美团的商业模式及其优劣之处；最后从用户和商家两个角度对美团与淘宝网和滴滴出行进行了对比分析。图 20.1 展示了本案例的分析过程。

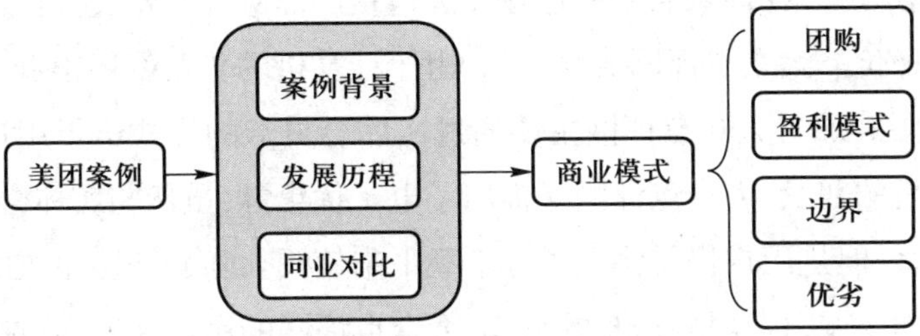

图 20.1 美团案例的分析过程

20.2 案例背景

美团网由王兴创办于 2010 年，而在其成立之前我国已经有大众点评网这样的本地生活信息及交易平台，国外则有以网友团购为主营业务的 Groupon 团购网站。美团网成立之初借鉴 Groupon 的商业模式。依靠首席执行官（CEO）王兴丰富的个人经历以及布局一线城市的强大执行力，美团网得到了来自红杉资本、阿里巴巴等机构的投资，之后开始逐渐布局二三四线城市，最终在“千团大战”中脱颖而出，确立了行业领导者的地位，并于 2015 年 10 月 8 日与大众点评网合并成立美团大众点评公司。

20.2.1　大众点评网的成立

大众点评网于 2003 年 4 月成立于上海，是国内领先的本地生活信息及交易平台，也是全球最早建立的第三方消费点评网站。它不仅为用户提供商家、消费点评及消费优惠等信息服务，亦提供团购、餐厅预订、外卖及电子会员卡等 O2O 交易服务。大众点评网的核心就是信息提供和点评，即为用户提供商家名单，用户可以在商家名单中选择要去消费的商家，消费后也可以给出自己对商家的评价。大众点评网成立之初，由于计算机的普及率还很低，其用户规模非常有限。那时大众点评网主要通过实体会员卡的形式给予用户优惠，而随着计算机的普及，大众点评网又推出了电子优惠券，虽然与实体会员卡相比方便了许多，但是用户仍需将电子券下载下来使用。随着智能手机的出现、移动互联网的发展以及团购概念的兴起，大众点评网的用户规模不断扩大；而且由于手机 APP 使用起来更加方便，80% 以上的用户都是在手机 APP 上购买团购券。随着 O2O 模式于 2013 年进入了高速发展期，大众点评网获得了更多的发展机会。O2O 是一个平台级的应用，用户可以在这个平台上查找商家信息、优惠信息，并且可以直接与商家进行沟通，减少了很多中间环节。2003 年至 2015 年，大众点评获得了红杉资本、谷歌投资、启明创投、腾讯等超过 10 亿美元的融资。2015 年 10 月 8 日，大众点评网与美团网联合发布声明，宣布达成战略合作，并成立新公司——美团大众点评公司（以下简称美团）。

20.2.2　Groupon 的成立

Groupon 成立于 2008 年 11 月，它的主要特点有每天只推一款折扣产品，每人每天限拍一次，折扣品一定是服务类型的，服务有地域性，线下销售团队的规模远远超过线上团队，以美国和欧洲为主要销售地。Groupon 通过提供打折的商品和服务将线下的商家和线上的消费者联系起来，每天根据用户的位置和个人偏好向其发送商品和服务的折扣信息，用户可以通过 Groupon 网站和 APP 团购商品和服务。Groupon 成立时恰逢金融危机，全球消费疲软，各大商家都遇到库存积压的问题。Groupon 所采用的团购 + 优惠券的购物模式可以有效地刺激消费，进而解决了商家所遇到的库存积压难题。因此，在 Groupon 成立之后的一年多时间里，其受到了大量资本和媒体的追捧，也迎来了发展的黄金时期。与以信息提供和点评为核心的大众点评网相比，Groupon 以优惠为核心，其购物模式是一种介入交易的强连接模式。

美团网正是借鉴 Groupon 的模式建立的。

案例小结

百度通过搜索引擎连接人与信息、阿里巴巴通过电子商务平台连接人与商品、腾讯通过社交软件连接人与人，而美团网、大众点评网、Groupon 等连接的则是人与服务，如餐饮、娱乐、美发等。随着消费水平的提升，人们更加重视“吃喝玩乐行”活动，而随着移动互联网的发展、团购模式与 O2O 模式的兴起，2011 年前后我国涌现出数千家团购平台。利用这些团购平台，人们通过手机就可以很方便地找到自己感兴趣的商家信息，而团购 O2O 平台则将商家和用户无缝连接在一起，并给予用户各种优惠。在激烈的团购平台的竞争中，美团网脱颖而出，成为该行业的领导者。

20.3 美团的发展历程

2018 年 9 月 20 日上午，随着王兴敲响钟声，美团在香港交易所正式挂牌上市。与此同时，美团在团购平台激烈的竞争中突出重围，受到了广大用户的认可,牢牢地占据了市场。下面将对美团自成立以来的重要时间节点和事件进行介绍,为读者呈现美团的发展历程。

20.3.1　美团网的创立

2009 年年底,王兴准备做美团网时,他阐述了其“四纵三横”的理论,四纵即指信心、沟通、娱乐和商务,而三横则是指搜索、社会化网络和移动互联网。王兴认为四纵和三横都可以独立地发展,但是每过 5 年,它们之间的融合就可以创造新的互联网增长点。在此之前,互联网的盈利模式就是通过广告赚钱。也就是说,第一阶段是通过门户网站为大型企业投放广告,第二阶段是通过搜索引擎为中小型企业做广告,而王兴则认识到还有一大批没有雄厚经济实力的本地中小型企业有推广商品的需求,而互联网团购的模式正可以帮助他们进行推广,这些本地中小型企业通过团购平台节省下来的广告成本则被分为用户的优惠、商家的利润和美团网的利润三大部分。2010 年 3 月 4 日美团网正式成立,其以“吃喝玩乐全都有”和“美团一次美一次”为服务宗旨。美团网上线不久,其商业模式就受到了红杉资本的关注,当年年底就获得了红杉资本 1 200 万美元的 A 轮融资。同时 Groupon 获得成功的消息传入我国,借鉴 Groupon 模式的不止美团网一个企业,于是诞生了许多团购平台,如窝窝团、F 团、拉手网等,腾讯也上线了 QQ 团购网。2010 年 6 月,我国的团购平台已经超过了 2 000 个,高峰时曾达到过 5 000 个。而为了能够在众多的团购平台竞争中生存下来,仅仅复制 Groupon 的模式是不够的,各大团购平台都在提升自己的线下推广能力,组建自己的地推团队,寻找餐饮、KTV、电影等合作商家。迫于竞争的压力,美团网一开始只在上海开设直营站点,而其他地方的站点都由代理商管辖,但后来又考虑到代理商素质参差不齐,于是开始转为全部直营并增加开设站点。

20.3.2 在“千团大战”中脱颖而出

2011 年是“千团大战”的一年，也是团购平台经历寒冬的一年。团购在 2011 年已经成为互联网最热门的创业领域。虽然这个市场淘汰速度非常快，但是每天仍然有数十个平台加入其中，企图能分到一杯羹。各家团购平台为了不被市场淘汰，都在比拼着资本的力量并不断扩增自家站点。同年 2 月，美团网已经开设了 20 多个站点，3 月增加到 40 个站点，5 月站点的数量已经达到了 100 个。

在“千团大战”期间，大部分团购平台都加入了激烈的广告大战，即在线下大量投放广告。据统计，2011 年团宝网全年广告投放费用达 5.5 亿元，糯米网全年广告投放费用达 2 亿元，大众点评网全年投入的广告费用为 3~4 亿元。不仅如此，各大团购平台也开始通过预付包销的方式来争取与更多的商家合作。所谓预付包销，即是通过预付一定款项给商家，让商家将其优惠单子投放到自家团购平台上。为了抢占用户和商家资源，必然需要投入大量的资金。公开资料显示，2011 年 4 月，大众点评网完成 C 轮 1 亿美元融资，拉手网获得 1.11 亿美元的融资。而就在竞争对手进行大量融资时，王兴并没有参与广告大战和执行预付包销模式，而是另辟蹊径，关注网络营销，谨慎处理现金流和控制风险，这是因为王兴认为在进行“千团大战”时“疯狂烧钱”是不理性的，无法进行持久战，一旦资金链断裂，就会迎来寒冬，团购平台最终能否立足，关键在于产品质量和用户体验。王兴开始把资金花在开发移动端 APP 和其他系统上，这样能够减少企业的经营成本。2011 年 7 月，由阿里巴巴作为领投方对美团网投资 5 000 万美元，这极大地促进了美团网的发展。2011 年下半年，在很多团购平台缩减规模的时候，美团网开始加快发展速度，反超其他对手而一跃成为行业第一。

20.3.3 O2O 模式的兴起

2012 年年初，美团网已经稳居行业第一，此时的美团网已经覆盖了全国地级以上的城市近 300 个，县级市 364 个。虽然美团网已经做到了行业第一，但是仍然没有实现盈利，所有团购平台面临的问题都是销售额增长但是利率却在下降。

2013 年是 O2O 模式迅速发展的一年，美团网也不再局限于餐饮团购，为了适应 O2O 模式的发展，美团网开始进入电影票、酒店预订、外卖等领域。因为团购本身并不局限于餐饮领域，以“吃喝玩乐行”为主的本地生活服务都应该被纳入团购的范畴，这给美团网带来了巨大的市场。美团网除了主营的美团网业务外，还推出了猫眼电影和美团酒店两个业务，而为了寻找新的业务增长点，美团网于 2012 年年底开始将目光聚焦到外卖领域。2012 年 12 月 19 日，美团外卖在北京主站测试上线，之后美团网开始快速扩张外卖市场，并和各城市当地的外卖配送团队建立合作，实现以分钟为单位的即时配送。

美团网拓展了电影、酒店和外卖业务后，2013 年全年交易额达到了 160 亿元，覆盖了 7 000 万名消费者、全国 200 多个城市的 40 万个商家。

20.3.4 与巨头的对峙

2014 年，绝大多数团购平台都已经倒闭，百度全资收购糯米网，腾讯战略投资大众点评网且持股 20%。当年，美团网占有 60% 的团购市场份额，大众点评网占有 22%~23% 的团购市场份额，百度糯米占有 8%~9% 的团购市场份额，至此团购行业已形成三足鼎立之势。美团网的竞争对手不再是各个团购平台，而是具有雄厚资金实力的百度和腾讯。美团网开始进行业务事业群改革，猫眼电影、美团酒店和美团外卖三大业务都组建了自己的供应体系和地推队伍。美团外卖其实能够与美团网原有的团购业务形成协同效应，因为团购商家和外卖商家大部分是重合的，有些商家不仅提供到店就餐服务还提供外卖服务，所以美团外卖可以看作是其主营团购业务的一种拓展。

2014 年 5 月，美团网完成了 3 亿美元的融资，美团网此时将重心放在了扩大规模上，因为在团购领域有大众点评网和百度糯米这两个强有力的竞争对手，而在酒店和外卖领域则有携程、去哪儿、饿了么等竞争对手。但是美团网 CEO 王兴始终强调，有如此多的竞争对手是一件荣耀的事情，因为这样的机会不多。而在 2014 年，美团网全年交易额达到了 450 亿元，是前一年近 3 倍。

20.3.5 与大众点评网合并

2013~2015 年，美团网涉足的领域有餐饮、外卖、电影票、酒店预订、景区门票、婚庆、实物类电子商务，甚至介入了美甲、保洁、修锁、汽车洗护等上门服务，为了应对竞争，美团网进行了大规模扩张。虽然当时美团网在团购市场上占有 60% 的市场份额，但是在电影票、酒店预订、外卖等领域，美团网所占的市场份额并不高。2015 年，虽然美团网在年中的交易额已经超过了 2014 年全年交易额，达到了 470 亿元，但是美团网依然遇到了融资困难。那个时候在大众点评网和百度糯米的攻势下，美团网的市场份额下降至 50% 左右，而大众点评网和百度糯米的市场份额都增加至 20% 以上，在北京、成都、福州和厦门等多个城市，美团网的市场份额更是下降到 40% 以下。在这重重危机之下，2015 年 10 月 8 日，美团网与大众点评网正式宣布合并，成为我国最大的到店餐饮服务平台。

20.3.6 扩展业务领域

2016 年，美团获得腾讯等的 33 亿美元投资，估值超过 180 亿美元。在获得巨额融资的同时，美团开始进行业务整合。例如，相继完成了对结婚消费、休闲娱乐和教育等业务的整合，成立了家装事业部和大交通事业部，分拆了猫眼电影业务，将餐饮、外卖等所有与餐饮相关的事业群都统一整合到餐饮平台中，强化了餐饮、酒店旅行和其他本地生活服务“三驾马车”。

从 2016 年开始，美团不断试水新的业务领域。2016 年 10 月 13 日，王兴以个人名义投资摩拜单车，而在这之后的 2018 年 4 月，美团以 35% 的股权、65% 的现金收购摩拜单车。2017 年 1 月 18 日，美团推出海外酒店；2 月 14 日美团在南京启动打车业务，随后在北京、上海、成都、杭州、福州、温州和厦门 7 个城市推出打车业务；4 月 12 日，美团推出榛果民宿；4 月 20 日发布旅行新品牌美团旅行；7 月，美团餐饮平台孵化的零售业务成型，在北京望京开出第一家实体店掌鱼生鲜；11 月，美团发起设立的产业基金龙珠资本投资社区生鲜品牌康品汇。美团扩展了诸多业务领域。王兴认为做打车业务是因为网约车不能完全满足用户的需求，而基于位置的服务与美团的业务特征相契合；做新零售业务、线下开店也与用户需求和自己的业务能力相关。

2017 年 10 月 19 日，美团完成了新一轮 40 亿美元融资，估值达 300 亿美元，而此次融资之后，王兴表示美团将在人工智能、无人配送等的研发上加大投入，以推动现代服务升级。而就在这一年美团全部业务的交易额达到近 3 600 亿元，其中外卖交易额为 1 710 亿元。

20.3.7 上市

2017 年年底，美团的总交易额为 3 570 亿元，整体收入为 339 亿元，经调整净亏损 28 亿元。其业务分为餐饮外卖，到店、酒店及旅游业务和新业务及其他共三大部分，而此时美团平台上的商家覆盖了我国 700 万个商家中的近 500 万个，业务涉及餐饮、外卖、打车、电影票、酒店预订、旅行、门票、亲子、KTV 等 200 个品类。2018 年 6 月，美团正式披露招股书；9 月 20 日，美团在香港交易所正式上市。

尽管美团已经顺利上市，但是其仍面临着大量的不确定性，美团仍然继续亏损且面临着阿里巴巴、携程、滴滴出行等在团购、外卖、酒店、旅游、民宿、生鲜等领域的竞争。美团虽然已经是最大的餐饮外卖平台,但是其要想成为涵盖各个生活服务领域的超级平台,上市也只是一个新的开始。

案例小结

美团从团购起家,并在“千团大战”中脱颖而出,之后逐步扩展到外卖、酒店、旅游、民宿、生鲜、打车、单车等领域,与大众点评网的合并更是让美团遥遥领先于其他竞争对手。虽然美团已成功上市且位居行业第一,但是其竞争对手仍然强势。此外,互联网的流量红利已经逐渐消失,如何寻找新的业务增长点依然是美团需要考虑的问题。

20.4 美团的商业模式

20.4.1 团购

团购是指用户通过团购平台向商家购买商品,依据薄利多销的原理,形成商家、用户和平台共赢的局面。美团是一家做团购起家的企业。早期,百度、阿里巴巴和腾讯在我国互联网行业形成三足鼎立之势:百度为人们提供了便捷的信息搜索服务;腾讯为人们提供了社交平台,促进了人与人之间的沟通和交流,阿里巴巴则为人们提供了足不出户即可送货上门的购物体验,且为实体商家提供了很好的营销渠道。这三家企业都有雄厚的资金实力和技术实力,在人们生活的某一领域发挥着重要的作用。美团创始人王兴发现,像阿里巴巴这样的电子商务企业属于实物类电子商务范畴，即人们只是通过互联网平台购买实物，而本地生活服务，如到店餐饮服务还没有被互联网所覆盖，而且随着移动互联时代的到来，本地生活服务电子商务化具有很大的市场潜力。另外，市场上存在大量经济实力不强但有强烈推广需求的本地生活服务商家，所以无论是从方便人们生活的角度还是从满足本地生活服务商家需求的角度来看，团购平台都有很大的市场需求。

美团早期的团购借鉴了美国 Groupon 的模式，但也有自己的创新。例如，Groupon 是通过邮件的形式给用户发送团购券，用户需要打印出来才能使用，但是打印这件事对于当时的中国用户来说是一件比较麻烦的事情；美团则将团购券变成短信及密码的形式，为用户省去了很多麻烦，改善了用户体验。除此之外，美团建立了一套"三条短信式的用户反馈机制"，即用户在下单时会收到购买成功的短信及密码，到店消费时会收到确认短信，最后在消费两个小时后会收到评价反馈短信，而且评价此次服务可以获得积分。用户的评价可以为美团提供商家的服务质量信息，便于美团与商家共同改进，为用户提供更好的服务。

美团发展到今天，其业务已经拓展到了酒店预订、电影票、KTV、美发、打车等其他服务行业。人们通过美团平台下单购买服务，但是无须同时去消费该服务。一个比较形象的比喻就是淘宝网能够使人们在家中购物，而美团则促使人们出门消费。

20.4.2　盈利模式

美团充当的是用户和商家之间的中介，所以其盈利模式主要包括平台佣金、广告、会员收费等。

1. 平台佣金

平台佣金是团购平台的主要盈利模式，也是美团的主要盈利模式。在国外，一般是团购平台自己向商家进货，然后再以团购的形式卖出去，赚取中间的差价，属于直销，而美团则起着代理商的作用，即美团是整个团购活动的组织者，为所有商家提供了一个交易平台，在给商家带来巨大流量的同时也能给消费者带来实惠，而美团则从中收取一定比例的提成，这和淘宝网类似。美团为用户推荐优质的本地生活服务，所提供的服务更贴近当地用户的需求。

2. 广告

广告收入也是美团收入的一部分，商家为了推广自家商品、增加关注度，会在美团上发布广告。美团作为一个有着高流量和诸多会员的平台，商家在其上做广告有着较好的效果，因为通过广告可以直接跳转到该商家的店铺界面，相当于把用户直接引到自己的店铺里来。美团针对不同地区的人群放置不同的广告，提高了广告的针对性和有效性。

3. 会员收费

用户可以通过充值成为美团会员而享受到更多的优惠。例如，美团外卖的 VIP 会员用户可以在下单时拥有更高的红包减免额度。美团会根据用户的会员等级来决定给予其的折扣，会员等级越高折扣越多，但是会员收费并不作为美团的主要盈利模式，其会员制度的目的在于吸引更多的用户，更好地开发潜在用户。

20.4.3 边界

很多人都会问一个问题，即美团的边界在哪里。美团一开始只专注于团购业务，其主要业务领域是到店餐饮，而后又拓展到了人们日常生活的方方面面。美团定位于做本地生活服务的电子商务企业，其力求借助互联网技术与思维去改造本地生活服务行业，即围绕建立连接、完善生态、提升效率三个方面提升商家的运作效率，优化服务质量，尽可能多地涵盖用户日常生活的各个方面，打通“吃喝玩乐行”之间的壁垒，形成完善的生态圈。

餐饮业是美团的核心业务，民以食为天，在人们的日常消费中，餐饮消费一直是最重要的内容，其能够为美团带来巨大的用户流量和资金流。在利用餐饮业汇聚大量流量之后，美团便开始拓展其他业务，实现业务扩展，即美团提出的“Food+Platform”战略。美团如今的业务包括200余个生活服务品类，如餐饮、外卖、电影票、KTV、生鲜、买菜、酒店预订、机票火车票预定、民宿、打车、单车等，几乎涵盖了人们日常生活的方方面面。

美团的生活服务类业务大致可以分为四大业务群：到店业务、到家业务、出行业务和酒店旅游业务。

1. 到店业务

美团的到店餐饮服务平台是我国最大的到店餐饮服务平台。到店餐饮服务的壁垒很高，持续地获取商家资源、大众点评网的UGC社区建设和品牌口碑积累等都是美团难以被竞争对手复制的核心能力。目前，美团的盈利模式已经从收取平台佣金转变为提供广告服务，其将继续发挥规模优势，不断开发新的商家营销需求（“种草拔草”营销+搜索竞价排名），稳步提升变现率和毛利率，为交叉销售休闲娱乐、美发、婚庆及亲子等高价值服务提供了有力支持。

2. 到家业务

到家业务是指提供送货上门服务，主要包括外卖和生鲜两大部分。而外卖业务是美团的第一大收入来源，目前虽然仍未盈利，但是其市场规模稳居外卖行业第一。目前外卖行业，已经呈现双寡头局面，美团占有绝对的优势。在客户端方面，美团拥有月活跃用户数为3.5亿的基本盘，外加拥有11亿月活跃用户的微信作为二级入口的引流；在商家方面，美团平台上则共有近500万个商家；在配送端方面，美团的即时配送日单量也较高。外卖行业发展至今，其行业壁垒越来越高，如地图+搜索推荐等技术壁垒、长期地推所耗费的人力及资金和所积累的商家资源、打造平台和骑手团队的巨大投入，这些使得其他企业难以进入。

3. 出行业务

美团于2017年2月14日推出“美团打车”服务，2018年4月收购摩拜单车。对于出行业务而言,降低成本是核心。目前在网约车市场,滴滴出行的市场份额占 90% 以上,而美团则只占有 5%~8% 的市场份额。美团打车和高德打车一样采用聚合模式,它利用美团平台连接用户与第三方打车服务提供商,不参与打车业务的日常运营,仅向第三方打车服务提供商收取一定佣金,以轻资产的模式加速拓展打车业务,从而降低了打车业务的成本。不像外卖行业,打车行业的壁垒并不高,美团增加打车业务只是在其客户端上增加了一个打车入口而已。而至于共享单车,美团追求的不再是扩大规模而是缩减亏损,通过精细化运营寻求盈利。

4. 酒店旅游业务

美团酒店旅游业务起初专注于三四线城市的本地住宿与休闲旅游需求,目前正持续推进高星战略。美团作为我国本地生活服务电子商务领域的领先者,其拥有巨大的用户流量和良好的口碑,可以为高星酒店带来更多的用户流量。此外,对于高星酒店来说,其住宿收入只占整体收入的 40%,其余 60% 来自于餐饮、温泉、娱乐等衍生服务,但是高星酒店自身并不擅长这方面的业务,而美团恰恰在这方面有很大的优势,美团可以和高星酒店在这方面进行合作,以解决高星酒店在衍生服务方面的不足。美团目前陆续推出了“新住宿”概念、CD 模式、“酒 +X”模式、美酒学院、美酒商城等措施,效果显著,已经有很多高星酒店与美团开展战略合作。

案例小结

美团一开始专注于团购业务,其主要业务领域是到店餐饮,之后不断扩展新的业务,其所涉及的业务几乎遍布了所有本地生活服务,将本地生活服务电子商务做到了极致。虽然美团不断扩大自己的业务边界,其本地生活服务也超过了 200 个品类,但是这繁荣的背后是巨大的成本,美团必须努力找到自己的利润增长点才能获得持续的发展。

20.5　与淘宝网和滴滴出行的对比

20.5.1　用户端

淘宝网、滴滴出行和美团都是面向大众的，淘宝网满足了人们的购物需求，滴滴出行满足了人们的出行需求，美团则满足了人们所有的生活服务需求，如图 20.2 所示。从用户需求来看，美团涵盖了人们生活“吃喝玩乐行”的方方面面，而且每个方面都涉及多个服务品类，每个服务品类也涉及不同类型的商家；淘宝网的涵盖面也非常广泛，人们日常生活所需的物品几乎都可以在淘宝网上买到，但是淘宝网的核心是购物，而且涉及的商家类型比较单一；滴滴出行的用户需求是最窄的，滴滴出行仅仅是司机和用户之间的双边连接。

20.5.2　商家端

滴滴出行的商家端最为单一，其服务提供者大部分为司机，它通过共享经济连接着市场中的闲置运力，由于打车服务的标准化，整体的服务会逐步专业化和趋同化，这就使得滴滴出行的商家差异化程度不大。淘宝网虽然包含有类目繁多的商品，但是其商家类型也比较单一，这些商家的运营模式和需要平台提供的服务都比较相似。美团与滴滴出行和淘宝网在商家端上有着明显的不同。淘宝网属于实物类电子商务平台，而美团则属于服务型电子商务平台，所以美团的商家类型比较多，不同类型的商家需求也不同，差异化程度更大，美团需要根据不同商家的需求提供不同的解决方案。

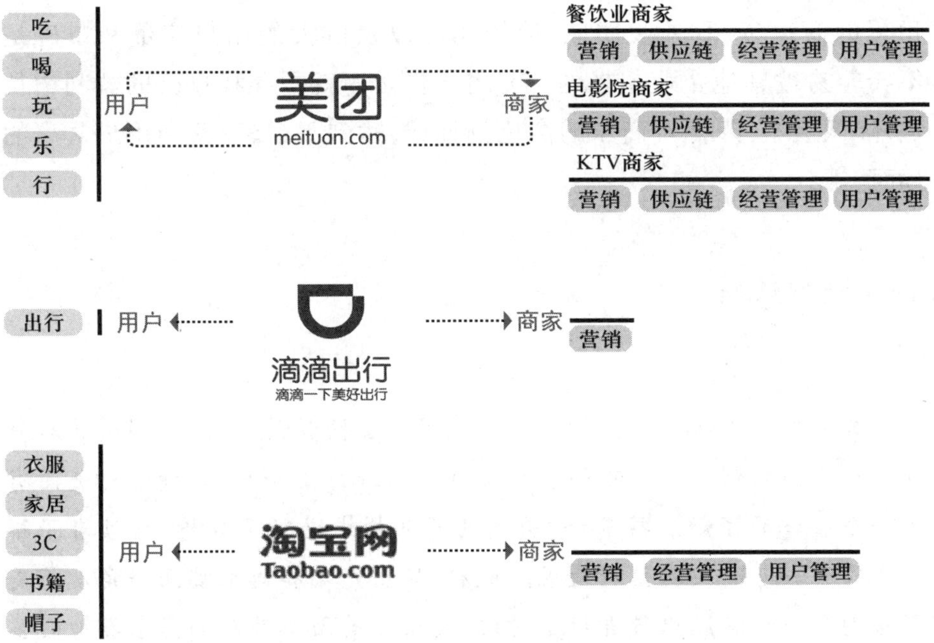

图 20.2 美团、滴滴出行和淘宝网的用户及商家对比图

20.6 启示与总结

在移动互联时代，美团很好地弥补了互联网在人与服务连接方面的空缺，随着服务型电子商务概念逐渐进入人们的视野，电子商务也不再局限于为人们提供实物网购服务，人们使用美团即可浏览本地所有类型的生活服务商家，其范围之广几乎涵盖了人们“吃喝玩乐行”的所有方面。

自 2010 年创立以来，美团凭借着出色的管理能力、强大的执行能力、强烈的危机意识、强大的资金管理能力和地推队伍才走到了今天。但是美团目前最大的问题是成本太高、难以盈利。不过美团这么多年所积累的商家资源、外卖团队、地推团队以及巨大的用户流量和口碑是不会轻易被其他企业超越的。美团所要做的就是寻找自己的盈利增长点，降低成本，降低对商家的高比例抽成，达到平台、商家和用户共赢的局面。

案例总结

本例思路清晰，叙述完整，先对美团产生的背景进行了介绍，然后分阶段对美团从创立到上市的各个关键节点进行了介绍，让读者对美团有了一个整体的了解。接着，对美团的商业模式进行了分析，让读者了解美团的业务范围及其盈利模式。最后，从用户端和商家端两个角度将美团与淘宝网和滴滴出行进行了对比，突出了美团所涉及的商家类型的多样性。

总体来说，本案例将美团的全貌清晰地展现在读者面前，不仅阐述了美团是如何发展的，还分析了美团能够从“千团大战”中脱颖而出最终位居行业领先地位的原因，从而让读者清晰地了解美团是如何一步步把服务型电子商务做大、做成功的。

20.7 研究与思考

1. 说说你对美团某个业务的使用体验。
2. 分析美团网和大众点评网为何选择合并。

3. 你认为美团能够取得成功的关键因素是什么。
4. 美团连年亏损的原因是什么。
5. 你认为美团在多少年内能够实现盈利。
6. 就外卖领域而言,美团外卖和饿了么各有什么优势和劣势。
7. 如何看待滴滴出行进入外卖领域与美团竞争。

反盗版举报电话　(010)58581999　58582371　58582488
反盗版举报传真　(010)82086060
反盗版举报邮箱　dd@hep.com.cn
通信地址　北京市西城区德外大街4号
　　　　　高等教育出版社法律事务与版权管理部
邮政编码　100120